QUALQUER COISA SERVE

Copyright © Anthony M. Daniels, 2011
Copyright da edição brasileira © 2016 É Realizações
Título original: *Anything Goes*

Editor | Edson Manoel de Oliveira Filho

Produção editorial, capa e projeto gráfico | É Realizações Editora

Preparação de texto | Liliana Cruz

Revisão | Geisa Mathias de Oliveira

Imagem da capa | Atomic Tan III, de Joe Webb

Reservados todos os direitos desta obra. Proibida toda e qualquer reprodução desta edição por qualquer meio ou forma, seja ela eletrônica ou mecânica, fotocópia, gravação ou qualquer outro meio de reprodução, sem permissão expressa do editor.

Cip-Brasil. Catalogação na Publicação
Sindicato Nacional dos Editores de Livros, RJ

D157q

Dalrymple, Theodore, 1949-
 Qualquer coisa serve / Theodore Dalrymple ; tradução Hugo Langone. - 1. ed. - São Paulo : É Realizações, 2016.
 272 p. ; 23 cm   (Abertura cultural)

 Tradução de: Anything goes
 ISBN 978-85-8033-217-9

 1. Psicologia e filosofia. I. Título. II. Série.

16-31022
CDD: 158.1
CDU: 159.947

07/03/2016   08/03/2016

É Realizações Editora, Livraria e Distribuidora Ltda.
Rua França Pinto, 498 – São Paulo – SP – 04016-002 – Caixa Postal 45321 – 04010-970
Telefax (5511) 5572-5363 – atendimento@erealizacoes.com.br – www.erealizacoes.com.br

Este livro foi impresso pela Edições Loyola para É Realizações, em abril de 2016. Os tipos usados são da família Sabon Light Std e Frutiger Light. O papel do miolo é off white norbrite 66g, e o da capa, cartão ningbo star 250g.

Theodore Dalrymple

QUALQUER COISA SERVE

Tradução de Hugo Langone

É Realizações
Editora

Sumário

Introdução 7

1. Diário de uma viagem pela Europa (2005-2006) 11
2. Do caldeirão ao salteado 51
3. O politicamente correto entre os médicos 59
4. Quem se importa? 65
5. As realidades do mal 71
6. Coração das trevas 79
7. Mailer e o assassinato 85
8. Sejamos racionais 91
9. Sobre o mal 97
10. A liberdade e seus dissabores 105
11. Faz o impossível: conhece-te a ti mesmo 111
12. A virtude da liberdade 119
13. Não há Deus senão a política 125
14. Oliver Goldsmith e o terceiro mundo 131
15. Por que os intelectuais gostam do genocídio 139
16. A questão do islã 145
17. Como odiar o que não existe 151
18. Absolutamente relativo ou relativamente absoluto 157
19. Uma estranha aliança 163
20. Petróleo em águas revoltas 169
21. Os prazeres do assassinato 175
22. Uma análise de custo-benefício da análise de
    custo-benefício 181
23. Uma doença para cada comprimido 187

24. Restos romanos 193
25. A Áustria e o mal 201
26. Os tormentos da memória 207
27. Do mal e da empatia 213
28. Da morte e transfiguração 221
29. O triunfo do mal 227
30. Nem credor nem devedor sejas 233
31. Sobre a bibliofilia e a biblioclastia 241
32. Os prazeres da perfídia 249
33. É tudo culpa sua 257
34. O belo e os feras 263

Introdução

Toda pessoa – ao menos todo escritor – tem lá suas preocupações. Uma das minhas é com o mal, tema perenemente importante e, se formos honestos, também perenemente interessante. Fora a natural atração que ele exerce, meu interesse pelo assunto tem origem em três conjunturas biográficas.

A primeira vem do fato de minha mãe ter trocado a Alemanha nazista pela Inglaterra aos dezoito ou dezenove anos. Ela nunca voltou a ver os pais e jamais falou sobre aquilo que vira ou experimentara. Outros sofreram muito mais do que ela, sem dúvida; não obstante, cresci com a subliminar ciência de que os grandes acontecimentos – isto é, os acontecimentos terríveis – do século XX não estavam tão distantes da plácida existência burguesa como se poderia imaginar.

A segunda é o fato de eu ter nutrido, na juventude e no início da vida adulta, certo gosto pelo perigo. Não se tratava, porém, daquele tipo de perigo relacionado a carros esportivos e velozes (muito embora eu dirigisse o mais rápido que pudesse), mas do perigo político. Eu gostava de viajar rumo a guerras civis e ditaduras, o que fazia sumir de minha cabeça a névoa ou cerração da angústia adolescente. Ninguém se preocupa muito com quem é quando há sérias possibilidades de ser preso ou baleado.

Não é preciso dizer que, naqueles regimes capazes de dissolver tal angústia (a minha, e não a dos milhões de pessoas que tinham de morar permanentemente ali e que, ao contrário de mim, não podiam escapar quando bem entendessem), observei que o mal fora posto em liberdade e prosperara incrivelmente. Ele se impunha à minha consciência porque era inevitável. As pessoas eram capazes de matar, massacrar ou torturar com uma sensação de propósito – quase de dever –, e não sem contentamento. Onde tudo era questão de vida ou morte, a morte prevaleceu. Se o sono da razão evoca monstros, também o faz, se não o crescimento excessivo da razão propriamente dita, ao menos o crescimento excessivo da racionalização. Pouquíssimas são as coisas que não podem ser justificadas com um pouco de sofística.

A terceira e última conjuntura foi meu retorno à prática da medicina na Inglaterra. Embora não tivesse levado, até então, uma vida completamente resguardada, fiquei desconcertado ao descobrir o grau de maldade que as pessoas, sem que se sentissem coagidas pelas circunstâncias, eram capazes de causar umas às outras. Compreende-se intuitivamente que aqueles que acham, em virtude das circunstâncias políticas em que vivem, que devem trair ou ser traídos, denunciar ou ser denunciados, matar ou ser mortos, se comportarão de maneira pouco encantadora ou vil. O que descobri na Inglaterra, porém, foi que muitos dos que perpetravam o mal não o faziam por força das circunstâncias, mas por estarem entediados, por se sentirem humilhados pela baixa posição que ocupavam, ou mesmo porque gostavam de cometê-lo e ponto final. O mal os distraía, divertia e saciava; talvez se pudesse dizer que ele dava sentido, ou ao menos propósito, a suas vidas.

O mal não consiste na oposição entre eles, os maus, e nós, os bons. Soljenítsin tinha razão quando afirmou, com uma concisão que nem sempre demonstrava, que a divisão entre bem e mal perpassa cada coração humano. E ele, que atentará aos movimentos do próprio espírito – para usarmos a bela formulação do dr. Johnson –, logo perceberá que a indignação e a ira são aprazíveis por si sós e podem facilmente se converter em justificativas para a crueldade e a injúria. Poucos prazeres ilícitos são maiores do que aquele de causar dor a outros para lhes dar uma lição ou em vista de um bem maior.

Por mais que seja fácil reconhecer o mal – haveria outra forma de descrever, por exemplo, a atitude do homem que joga ácido no rosto da namorada a fim de desfigurá-la e torná-la, assim, pouco atraente aos outros? Ou da mãe que bota os filhos pré-adolescentes na rua para poder desfrutar dos prazeres de seu novo amante? –, é difícil caracterizá-lo do ponto de vista filosófico. Seria o mal positivo ou negativo? Seria mera ausência do bem ou algo que nos atrai do mesmo modo como o ímã atrai as limalhas de ferro? Seria plausível dizer que homem nenhum comete o mal conscientemente – isto é, que o mal não passa da ignorância daquilo que é certo – e que, ao ser corrigido, ele é automaticamente eliminado? Tem-se a impressão de que a escolha consciente constitui condição necessária para que os atos sejam declarados maus, mas ainda assim há pessoas – são poucas, mas existem – que parecem praticar o mal desde muito cedo, que começam irascíveis e intolerantes à correção, que são deliberadamente destrutivas e cruéis com os animais, que jamais pensam no bem-estar alheio quando decidem o que fazer, que são insensíveis a puxões de orelha, que se deleitam na dor que causam aos outros e que não aprendem nem com os castigos: estão, por conseguinte, inatamente dispostas a cometer o mal. No entanto, seriam elas mesmas más, carecendo da capacidade de ser boas ou de fazer o bem? O mal habitaria antes o ato do que a motivação que lhe está por trás? Isso contraria nosso entendimento comum.

Além disso, há eclosões em massa do mal. O exemplo recente mais impressionante talvez seja o genocídio ocorrido em Ruanda, do qual jubilosamente tomaram parte, ao menos segundo as testemunhas, pessoas que até ali se haviam mostrado normais e decentes. Em que medida, então, a história, a sociologia ou a psicologia são capazes de explicar o mal cometido pelos homens? Porventura a explicação não seria exculpação, seja do ponto de vista lógico, seja do psicológico?

Pude refletir sobre essas questões muitas vezes, mas não encontrei nenhuma resposta que me fosse inteiramente satisfatória. Não sou um pensador sistemático (o que talvez seja um tácito reconhecimento de minha preguiça ou incapacidade), mas julgo, hoje, que seria necessário um filósofo muitíssimo bom para chegar a uma solução nova – sobretudo uma solução que fosse convincente o bastante para satisfazer a todos, ou mesmo a muitas pessoas reflexivas.

Embora não ofereça respostas, espero proporcionar a meus leitores certa pausa para reflexão. Tanto quanto a história, o mal não está no fim da linha, e enquanto os homens forem homens não haverá vitória definitiva sobre ele.

Os breves ensaios que aqui figuram foram escritos ao longo de vários anos e publicados no endereço eletrônico da *New English Review*. Sou grato a Rebecca Bynum pela oportunidade e por ter-me estimulado a escrevê-los.

1. Diário de uma viagem pela Europa (2005-2006)

Deixamos nossa casa na *France profonde* enquanto as revoltas nos municípios e nas cidades maiores têm continuidade. A exemplo de 95% da população, nada vimos de extraordinário: as *banlieues*[1] são outro país, e lá as coisas são feitas de outro modo. Brincamos sobre a situação com os operários que estão fazendo reparos em nossa casa; estamos certos de que, se as revoltas transbordarem, por assim dizer, e se derramarem sobre as áreas em que pessoas boas como a gente moram, as CRS (Compagnies Républicaines de Sécurité) ficarão contentes em fazer o que tradicionalmente fazem: descer o porrete, com entusiasmo, na cabeça dos outros.

O que as revoltas significam? Nosso telhador acha que o presidente e o primeiro-ministro, Jacques Chirac e Dominique de Villepin, as deixaram correr soltas a fim de desacreditar o ministro do interior linha-dura, Nicolas Sarkozy, a quem odeiam, mas que é de longe o político mais popular da França. A não ser que algo seja feito para destruir sua reputação nesse ínterim, é quase certo que ele vencerá a próxima eleição presidencial. Demonstrar sua impotência diante do sério desafio representado pelas revoltas, portanto, é revelar que ele só sabe falar e seria um péssimo presidente.

Se é essa a estratégia, ela certamente não funcionou. Quanto mais Sarko, nome pelo qual o conhecem, é odiado pelos *jeunes* das *banlieues*, mais cresce

---

[1] Subúrbios das grandes cidades francesas. (N. T.)

a sua popularidade. Quando ele chamou *les jeunes*, que se vestem à maneira internacionalizada do gueto americano de *la racaille* (escumalha), estava apenas fazendo eco ao pensamento de quase todos os franceses. É claro: uma sociedade que traz uma minoria volumosa, aparentemente diferente e inclinada à violência, uma minoria que é detestada pela maioria, torna-se palco de um desfecho terrível. Até agora, não há planos para evitá-lo.

O que *les jeunes* querem? Em primeiro lugar, como é evidente, se divertir um pouco. O célebre aforismo de Bakunin, segundo o qual o ímpeto destrutivo é também um ímpeto construtivo, estaria mais correto se ele mencionasse que se trata, antes de mais nada, de um ímpeto altamente aprazível. A destruição já é uma diversão por si só; destruir em nome de uma suposta causa, então... é quase o êxtase! A impunidade ajuda, é claro.

Se *les jeunes* possuem uma exigência discernível – embora inexpressa –, ela se deve a essa condição extraterritorial dentro da França. Eles só querem que os deixem em paz. Não desejam o Estado interferindo em seus afazeres – nos roubos, no tráfico de drogas e no abuso das mulheres – de maneira nenhuma. Vale lembrar que as revoltas tiveram início quando dois jovens foram eletrocutados até a morte, após terem escalado um par de muros e entrado num transformador enfeitado com alertas de perigo, na crença de que estavam sendo perseguidos pelos policiais que os haviam abordado na companhia de alguns colegas enquanto tentavam invadir pacificamente um armazém. A polícia errou ao interrompê-los durante o "trabalho", mas ainda pior foi tentar prendê-los.

Na realidade, é hoje quase uma tradição nas *banlieues* essas revoltas que surgem após um jovem ser morto durante perseguição pela polícia no decorrer de suas atividades cotidianas. Raras vezes são elas noticiadas pela imprensa estrangeira, e mesmo na francesa elas não costumam receber mais do que uma simples menção. O que os jovens querem é que a polícia os deixe em paz: eles nada desejam do Estado, exceto, é claro, subvenções cada vez mais abrangentes e generosas. Essas eles se dignariam a aceitar, uma vez que é seu direito.

De sua parte, o Estado tem se contentado em deixar que *les jeunes* continuem levando seus afazeres mais ou menos adiante, com as ocasionais incursões da polícia em seu território servindo apenas para mostrar quem é que manda quando o calo aperta. Os habitantes das *banlieues* têm sido deixados por conta própria, recebendo dinheiro suficiente para sobreviver e um teto sob o qual podem morar – e tudo por aceitarem seu desemprego e sua marginalidade permanentes, bem como sua separação geográfica por meio de projetos habitacionais que mais parecem povoados sul-africanos no que diz respeito à facilidade com que podem ser militarmente isolados do resto da cidade. Os bulevares parisienses do barão Haussmann também foram projetados para proporcionar, às forças da lei e da ordem, uma boa visão das turbas que periodicamente se reúnem na história francesa para protestar contra as condições em que vivem; no entanto, é preciso admitir que o barão realizou seu trabalho com um aprumo estético e uma imaginação muito maiores do que os seguidores do detestável Le Corbusier.

É a isso que os franceses têm dado o nome de modelo social, não obstante resulte ele num comportamento antissocial disseminado. As revoltas, no fundo, são mera continuação da vida cotidiana das *banlieues*, manifestada agora em outros meios (incendiar carros é hoje atitude contínua). A liberalização das leis trabalhistas na França, que fazem com que o empregado custe ao empregador mais da metade de seu salário em proteções sociais, sem dúvida reduziria o desemprego; por outro lado, não sei ao certo se a mão de obra de um jovem criado numa das *banlieues*, onde passou a vida dividido entre a prática de pequenos crimes e o consumo da cultura popular, custaria menos do que seu valor em qualquer tabela de remuneração concebível.

O único aspecto do islamismo que de fato interessa à maioria dos *jeunes* que se encontram nas *banlieues* é a dominação e o abuso das mulheres. Não há outro sentido em que possamos declará-los religiosos. Eles não rezam, não frequentam mesquitas, não dão 10% de sua renda aos pobres. É claro: haverá alguns, talvez aqueles de inteligência um pouco superior à média, que sucumbirão aos encantos do islamismo como suposta solução de seu impasse existencial, uma vez que a juventude está sempre em busca de respostas completas. E, como o mundo já pôde perceber, basta um punhado relativo de pessoas para que uma desordem excessivamente perigosa seja criada. Para a maioria, porém, é a justificativa da opressão das mulheres o que mantém *les jeunes* tão presos ao islamismo. Com efeito, a opressão das mulheres é sua única fonte de orgulho, uma vez que nenhuma outra está disponível. Eles ao menos podem ser reis de seus próprios castelos.

Acompanhando a imprensa francesa, era curioso notar o quão pouco se aludia à ausência de jovens mulheres nas ruas das *banlieues*. Ninguém questionava qual seria o sentido de tal ausência. Finalmente, o *Libération*, jornal fundado por Jean-Paul Sartre, encontrou algumas jovens, fotografou-as (uma delas trajando um *hijab*) e lhes deu o que os franceses denominam *la parole*. Não é de surpreender que tenham dado apoio à ação dos *jeunes*, e ao *Libération* nem sequer ocorreu questionar se aquela pesquisa informal não seria tão útil quanto perguntar a alguns norte-coreanos, na rua, o que achavam de seu Querido Líder.

Enquanto isso, para todos os outros que moram na França, a vida segue seu curso normal: suficientemente agradável na superfície, mas com a crescente ciência de que algo está profundamente errado. Não à toa, são os franceses os maiores consumidores de tranquilizantes do mundo.

* * *

Ingressando na Suíça por Genebra a fim de encontrar um velho amigo dos tempos de escola, adentra-se em um paraíso burguês. Temos a impressão de que baixamos o tom apenas por ter entrado ali. As ruas são imaculadamente limpas, a prosperidade é imensa. Até mesmo os elevadores dos estacionamentos públicos têm seus interiores revestidos de mármore e iluminados por meio de vidros. Na Inglaterra, um luxo assim convidaria e instigaria o vandalismo imediatamente.

É claro, os suíços seguem as leis de maneira rígida, quase ao ponto da morbidez e da intimidação. Se você violar uma regra de trânsito, mesmo que de modo inofensivo, é bem provável que os cidadãos comuns lhe dirijam olhares ou gestos hostis, ou mesmo o repreendam com palavras de profunda desaprovação. Além disso, os suíços têm a fama de ser o único povo do mundo que vai à festa de um vizinho e chama a polícia tão logo sai de lá, no intuito de reclamar do barulho. Talvez esse seja um mito urbano.

No entanto, há um aspecto em relação ao qual os suíços são extremamente flexíveis e que constitui o motivo que levara meu amigo para lá:

os impostos. Os impostos não são estabelecidos apenas por cada cantão, mas também por cada comuna; cada comuna, ademais, compete para atrair para si pessoas ricas ou potencialmente ricas. A beleza do sistema está em que os impostos gerados localmente são mantidos no local. Se você for até as autoridades fiscais, portanto, e lhes disser que uma autoridade do outro lado da estrada acabou de lhe oferecer residência caso pague X francos ao ano, é bem provável que elas lhe ofereçam residência caso você pague X - 1. Desse modo, arma-se um círculo virtuoso de concorrência por impostos mais baixos. Tudo o que as autoridades querem saber é se você trará ganho líquido para a região; elas não estão preocupadas em saber o tamanho de sua renda e espremê-lo até a última gota.

Além disso, uma vez que o dinheiro levantado localmente é gasto também localmente, a população possui um interesse genuíno e duradouro em garantir que ele seja utilizado de maneira sensata. Nos grandes Estados ou nas sociedades centralizados, a burocracia nutre um velado interesse em que o dinheiro seja gasto insensatamente, pois assim acaba por gerar a população mesma que supostamente necessita de suas provisões. Não é isso o que vemos na Suíça: é a população a senhora da burocracia, e não – como no resto da Europa – o contrário.

Dirigimo-nos para o apartamento de meu amigo, localizado num prédio pequeno e luxuoso nas cercanias de Genebra, na encosta de uma montanha. Ele dá para o lago, e é possível ver o Mont Blanc a distância. O ar frio é surpreendentemente revigorante, oferecendo aos pulmões uma agradável sensação de limpeza. Quase desejei ter tuberculose a fim de experimentar o alívio que aquele ar me proporcionaria. Agora entendo um pouco melhor *A Montanha Mágica* e a atração dos sanatórios.

A vizinha que mora embaixo de meu amigo possui uma sacada tão grande que há nela um jardim dotado de grama e palmeiras em miniatura. Tudo é tão perfeito, tão limpo, que seria possível realizar ali uma cirurgia bem-sucedida. A despeito de tamanha perfeição – cada folha de grama possui a mesma altura, nada está fora do lugar –, a senhora do andar de baixo sai toda noite para aumentá-la. Aumentar a perfeição poderia ser a declaração de missão da Suíça. É incrível o que aquela mulher encontra para fazer em seu jardim, que aos meus olhos parece inteiramente concluído.

Levo para um passeio nosso cachorro, que quisemos trazer conosco. Estou muito nervoso, com medo de que ele faça suas necessidades no lugar errado e isso me valha um puxão de orelha. Os suíços, com sua enorme indústria farmacêutica, decerto devem estar projetando geneticamente o cachorro que não faz sujeira. Quando meu cão resolve fazer xixi contra a mureta de um jardim, olho ao meu redor do mesmo modo como costumava fazer quando, no bloco comunista, encontrava um dissidente.

Vamos a Lausanne. Para minha surpresa, encontro-a acabada. As autoridades locais andam preocupadas porque há ali muita gente que depende de dinheiro público – em proporção, cerca de um décimo da quantidade que há na Inglaterra. Grandes são as áreas com projetos habitacionais, pichações e gente que não é suíça de um lado para o outro (alguém tem de fazer o trabalho servil). É possível perceber que a região é multicultural por conta das lojas de comida para viagem. Há lixo nas ruas e falta de esperança no ar. Será que poderia haver revoltas em Lausanne? Os jornais estão preocupados com a possibilidade de um contágio vindo da França.

Estranhamente, sinto certo alívio ao observar os indícios da decadência. Adoro o mundo burguês, mas ando tanto tempo longe dele que logo começo a experimentar *la nostalgie de la boue*.[2] Como muitos, sou extremamente contraditório: amo aquilo que odeio.

Paramos rapidamente na Basileia a fim de ver as obras de Holbein na galeria de arte. O artista passara metade de sua vida de trabalho na Basileia. Uma mostra dedicada a De Kooning – "um mestre americano" – transcorre na galeria ao mesmo tempo. Creio que não ofenderei ninguém se disser que prefiro Holbein. Sim, é verdade que tanto Holbein quanto De Kooning aplicaram tinta a superfícies planas, e sob esse aspecto ambos pertencem à mesma categoria; fora isso, porém, acho que tiveram pouquíssimo em comum.

Voltamos para a França – mais precisamente, para Colmar, na Alsácia. As revoltas continuam.

* * *

---
[2] "A nostalgia da lama." (N.T.)

Colmar é uma das cidades mais bonitas da França. Impressiona como, durante muitos séculos, construtores de estilos arquitetônicos muito distintos conseguiram criar – por meio de um instinto estético desarticulado – um todo harmônico. Veio então a Primeira Guerra Mundial e, como num passe de mágica, tornou-se impossível construir na França (em grande parte da Europa, para sermos mais exatos) qualquer coisa que não fosse uma monstruosidade pura e atroz. Como séculos de compreensão estética evaporam naquilo que, em termos históricos, não passa de um piscar de olhos?

Não se deve superestimar, é claro, a importância da estética visual por si só. A versão de Colmar que observamos é uma versão assaz limpa e com toques distintamente contemporâneos, como sistemas de esgoto em funcionamento e gente que se banha todo dia e, portanto, não fede nem tem vermes. A água do rio não serve mais como depósito de restos do abatedouro local ou de resíduos químicos de um curtume vizinho; você também não tem líquidos caindo sobre sua cabeça enquanto caminha pelas estreitas ruas medievais cobertas de paralelepípedos – experiência, creio eu, que de alguma forma temperava o êxtase com que era contemplada a harmonia da arquitetura circundante. Ainda assim, não sei por que o avanço sanitário tem de vir de mãos dadas com uma arquitetura monstruosa.

* * *

O objeto mais famoso de Colmar é o *Retábulo de Issenheim*, pintado por alguém que o mundo todo conhece como Matthias Grünewald, não obstante não se saiba se alguém com esse sobrenome de fato existiu. O retábulo teve uma história movimentada: no último século e meio, foi deslocado de cá para lá como penhor nas políticas culturais de França e Alemanha, que lutavam pela posse da Alsácia.

Ele foi pintado para a Confraternidade de Santo Antão em Issenheim, ordem que não existe mais e que, no passado, especializara-se no cuidado dos doentes que partiam em peregrinação religiosa em busca de cura. Santo Antão teve uma doença batizada em sua homenagem, o Fogo de Santo Antão, causado pelo crescimento de mofo no centeio úmido, a cujo consumo devemos o ergotismo. A ergotina causava uma constrição das artérias periféricas que era agonizantemente dolorosa. As extremidades gangrenadas tinham de ser amputadas (sem anestésicos, é claro, bem como em condições de extrema sujeira). O ergotismo também causava alucinações visuais dramáticas, que levavam as pessoas a adotar comportamentos bizarros. Essas experiências alucinatórias foram às vezes utilizadas para explicar as extravagantes fantasias que encontramos nas representações holandesas ou alemãs da *Tentação de Santo Antão* – como aquela do *Retábulo de Issenheim* – e, por conseguinte, para defender a expansão mental proporcionada pelas drogas psicotrópicas e psicodélicas (trata-se do mesmo argumento que De Quincey empregou para defender o ópio nas *Confissões de um Comedor de Ópio*). Assim, a autocomplacência recebe o verniz da indagação intelectual e estética.

Não acredito que as pessoas tenham de experimentar as alucinações visuais que as drogas produzem para conseguir imaginar monstros – na verdade, não acho que precisem delas para imaginar qualquer outra coisa. Contudo, ainda que pintores como Grünewald, Bosch ou Bruegel as tenham experimentado, é inconcebível que fossem capazes de produzir suas obras sob tal influência, uma vez que lhes eram necessárias tanto uma profunda integração entre os olhos e as mãos quanto uma grande consciência de si. Não conheço obra de arte séria que seja diretamente atribuível ao consumo de drogas psicotrópicas ou psicodélicas. Por conseguinte, nada há a ser dito, desde o ponto de vista da expansão da mente, em favor do uso repetido de tais substâncias.

Insisto nisso porque cheguei à vida adulta na década em que os jovens estavam sendo chamados a se ligar, sintonizar e cair fora. Declarações extravagantes se propunham a defender os efeitos benéficos – tanto pessoais quanto sociais – de uma série de drogas ilícitas. No entanto, quando hoje comparo tais defesas à devastação causada pelo uso massificado das drogas, sobretudo por parte daqueles pobres que vivem nas sociedades ricas (entre os quais passei tanto tempo de minha vida profissional), sinto algo que beira a raiva. Desenvolvi assim um ódio duradouro pela frivolidade intelectual.

* * *

Tudo isso, é claro, não é o mesmo que se opor ao prazer, e assim encontramos um excelente restaurante para o jantar. Trata-se de um estabelecimento ao velho estilo burguês, com mobílias delicadas para absorver o barulho e sem música ambiente. A parcimônia na decoração moderna dos restaurantes tem como objetivo maximizar o barulho e minimizar a reflexão e a intimidade.

Ainda assim, foi-nos impossível ignorar a conversa que se desdobrava à mesa ao lado. Ali estavam pessoas abastadas, acostumadas a jantares caros. Nenhuma palavra é dita entre eles acerca da situação atual, isto é, das revoltas que ainda acometem toda a França. Primeiro falam sobre comida, o que, para os franceses, é o mesmo que falar sobre o tempo para os ingleses. Em seguida, tratam de questões pessoais: divórcios, enteados malcriados e coisas do gênero. Tudo parece respaldar a famosa frase do dr. Johnson: os acontecimentos públicos não molestam homem nenhum.

Por acaso, naquela noite, alguns carros são incendiados em Colmar, a poucos passos de onde tomamos nosso maravilhoso vinho alsaciano. Não é preciso dizer que os incêndios se dão em ruas de que Le Corbusier ficaria orgulhoso (mas nas quais não necessariamente gostaria de morar).

Três jovens incendiários são levados à justiça no dia seguinte, quando o juiz lhes pergunta por que haviam ateado fogo a três veículos. Porventura não tinham percebido que os donos dos automóveis não gozavam de situação muito superior à deles? (Em certo sentido, essa é uma pergunta estranha. Teria sido melhor, ou moralmente mais aceitável, incendiar três veículos de gente rica? Nesse caso, não seria consequência lógica que toda riqueza é conquistada de maneira ilegal e deve ser expropriada, quiçá até destruída? Esse modo de pensar é bastante comum entre os progressistas que se ressentem da própria prosperidade. Certa vez, na esteira de algumas revoltas ocorridas na cidade em que eu morava, conversei no rádio com uma mulher que se tornaria ministra do governo do sr. Blair. "O que há de trágico nessas revoltas", disse ela, "é o fato de os revoltosos estarem destruindo a área em que eles mesmos vivem". Tratava-se precisamente daquilo que os africâneres, ao se referirem às revoltas negras realizadas à época do *apartheid*, chamavam de "emporcalhar o próprio ninho". "Então para a senhora seria melhor que eles viessem e fizessem revoltas em sua vizinhança?", perguntei-lhe. Não preciso dizer que essa não foi uma pergunta vista como digna de resposta. Ela só havia dito aquilo para estabelecer a profundidade de sua compaixão, e não para enunciar uma verdade.)

Os três jovens incendiários de Colmar, segundo o jornal local, não têm condições – ou o desejo – de responder ao juiz. Talvez, de fato, ignorem por que cometeram o crime: quem de nós, afinal, pode dizer que entende com clareza todas as ações que pratica?

No que me diz respeito, acho que a resposta à pergunta do juiz é simples: televisão. Eles fizeram o que fizeram porque o haviam visto na tevê. Isso me recordou o que certa vez disse um amigo meu, que não é bem um adorador da deusa Liberdade. "O que precisamos", comentou, "não é tanto liberdade de informação, mas liberdade da informação".

Meu amigo não quis dizer, é claro, que ele precisava libertar-se das informações, mas apenas que algumas pessoas (os jovens incendiários de Colmar, por exemplo) precisavam. O problema está em saber quem precisa e quem não precisa ser protegido. É esse o caminho para a loucura.

* * *

No hotel, cujo nome homenageia Colbert, homem que executou a primeira centralização do Estado e da economia franceses – feito pelo qual é ainda hoje tido como herói na França, onde seu legado perdura –, nós conhecemos um cara singular, um suíço que se instalara na França por questões fiscais.

Aparentemente, ele estava insatisfeito com os impostos baixos e queria pagar taxas mais elevadas. A estranheza da humanidade não tem fim. Certa vez, atendi uma paciente que injetara em si mesma o sangue de uma amiga com HIV. Também ela queria a doença: por que a amiga concentraria toda a atenção?

* * *

Fazemos a travessia em direção à Alemanha. Essa fronteira, que um dia deu ao mundo tantos problemas, hoje deixou de existir. Simplesmente paramos o carro numa pequena balsa que cruza o Reno e voltamos a dirigir do outro lado. Não sê vê uniforme algum, e nada mais temos de mostrar além de um pedaço de papel.

Por mais que a União Europeia seja um monstro burocrático inexplicável a qualquer pessoa que se assemelhe a um ser humano normal, não passando, no fundo, de um abrangente plano de aposentadoria para aqueles políticos idosos ou esgotados que não conseguem mais encarar as inconveniências exigidas para serem eleitos, não há como não aplaudir a supressão das fronteiras – ao menos se você é um motorista que está atravessando diversos países em poucos dias. À medida, ademais, que se vai dirigindo sem obstáculos da França para a Alemanha, também é impossível não questionar o porquê daquele conflito aparentemente infinito, responsável pela morte de milhões.

Isso não quer dizer que os franceses hoje amem os alemães – muito pelo contrário. *Sale boche*[3] ainda é expressão de uso corrente. Aos alemães, eles desejam uma identidade europeia que os impeça de ser germânicos. Isso, é claro, não engana ninguém. Além de ser algo impossível, trata-se também de uma medida desnecessária. Tenho a impressão de que os alemães lidaram com o passado da maneira que podiam – e melhor do que muitos. A história da Alemanha não é apenas um prelúdio a Hitler. Além disso, de acordo com minha própria experiência, também não é verdade que eles não têm senso de humor: os alemães gozam de si mesmos mais do que os franceses, por exemplo. Quando são sérios, porém, são sérios de verdade.

* * *

Cerca de 240 quilômetros Alemanha adentro, começo a experimentar uma angústia quase existencial. Ela nada tem que ver com o fato de minha mãe ter se refugiado da Alemanha nazista em 1938. Não: deve-se apenas a que, desde a Basileia, a rodovia de seis faixas tem apresentado um fluxo contínuo de tráfego, do qual grande parte consiste em caminhões de

---
[3] "Boche (alemão) sujo." (N.T.)

cinquenta toneladas ribombando para cima e para baixo sem parar. O trânsito é tão atribulado à uma quanto às nove da manhã. Tantos são os faróis que a escuridão nunca é completa. O tráfego nunca para – na realidade, ele continua por centenas de quilômetros, Holanda adentro.

Depois de certo tempo, você fica irrequieto. Os caminhões o esmagarão como um inseto sem nem mesmo perceberem, não há dúvidas, e então darão prosseguimento a suas viagens rumo a Roterdã ou outro destino qualquer. A economia alemã pode até estar em apuros, isto é, em esclerose e baixo crescimento, mas a Alemanha ainda é o maior exportador de mercadorias do mundo. Ao dirigir da Basileia e de Colmar para a Holanda, você percebe o que isso significa em termos físicos concretos.

Quando, ao trafegarmos entre duas cidades, observamos esse fluxo imenso de pessoas e mercadorias às dez da noite, começamos a questionar por que a Alemanha precisaria de um crescimento econômico maior. Para que o trânsito seja mais intenso e tenha carros mais caros (não obstante já se veja um número infinito de veículos da Mercedes e da BMW), de modo a haver mais caminhões ribombando – ou melhor: arrastando-se – para cima e para baixo às três da madrugada? Para que os alemães possam consumir ainda mais daquilo que já não lhes consegue trazer mais felicidade do que se possuíssem apenas a metade?

Para que tanto? Talvez um crescimento maior possibilite aos alemães um número mais elevado de escolhas. Escolhas de quê, porém? Salsichas? Eles já têm bastante. Programas de televisão? Também existem muitos. Quem sabe não é para que trabalhem com menos intensidade, podendo assim aproveitar a vida? Essa, porém, se assemelha um pouco à promessa dos trabalhos sem papelada que a tecnologia viria a proporcionar. Só que a papelada nunca foi tão grande.

Bem, o tipo certo de crescimento poderia reduzir o tráfego, a quantidade de *hardwares* físicos a serem transportados de um lado para o outro. De minha parte, eu duvido muito disso. Recordo-me do funcionário público indiano em cuja mesa havia uma pilha de documentos tão velhos que ninguém jamais os consultava ou consultaria. Como estivessem ocupando muito espaço no escritório, ele perguntou ao chefe se poderia descartá-los.

– É claro – respondeu –, contanto que você faça três cópias de cada.

A única resposta que posso dar ao enigma desse crescimento que não traz felicidade é que a enorme máquina econômica sucumbiria sem ele; nesse caso, ficaríamos todos muito mais infelizes. Essa não é uma resposta de todo satisfatória, mas é a melhor a que consegui chegar enquanto estava no trânsito, perto de Karlsruhe.

* * *

Fazemos a travessia da Alemanha para a Holanda, mas só é possível reconhecer a mudança porque as propagandas passaram do alemão para o holandês. Nada mais delimita a fronteira: nenhuma bandeira, nenhum posto de fronteira, nenhuma placa dando-nos boas-vindas ao país.

Minha reação a isso é ambivalente. (Porventura se pode ser ambivalente no mundo moderno?) De um lado, a falta de fronteiras é conveniente aos viajantes; do outro, suprime o prazer da viagem. Você fica com a sensação de que nunca partiu nem chegou. Além disso, embora a ausência de um nacionalismo apregoado e patrocinado pelas autoridades seja bem-vinda, dada toda a devastação que causou ao longo do século XX, talvez revele também uma falta de orgulho ou patriotismo que pode tornar o país – e toda a civilização que ele incorpora – vulnerável ou desamparado ante os inimigos. Se você não acredita em si mesmo, por que outra pessoa o faria?

O orgulho nacional exagerado causa repulsa, é claro, uma vez que oculta desonestamente as virtudes alheias e os próprios vícios. Por outro lado, a ausência de orgulho nacional exerce o efeito contrário, dissimulando com igual desonestidade as próprias virtudes e os vícios dos outros. Como em tudo o mais, é preciso encontrar o equilíbrio. Essa talvez seja uma conclusão pouco interessante, mas, como Bertrand Russell certa vez afirmou, não há motivo para que a verdade, quando encontrada, seja interessante.

Para piorar, um curioso paradoxo jaz por trás da doutrina antipatriótica do multiculturalismo. Aqueles que mais enaltecem a diferença cultural, ao menos de modo abstrato, não estão dispostos a defender qualquer aspecto cultural seu que possa diferenciá-los de quem pertence a outra cultura. É como se quisessem diluir a própria identidade – a qual odeiam, é evidente – numa espécie de grande sopa cultural que, no fim, tornará todos iguais. O que começa como uma celebração da diferença acaba como imposição de uniformidade. Tenho certeza de que, quando falam, os multiculturalistas têm em mente a culinária de fusão.

* * *

Nosso destino é Amsterdã, onde farei uma breve participação numa conferência. Não é fácil dizer onde Amsterdã começa e onde ela termina – como certa feita me disse um holandês, a Holanda é praticamente uma cidade-Estado, na qual os espaços abertos são antes parques do que zonas rurais. Não tenho dúvidas de que, no sul do país, você tem sempre sob a vista alguma cidade ou município. Não obstante, nos espaços que os separam, a agricultura e a horticultura holandesas provavelmente operam como as mais produtivas do mundo. Regiões extensas do país estão debaixo de poliestireno; elas abastecem o resto da Europa de tomates e morangos que em geral são anêmicos e sem gosto, muitas vezes em épocas estranhas do ano. No que diz respeito a frutas e vegetais, o aquecimento e a iluminação artificiais, bem como os produtos químicos e o abastecimento alimentar, aboliram as estações. Há tempo e lugar para tudo, e o tempo e o lugar para tudo são o aqui e o agora.

Não consigo concluir se isso representa o triunfo da engenhosidade humana ou a perda da capacidade de deleitar-se com o ritmo da vida – ou ambos, é claro. Criança nenhuma voltará a saudar a temporada de morangos ou framboesas com aquela exaltação intensa e palpitante que eu experimentava quando menino. Por outro lado, quando vejo framboesas chilenas sendo vendidas em meados de dezembro, não consigo resistir a elas.

* * *

Quem é incapaz de admirar a arquitetura de Amsterdã? De um lado, ela é grandiosa e elegante; do outro, possui uma escala inteiramente humana. Nós nos hospedamos num hotel ao mesmo tempo acolhedor e luxuoso da Heerengracht, diante de um canal ao longo do qual a arquitetura vernacular decerto figura entre as mais belas do mundo. Ao contrário de tantos arquitetos modernos, os responsáveis por aquelas casas estavam criando harmonia urbana, e não convidando o transeunte a reconhecer sua originalidade. A expressão de seus respectivos egos foi subjugada por um objetivo maior, não o contrário. Se comparado ao temperamento secular, essa sem dúvida é uma das vantagens do temperamento religioso.

A Amsterdã do século XVII, é claro, não foi construída tendo em mente o automóvel. No centro da cidade, ao longo dos canais, volta e meia você se pega parado por trinta minutos atrás de uma van ou de um caminhão que estacionou para descarregar, sendo completamente impossível andar para frente ou para trás. Esse é um dos preços que pagamos pela disponibilidade perpétua de todas as coisas em todas as partes. Quando, então, você finalmente encontra uma vaga, os burocratas o pegam: é preciso pagar €13,80 pelo parquímetro – nem mais, nem menos. Nenhum troco é dado e nenhuma quantia além daquela é permitida, com as rodas do veículo sendo travadas imediatamente na ausência de pagamento (o carro ao lado do nosso as tivera travadas). Quem, porém, anda por aí com €13,80 exatos, em moedas? Obviamente, apenas um burocrata sem ter outra coisa para fazer além de elaborar torturas a distância para o cidadão poderia ter estabelecido tal soma.

Ocasionalmente, os parquímetros de Amsterdã aceitam cartões de crédito, mas apenas os holandeses. Isso dá mostras de que ainda há limites para a integração europeia. A soberania nacional ainda não está totalmente morta.

* * *

É triste dizer, mas, tão logo você deixa os canais de Amsterdã, a população local, incluindo um grande número de turistas estrangeiros (dos quais os britânicos são, de longe, os piores) que viera à cidade por conta de sua fama de relaxada licenciosidade, não oferece uma visão agradável. Todos parecem bárbaros que conquistaram uma cidade civilizada e, após um massacre geral, substituíram seus habitantes. Há pouco refinamento a ser visto, e todos se vestem de maneira exageradamente casual. Todo mundo faz compras – para quê, meu Deus? – e fica entrando e saindo de lojas que bombeiam rock para a atmosfera como se fosse gás venenoso. A gente – eu, pelo menos – fica com vontade de fugir na hora. Por sorte, há sebos excelentes perto do hotel, e ali pego um irresistível livro de 1928 intitulado *Dreiser na Rússia*. Ele tem fim com palavras involuntariamente cômicas:

> Bons sonhos, Ilitch [i.e., Lênin], pai de uma força nova que possivelmente – como dizê-lo? – mudará o mundo.
> Ditoso és tu, instrumento seu escolhido, conquanto martirizado.

Ditoso és, de fato.

* * *

A conferência dura o dia inteiro e é aberta a quem quiser nos ouvir filosofar sobre a boa sociedade. Entre os participantes encontram-se dois intelectuais parisienses que conseguem transmitir aquele tipo de inefável superioridade, em relação a tudo, que os aristocratas de outrora conseguiam transmitir – quer dizer, ao menos para os diretores de Hollywood. Minha esposa, que é francesa, diz que os intelectuais parisienses a fazem recordar tudo o que ela quis evitar ao abandonar a França – ou melhor, Paris.

Há participantes muito distintos nas diversas mesas, alguns deles famosos no mundo todo; no entanto, Ayaan Hirsi Ali Hassan, parlamentar holandesa de origem somali que elaborou o filme *Submissão* junto com Theo van Gogh e que hoje se vê de tal maneira ameaçada que é incapaz de dormir duas noites seguidas no mesmo lugar, estando ali na plateia rodeada de uma série de guarda-costas, levanta uma questão simples que os professores, pensadores e escritores que dedicaram a vida inteira ao assunto não conseguem responder. "Como vocês fazem", pergunta ela, "para estender sua solidariedade social a quem não a quer?".

Trata-se de uma pergunta capciosa. Um professor distinto, de aparência matreira, dá como resposta aquilo que um amigo meu chama de purê de batata verbal. Hirsi Ali Hassan repete a questão na esperança, creio eu, de que o professor a tenha entendido mal e vá respondê-la em palavras com menos de dezessete sílabas. No final, é claro, a pergunta fica sem resposta – ao menos sem uma resposta inteligível.

Uma das coisas que a conferência me ensina é que os serviços de segurança são falíveis. Sentada entre Hirsi Ali Hassan e o príncipe herdeiro de algum reino europeu, vê-se uma mulher de meia-idade bem vestida, carregando uma bolsa enorme. Parece ser ela o ápice da respeitabilidade, e ninguém expressa a menor preocupação.

Próximo ao fim da conferência, ela se levanta para fazer uma pergunta – ou melhor, um discurso. (É lei da natureza humana que, se você organizar uma mesa-redonda aberta a perguntas da plateia, ao menos metade das pessoas que tomarem a palavra aproveitará a oportunidade para manifestar uma opinião urgente, que estivera zunindo em suas cabeças como uma vespa zunindo no interior de um jarro, independentemente de ter algo a ver com o tema em questão.) Tão logo a infeliz senhora começa a falar, fica claro que ela é louca. Parando para pensar, a bolsa enorme e inconteste que ela carrega é grande o bastante para conter várias armas letais. Ela poderia ter eliminado um príncipe herdeiro e uma integrante do parlamento de uma só vez, sem que aqueles guarda-costas onipresentes tivessem tempo de pegá-la. Isso é bastante desconcertante.

Qual seria a moral da história? Hesito em deduzi-la.

* * *

Fico um dia a mais em Amsterdã porque o ministro da Justiça da Holanda me pediu que falasse a seus funcionários sobre o conceito de responsabilidade criminal. O evento acontecerá em Haia, para onde me leva uma Mercedes preta que faz com que eu me sinta muito importante. É impressionante a velocidade com que perdemos contato com a realidade.

Na plateia está a ministra da Imigração da Holanda, Rita Verdonk, a quem o jornal francês *Le Monde* descreve como a política mais odiada do país, ou seja: é de longe a mais popular. Jamais falei com um ministro antes, ao menos num tal posto.

Tudo vai bem com minha apresentação, e depois dela o público faz algumas perguntas. Uma vez que costumo desdenhar dos burocratas e oficiais, é duro dizê-lo, mas as questões levantadas são altamente inteligentes – penetrantes, sem ser rudes. Em minha fala, fiz menção às revoltas na França, e um jovem funcionário da plateia, mestiço, me diz que possui um primo em uma das *banlieues* em que a confusão tem se desenrolado. O carro desse primo fora incendiado, mas a vítima disse ao jovem, por telefone, que não se importa de ter perdido o automóvel caso o incêndio ajude a melhorar a situação. O jovem funcionário pede que eu teça algum comentário.

Respondo que as seguradoras francesas, certamente sob pressão do governo, haviam concordado em indenizar quem teve o carro incendiado – muito embora, do ponto de vista legal, não devessem fazê-lo, uma vez que todas as políticas de seguro excluem os distúrbios civis como justificativa para a concessão de indenizações. Se a seguradora não tivesse topado, a atitude daquele primo talvez fosse diferente.

Estou inteiramente convicto de minha resposta. Afinal, a mente humana é capaz de uma racionalização infinita. Se as seguradoras não tivessem concordado em indenizar quem teve seus carros queimados, o primo sem dúvida teria culpado as seguradoras capitalistas por sua perda, e não *les jeunes* que de fato haviam ateado fogo a seu veículo.

* * *

Após minha fala, um funcionário muito amistoso me leva para conhecer o ministério. Ele me mostra uma das janelas mais famosas de toda a Holanda: a do escritório particular do ministro da Imigração. Uma lasca fora encontrada ali, ao que se supôs que fora causada pela bala de um possível assassino. Tal é o receio que acomete a Holanda de hoje, mesmo em comparação a poucos anos atrás: todo mundo logo aposta no pior. De fato, uma nuvem de medo se instalou sobre todo o país.

Exames periciais revelaram que a lasca fora causada por uma pedra, provavelmente lançada pela roda de um veículo que passava por ali. Ainda assim, quem, senão um louco, imaginaria há dez anos que a vida de um ministro holandês estava em perigo?

O funcionário aponta, da janela de outro ministério, para uma área residencial que fica nas redondezas. Ele me diz que imigrantes e descendentes de imigrantes moram ali. Muitos recebem seguro-desemprego, o qual complementam mediante o cultivo da maconha. O benefício que ganham talvez consista em €1,2 mil por mês, ao que se somam €5 mil pela erva. São os traficantes que os inserem no ramo, substituindo imediatamente seus equipamentos caso sofram incursões da polícia (e tenham de pagar, como consequência, uma multa de €1 mil).

Eis o dilema do ministro da Justiça: caso se volte contra o cultivo da maconha, ou caso o cultivo da maconha seja autorizado e assumido por fazendeiros comerciais, ou mesmo pelo próprio Estado, a população da região recorrerá ao crime (a um crime pior do que o cultivo de maconha, diria eu). Por outro lado, caso permita que a situação atual continue, todo incentivo dado à procura de um trabalho normal e legal – que pague, digamos, €2 mil ao mês – será suprimido, desmoralizando permanentemente a população.

Ah, os dilemas do esquerdismo! Onde estaríamos sem eles? Sobre o que teríamos de pensar?

No dia seguinte nós viajamos para a Bélgica, um país muito estranho.

* * *

Mais uma vez, cruzamos uma fronteira europeia – agora, entre a Holanda e a Bélgica – sem saber ao certo onde ela se encontrava. Ao contrário, porém, do que se esperaria para dois países bem planos, a paisagem se altera. O lado belga é muito mais agradável. Os campos ostentam um verde mais suave, as árvores são mais numerosas, as casas gozam de mais caráter e individualidade. O cenário é muito mais rural e bem menos parecido com uma fábrica hortícola.

Um jornalista belga me explicou o porquê disso dizendo que os belgas – ou melhor, os flamengos – são católicos e, portanto, menos meticulosos e obsessivos do que os holandeses, cuja maioria é protestante. Eles não ligam para a assimetria e (sejamos francos) para a bagunça tanto quanto seus vizinhos calvinistas, para quem extrair da terra tanto quanto possível é um dever, um sinal de eleição e, em termos freudianos, retentividade anal.

O problema desse tipo de explicação é: como saber se ela é verdadeira? Não existem países católicos arrumados e países protestantes bagunçados? Talvez a verdadeira razão a explicar a diferença entre as paisagens esteja no fato de a Bélgica ter densidade populacional dois terços menor do que a Holanda.

De todo modo, impressiona notar como um cenário tão pouco espetacular quanto o dos Países Baixos fomentou a melhor pintura paisagística da tradição ocidental.

* * *

Chegamos a Gante depois do anoitecer. Sei que isso é ridículo por conta da importância histórica da cidade, mas na minha cabeça eu a associo, e provavelmente o farei até morrer, àquele poema de Robert Browning que tem como título "Como Levaram Eles a Boa-Nova de Gante a Aix". Isso se dá porque tive de aprendê-lo de cor quando menino, e lembro-me de, no domingo à noite, ir para debaixo das cobertas com o poema e uma lanterna a fim de garantir que o decoraria até o dia seguinte, evitando assim um leve castigo físico. O menino é pai do homem.

Fora da temporada de turismo, as ruas escuras do centro da cidade estavam desertas. Enquanto procurávamos um hotel, a primeira estrofe brotou na minha cabeça qual um refrão:

> Ao estribo eu, Joris e ele, de vez;
> Galopei eu, galopou Dirck, os três...

No entanto, embora fosse tarde da noite e formássemos um trio – minha esposa, meu cachorro e eu –, não dá para dizer que, "meia-noite adentro", fomos "a galope os três". "A passos lentos" seria expressão mais adequada.

Encontramos um hotel e, em francês, solicitei um quarto. A recepcionista me respondeu em inglês, mas não por conta do meu sotaque: com minha esposa, que é parisiense, fez ela o mesmo. Fomos assim apresentados ao nacionalismo flamengo, que demonstra que país nenhum é excessivamente pequeno para o separatismo nacional.

Dois terços da Bélgica falam flamengo, e um terço, francês. Flandres (de língua flamenga) é muito mais rica do que Valônia (de língua francesa) e se ressente dos subsídios que paga à irmã adotiva, esnobe do ponto de vista linguístico, mas inferior do ponto de vista econômico. A família real fala francês, mas constitui praticamente o único símbolo da nacionalidade belga. Muitos acreditam que o país seguirá os passos da Tchecoslováquia (e não da Iugoslávia): uma separação virá de comum acordo. Algum príncipe da família real poderia reinar em Flandres, cuja união com a Holanda seria improvável em virtude da diferença religiosa. A Valônia, por sua vez, poderia tentar fusão com a França, não obstante esta não corresponda ao desejo – a última coisa de que a França necessita, afinal, é outra população a ser subsidiada. Para piorar, a própria palavra *belge* faz os franceses caírem na gargalhada.

À primeira vista, há algo de maldoso no nacionalismo das pequenas nações. Por exemplo, 80% dos livros vendidos em Flandres devem estar em língua flamenga; do mesmo modo, após lei recente, todos os que se candidatam a vagas em conjuntos habitacionais devem saber como se expressar no idioma. Lembro-me de ficar irritado ao ir a uma exposição em Barcelona e notar que as explicações estavam todas em catalão (não obstante eu consiga lê-lo com razoável facilidade), em detrimento do espanhol.

Ainda assim, o medo de ser culturalmente subjugado pelos vizinhos é compreensível. O que intriga, na Europa, é o quão potente são tanto a força centrífuga quanto a centrípeta. Os políticos, que querem ser importantes de uma forma que o palco nacional jamais lhes possibilitará, almejam uma organização que sirva (a) como trampolim para uma carreira de relevância internacional; (b) como fundo de pensão a ser utilizado quando perderem poder em seus respectivos países; e (c) como uma grande gamela em que possam se alimentar. Isso explica por que nenhum político europeu, independentemente de sua importância, rejeita a ideia da União Europeia, por mais prejudicial que seja ela aos interesses de seu país.

Coexistindo com esse ímpeto à *Gleichschaltung*[4] (para usarmos um termo bem clichê), há um particularismo étnico e regional cada vez mais intenso. Longe de contradizerem uma à outra, ambas as tendências estão em sinergia. O enfraquecimento do Estado nacional na Europa fortalece o centro antidemocrático e autonomeado. Às regiões restam, em essência, a dança folclórica, as vestimentas nacionais e as normas de estacionamento (as quais são de fato muito importantes, aumentando ou degradando consideravelmente a qualidade da vida moderna).

* * *

Quem vai a Gante e a Bruges o faz pela arte. O quão fácil é resvalar em ditirambos sobre a arquitetura urbana de ambas essas cidades! (Gante não aparenta tanto ter sido conservada em formol.) Ainda assim, duvido que a vida tenha sido um mar de rosas no auge de cada uma. Lembro-me de certa vez ter a biografia de um duque da Borgonha em mãos – um Filipe Qualquer-Coisa, Bom, Mau ou Indiferente – e ler, logo no primeiro parágrafo, acerca de um rei de Maiorca que tivera certo vínculo com esse nobre e que passara catorze anos preso numa jaula de ferro, sem roupa. Se assim eram tratados os reis, é improvável que os peixes menores ganhassem grandes mimos das autoridades.

A arte flamenga tem sido colocada a serviço do nacionalismo flamengo e até mesmo do nacionalismo belga. Porém, Memling nasceu na Alemanha e Flandres foi um dia província da Borgonha. Nós aplicamos as categorias nacionais correntes ao passado, quando talvez não existissem. Não gostamos das complicações impostas pelas mudanças de identidade porque elas nos obrigam a pensar.

De todo modo, é para mim difícil entender por que Memling e Van Eyck são chamados primitivos quando suas obras, poucas vezes igualadas, mostram-se tão rebuscadas e sofisticadas. Lembro-me de ter lido um livro

---

[4] Termo usado pelo Partido Nazista que significa ato, processo ou política visando coordenação e uniformidade total, por meio da eliminação da independência e da liberdade de pensamento, ação ou expressão. (N. T.)

sobre o Japão que o descrevia como um país primitivo antes da chegada do comodoro Perry. Fiquei atônito, com um misto de ira e espanto. Entendo perfeitamente por que alguém denominaria primitivo um grupo de britânicos tatuados e beberrões, mas não a civilização japonesa.

* * *

A obra de arte mais famosa nas duas cidades é o retábulo de Gante, que tem autoria dos irmãos Van Eyck e se encontra na catedral de São Bavo. O jovem do quiosque que fica à entrada da capela que abriga a obra – exposta atrás de um vidro à prova de balas – escutava (ou ouvia?) rock em seus fones de ouvido e lia (olhava?) uma revista pornô. Quase me desculpei por interromper suas devoções espirituais; ele sem dúvida teria me respondido com uma dissertação sobre os direitos humanos inalienáveis que ele, com tamanha nobreza, exercia ali.

O retábulo não é apenas magnífico, mas possui também uma história atribulada. Entre outras aventuras, foi raptado tanto por Napoleão quanto por Göring, sendo quase destruído ao cabo da Guerra para que não fosse parar nas mãos da conspiração, claramente vitoriosa, dos estetas judaico-maçônicos.

Em 1934, ademais, muitos de seus painéis foram roubados, não obstante tenham sido todos – com exceção de um, que jamais foi reencontrado – devolvidos após um pedido de resgate de um milhão de francos (noventa notas de dez mil francos e cem de mil, para sermos mais exatos). Uma cópia do painel desaparecido foi elaborada por Jan Van der Veken. É bem verdade que esta versão, embora concluída com maestria, é bem menos luminosa do que os outros painéis, mas fico imaginando quantos visitantes notariam a diferença se ninguém lhes dissesse que há alguma. Isso, ademais, levanta questões sobre o valor estético das falsificações, das cópias e dos simulacros, e a elas receio não conseguir responder. E não é por falta de espaço.

Todos acreditam que o ladrão foi um tal de Arsène Goedertier, que em seu leito de morte confessou saber o paradeiro da peça, recusando-se porém a revelá-lo. Tratava-se de um corretor de 58 anos que sofreu um infarto após se apresentar numa reunião do Partido do Povo Católico. É possível que o painel se encontre até hoje no porão de algum milionário louco, que fica ali se vangloriando da obra – não, porém, por tratar-se de um painel belíssimo, o que é de fato verdade, e sim por estar impedindo outras pessoas de vê-lo. De que vale um prazer se todos podem tomar parte nele?

Por outro lado, e de modo ainda mais intrigante, ele poderia estar na casinha suburbana de um burocrata de segundo escalão, que agora vai chafurdando-se em sua capacidade de fazer algo verdadeiramente mau como vingança por sua apática ocupação.

* * *

Por sermos ambos médicos, minha esposa e eu fomos às cercanias de Gante para visitar o Dr. Guislain Museum, localizado num antigo manicômio. Quão esplêndida era a arquitetura dos manicômios vitorianos! O dr. Guislain foi, na Bélgica, o que Pinel foi na França e Tuke, na Inglaterra: responsável por quebrar os grilhões dos loucos. Algumas décadas depois, é forçoso admiti-lo.

O museu é dedicado à história da psiquiatria. Havia ali uma exposição intitulada "Dor". Como é hoje *de rigueur* na museologia moderna, todas as fronteiras se tinham diluído: todo tipo de sensação e estado mental desagradável era tratado como dor, e portanto as obras não passavam de uma grande mistureba que impossibilitava qualquer reflexão adequada sobre o assunto.

O artefato mais interessante dessa exposição permanente era uma banheira enorme. Nela havia uma capa com um buraco através do qual poderia passar a cabeça do paciente. De início, achei que se tratava de uma engenhoca desenvolvida para impedir que os pacientes se afogassem quando no banho (certa vez, tive um paciente que se afogou dessa maneira enquanto era observado por duas enfermeiras, cujas cabeças aparentemente estavam em outro lugar). Mas não: a banheira era usada para sedar pacientes fora de si. Eles ficavam sentados nela até se acalmarem.

Isso me fez lembrar dos dias em que me formava como médico. Havia, na minha ala, duas enfermeiras enormes e matronais – naquele tempo, as enfermeiras ainda usavam aventais engomados – que costumavam ameaçar com um tempo na banheira os idosos que lhes eram inconvenientes por molharem a cama ou pedirem uma xícara de chá.

Outro dia, recebi um catálogo de livros antigos que trazia, à venda, uma edição da obra magna do dr. Guislain: um manual de psiquiatria em dois volumes, o segundo dedicado a temas como o projeto e o aquecimento de alas manicomiais. Infelizmente, custava US$ 800.

* * *

Chegamos a Bruxelas. Há um hotel de uma cadeia francesa que utilizamos com frequência e que se encontra nos arredores da cidade. Nós o escolhemos (a) porque é barato e (b) porque podemos colocar o cachorro para dentro sem passar pela recepção, que fica sempre num edifício diferente daquele em que está nosso quarto. A comida desses hotéis não é nem boa, nem totalmente intragável, mas nunca muda. Suspeito de que chegue por uma passagem subterrânea a partir de uma cozinha central secreta localizada em algum lugar dos *départements* menos frequentados da França.

Além disso, esses hotéis ficam sempre em áreas industriais que, à noite, permanecem sombriamente desertas, o que explica seu preço baixo. Esse parece ser vizinho de uma estação de energia nuclear, cujas torres de refrigeração, gigantes como são, foram cuidadosamente guarnecidas de luzes para que os terroristas possam alvejá-las com boas chances de sucesso.

Estranhamente, eu adoro o anonimato desses hotéis e das regiões em que se localizam. É motivo de grande alívio não ter de fingir coisa alguma. Nos hotéis grandiosos, embora sempre pague eu mesmo as minhas contas, acabo por me sentir um menininho, uma espécie de impostor. Fico achando que algum funcionário vai me dar um tapinha no ombro e dizer: "O senhor não tem condições de se hospedar aqui, não é verdade?" (sendo esse um "senhor" infinitamente irônico). Ou ainda: "Não há candelabros em sua casa, senhor. Por que então se hospedar aqui?".

* * *

Fomos visitar uma amiga. Seu marido é judeu, mas ela não. Os dois filhos, embora não tenham origem judaica, voltaram-se para a religião e são profundamente sionistas. Ambos ingressaram no serviço militar de Israel, mas um deles retornou para a Bélgica.

Este tem agora uma namorada: uma marroquina que é casada e ortodoxa, que acredita no islamismo e utiliza, por escolha própria, aquela roupa que mais parece uma tenda, com uma pequena fresta para os olhos.

Tento entender o que tudo isso significa, mas não consigo. Não compreendo o mundo moderno. Como diziam, no presídio em que eu trabalhava, os encarcerados que tentavam descrever como haviam se sentido após estrangularem suas namoradas: "Não consigo explicar, doutor, isso anda me tirando do sério".

* * *

Quando saímos do Cirio, um maravilhoso bar de *fin de siècle* no coração de Bruxelas (e a cerveja belga, evidentemente, é o néctar dos deuses), um estudante embriagado, comemorando uma data especial da universidade, atira um copo contra nós e outras pessoas que estavam por perto. O copo se espatifa no chão à nossa frente; um de nós poderia muito bem ter se machucado de maneira muito feia.

Felizmente, há uma patrulha por perto e os policiais veem o que acontece. A polícia corre atrás do estudante, que ao fugir para a multidão fica logo sóbrio. Embora me envergonhe dizê-lo, confesso que, ao ver os policiais perseguindo o garoto, não foi nos direitos humanos dele que pensei de imediato.

Quem foi que inventou essa história de que a juventude é idealista? Ela é egocêntrica e egoísta. Sei disso porque também fui jovem um dia (por mais que seja difícil acreditar nisso hoje).

* * *

É hora de fazer a travessia rumo à Inglaterra. Chegamos a Hoek van Holland para pegar a balsa até Harwich. A rota que escolhemos – de Gante a Bruxelas, de Bruxelas a Hoek van Holland e de Hoek van Holland a Harwich – foi precisamente aquela que percorreram o grande criminoso Valentin e o detetive francês Flambeau, que tentava capturá-lo na primeira das histórias do padre Brown escritas por G. K. Chesterton.

A bordo, não parece haver ninguém que seja particularmente notável. Mau marinheiro que sou, fico enjoado só de pensar em barcos. A travessia, porém, é tranquila: a única inconveniência está na impossibilidade de fugir do rock e do pop que tocam por toda parte. Também é difícil encontrar um lugar que não seja atingido pelo bruxuleio das telonas que ficam passando baboseiras num volume precisamente calculado para impossibilitar que o passageiro tanto as acompanhe quanto ignore. É como se a empresa achasse que cliente nenhum consegue ficar a sós com os próprios pensamentos, nem mesmo por um mísero segundo. Bem, talvez isso seja verdade; já percebi que as pessoas que cresceram na era do entretenimento contínuo julgam o silêncio perturbador – pavoroso, até.

Encontramos um assento relativamente tranquilo. Acontece, porém, que ficava perto do cinema da balsa, e assim que o filme tem início é possível escutar, através da parede, uma série de gritos e tiros abafados. Toda hora surge um berro. Fico me perguntando se não seria um cidadão ruim por não sair correndo para ajudar a vítima. O cinema da balsa seria o cenário perfeito para um assassinato.

* * *

Saímos dirigindo da balsa e adentramos a escuridão que se adensava. A primeira coisa que faço ao retornar para minha terra natal é comprar os jornais. Suas páginas estão cheias de crimes terríveis; mesmo quando os réus são pegos – o que raramente acontece, graças à desmoralização da polícia e às tarefas burocráticas que lhe vêm sendo impostas –, as penas são risíveis. Por exemplo, dois jovens que atacaram gratuitamente um advogado e lhe causaram danos cerebrais definitivos (e, portanto, já haviam demonstrado de maneira inequívoca suas violentas propensões criminais) foram sentenciados a dezoito meses de prisão, dos quais só cumprirão, em virtude da remição automática, nove. Ao sentenciá-los, o juiz disse querer que a pena servisse como alerta para os outros. Nesse caso, porém, tratar-se-ia antes de um alerta às vítimas do que aos criminosos, a saber: o de que não poderiam esperar que o Estado levasse suas vidas muito a sério.

A Grã-Bretanha de minha infância foi uma sociedade ordenada. Quando eu tinha menos de dez anos, era plenamente seguro atravessar Londres valendo-se do transporte público, não ocorrendo a ninguém que algum mal poderia me acometer. Pelo contrário: aquela era uma forma de me ensinar a ser independente. Hoje em dia, o pai que deixasse o filho de oito ou nove anos sair assim por aí seria acusado de negligência.

Sim, eu sei que as pessoas têm dito esse tipo de coisa há pelos menos dois mil anos – chegada a meia-idade, vem o homem e começa a reclamar de que não é só ele quem está sucumbindo, mas todo o mundo ao seu redor –, porém acontece que dessa vez é verdade. O fato é que, na Grã-Bretanha, os jovens de fato impuseram um toque de recolher aos mais velhos: praticamente não há idoso que se aventure a sair após o sol se pôr, com medo tanto daquilo ou daquele que irá encontrar quanto do que lhe poderia acontecer.

Isso se torna ainda mais inquietante porque o país é hoje, claramente, muito mais rico do que no passado. Em geral, pensa-se que o progresso material deve corresponder a um progresso moral. O fato de isso não ter acontecido suscita – ao menos em mim – um pessimismo profundo.

Outra causa de pessimismo é minha dificuldade em persuadir meus amigos de esquerda, os quais se interessam por toda e qualquer motivação que possa estar por trás dos crimes, exceto a decisão dos criminosos de cometê-los, de que as principais vítimas dos delitos não são os ricos e fortes, mas os pobres e vulneráveis. São eles que têm a vida cotidiana dominada pelo medo do crime (o qual muitas vezes é desdenhosamente tratado ou ignorado, pelos criminologistas, como mera neurose). Embora seja verdade que a maioria dos assaltantes são pobres – um personagem como Raffles, de E. W. Hornung, é tão raro que, a despeito de ter conhecido milhares de assaltantes durante minha carreira como médico prisional, jamais encontrei ninguém que fosse como ele –, também é verdade, ao menos no que diz respeito ao assaltante britânico, que se trata de alguém bastante preguiçoso e pouco imaginativo, roubando sobretudo de gente que mora em sua vizinhança. É muito frequente ver dois assaltantes brigando na prisão porque cada um havia assaltado a casa do outro.

Aproveitando o assunto, deixem-me apenas contar uma história que ilustra a seriedade com que o Estado britânico encara a defesa da propriedade de seus cidadãos. Estava eu passando os olhos pelo histórico criminal de um de meus pacientes presos e descobri que, pouco tempo antes, ele fora condenado por assalto pela 57ª vez. Já que a maioria dos criminosos jubilosamente admite, sob confidência, que na realidade cometeu entre cinco e quinze vezes mais crimes do que aqueles pelos quais foi capturada, era bem possível que aquele homem tivesse praticado mais de quinhentos assaltos. E qual seria a terrível pena que recebeu por sua 57ª condenação? Uma multa de $ 85, provavelmente paga com o fruto de suas atividades.

* * *

Passamos a noite na casa de meu melhor amigo, um lugar não muito distante de Cambridge. A maior parte dela é elisabetana, construída sobre alicerces antiquíssimos, e parte é georgiana. Quando este amigo a comprou, a casa estava interiormente arruinada. Os cômodos principais haviam sido utilizados para abrigar gado, mas ele acabou conseguindo restaurar o gesso rebuscado dos tetos. Para a irritação e o desconcerto de alguns burocratas, meu amigo recusou subsídios públicos para fazê-lo, preferindo dar duro para pagar sozinho os custos elevados e, assim, ficar livre de inspeções, supervisões e incessantes exigências posteriores.

Ele havia compreendido o que tantos britânicos – e tantos europeus, de modo geral – não compreendem: os benefícios recebidos do Estado vêm acompanhados da servidão ao Estado.

* * *

A casa havia pertencido à família Malory, ou seja, à família do autor de *Morte d'Arthur*. Meu amigo achou que, naquelas circunstâncias, deveria ler o livro, mas acabou por descobrir que, não obstante o interesse especial que o motivava, aquilo simplesmente era impossível. A vida é curta demais.

Na realidade, acho que nunca conheci quem o tivesse lido do início ao fim. Ninguém o lê sem precisar. Toda vez que alguém menciona seu título, lembro-me da observação do dr. Johnson sobre o *Paraíso Perdido*: homem nenhum jamais o quis mais longo do que é.

* * *

Acordando em meio à romântica névoa que pairava sobre aquele fosso glorioso, partimos para a casa de outro amigo, localizada agora em Shropshire, a cerca de 240 quilômetros. Não obstante tenha sido um dos berços da Revolução Industrial, Shropshire é quase toda rural e raramente recebe visitas. Trata-se do condado em que Algernon, em *A Importância de Ser Prudente*, de Oscar Wilde, disse ter um amigo de nome Bunbury que estava sempre às portas da morte. Visitá-lo era a desculpa que dava para ausências que, de outro modo, seriam inexplicáveis.

Aquela casa um dia pertencera à família Lee – ou seja, aos ancestrais de Robert E. Lee. De tempos em tempos, um sulista dá as caras e pede – sempre com uma polidez rebuscada – para dar uma olhada. Há uma capela em ruínas no terreno e um túnel que leva à aldeia mais próxima, por meio do qual os suprimentos eram trazidos pelos comerciantes locais. Talvez o túnel também tenha servido como rota de fuga em tempos de emergência.

É curioso ver como as pessoas interessadas em determinada figura histórica julgam ter aprendido algo sobre ela ao visitar locais que lhe estão relacionados, por mais remota que seja a ligação. Isso é algo muito estranho, mas todos o sentimos. Quando tenho comigo, por exemplo, um livro autografado pelo autor, sobretudo se se trata de alguém falecido há muito tempo, sinto com ele certa ligação que uma cópia não autografada seria incapaz de me comunicar. Essa ideia é absurda, eu sei, mas não consigo me ver livre dela.

* * *

Meu amigo é um homem admirável. Refugiado da Alemanha Oriental, quando jovem ele ganhou bastante dinheiro vendendo propriedades e decidiu que já bastava. Jamais tentou enriquecer mais: queria apenas viver de maneira independente e dedicar-se àquilo que lhe interessava, como a história da arte, da ciência e da filosofia.

Na realidade, acho que não conheço mais ninguém que tenha acumulado um monte de dinheiro e depois não tenha desejado ganhar mais. Esse meu amigo não ganhou dinheiro para tornar-se escravo de Mammon, mas para libertar-se dele.

* * *

Como nosso objetivo, ao irmos para a Inglaterra, é chegar à Irlanda, dirigimos até Holyhead. Havíamos reservado uma balsa até Dublin.

O trajeto que leva a Holyhead pelo norte do País de Gales é de uma beleza imensa, mas os britânicos modernos são incapazes de ver uma paisagem bonita sem enchê-la de lixo. Entre os detritos estão embalagens de comidas e bebidas consumidas durante o percurso, as quais são descartadas do mesmo modo como a vaca libera suas fezes no campo: inconscientemente. A vaca, como vocês já devem ter percebido, consegue defecar e comer ao mesmo tempo, e o mesmo se aplica aos britânicos e seu lixo. Tudo isso é sinal de uma terrível perda de autocontrole, a qual é hoje tão grave que eles passaram a achar que o autocontrole é mau e psicologicamente perigoso.

* * *

Quando chegamos a Holyhead, encontramos um tempo horroroso (ao sairmos do veículo, somos imediatamente acometidos por pedras de granizo que doem um bocado) e descobrimos que alguns dos funcionários da empresa de transporte haviam entrado em greve. O motivo estava em que a empresa contratara marinheiros poloneses e bálticos por €3 a hora (ambos os países tinham acabado de ingressar na União Europeia) em vez de pagar várias vezes mais aos britânicos e irlandeses, cuja qualidade não é superior. Em sua grande maioria, os marinheiros britânicos e irlandeses aceitaram receber indenizações pela dispensa, mas alguns decidiram obstruir a ponte das balsas, que portanto não sairão (além disso, declarou a empresa, o tempo está muito ruim). De modo geral, não há dúvidas de que a globalização é maravilhosa; existem, porém, pequenas inconveniências.

Tudo isso significa que temos de passar a noite em Holyhead, o que também acontece, é claro, com centenas de outros passageiros.

Quando em seus melhores dias, Holyhead é lúgubre – e esses não são seus melhores dias. Vamos atrás dos melhores lugares para nos hospedarmos, mas dizem-nos, não sem certa *Schadenfreude*[5] (ou estaria eu paranoico?), que não há vagas.

Encontramos, no final das contas, uma deplorabilíssima hospedagem com café da manhã numa casinha dotada de terraço e coberta de andaimes. Minha esposa pede que eu leve o cachorro comigo, para que o dono saiba que temos um e veja que ele é pequeno e bonzinho.

Já se aproximando dos quarenta, trata-se de um homem de cabelos grisalhos e aparência insalubre. Atrás dele se encontra seu filho, que é deficiente mental. Pergunto-lhe se há vagas e se teria algum problema levar o cachorro. Sim e não. Então ele me pergunta se eu gostaria de ver o quarto.

Acompanho-o escada acima com o cão debaixo do braço. A casa é deplorável e lembra, fisicamente, a Grã-Bretanha dos anos 1950. A atmosfera me faz ser tomado por uma onda de nostalgia.

O cômodo é minúsculo. Tantos fumantes inveterados haviam dormido ali que o cheiro de fumaça e cinzas impregnara tudo, sem que houvesse qualquer possibilidade de um dia removê-lo. Aquele é o tipo de lugar do qual você sai fedendo qual uma guimba.

Como se inspirado pela atmosfera do local, meu cachorro começa a fazer xixi (embora estejamos sempre profundamente atentos a suas necessidades, havíamos nos esquecido de levá-lo para passear ao longo do trajeto). Primeiro sinto algo quente e úmido; em seguida, avisto um líquido dourado. O proprietário também o vê. Terrivelmente envergonhado, viro o cachorro de barriga para cima na esperança de que a gravidade venha a

---
[5] Alegria. (N. T.)

interromper o fluxo, mas isso só parece piorar as coisas. Coloco-o então na pia, onde ele termina o que havia começado.

Humilhado, digo: "Ele nunca fez isso antes". Não estou mentindo, mas se eu fosse o proprietário não acreditaria em mim. Felizmente, ele precisa do dinheiro e finge acreditar. Além disso, o fedor de cigarro velho é tão forte que a atuação do cachorro não deixa vestígio nenhum na estética geral do quarto.

* * *

Holyhead nunca foi famosa por seus serviços alimentícios. Embora sem muitas esperanças de encontrá-lo, saímos à procura de um lugar para jantar. Duzentos e setenta e cinco anos atrás, Jonathan Swift, viajando como nós para a Irlanda, escreveu:

> Em Holyhead, vede!, sentado,
> Com birra turva e pão mofado...

As coisas não parecem ter mudado muito desde então. Holyhead era tão deplorável que Swift continuou:

> Nunca dantes fui eu ansioso
> Pelo vil litoral, e odioso...

No final das contas, porém, houve mudanças: na Grã-Bretanha, nenhuma cidade do tamanho de Holyhead – na verdade, mesmo as que são muito menores – pode ficar sem um restaurante indiano, e é precisamente isso o que vemos.

Peixe com fritas deixou de ser o prato nacional: graças a Deus, a vez agora é do *curry*. No fundo, parece que o progresso moral existe.

* * *

Na manhã seguinte, descemos para o café da manhã. Como não deve ser terrível ter estranhos invadindo o espaço em que você mora o tempo todo!

Para minha grande surpresa, descubro que o proprietário se interessa por história e que suas prateleiras estão repletas de grossos tomos acadêmicos. Trata-se de um homem de inteligência elevada. Suspeito de que esteja levando seu negócio adiante numa desesperada tentativa de garantir o futuro do filho deficiente, por ele tratado com enorme afeto. É estranho ver com que frequência, mesmo nos dias de hoje, uma tragédia e uma aflição real são suportadas com nobreza, ao mesmo tempo que os mimados e egoístas ficam por aí desferindo suas reclamações estridentes e insinceras.

* * *

De balsa, fazemos a travessia rumo à Irlanda. A maioria dos passageiros desfruta de um agradável café da manhã no restaurante da embarcação. Faz-me tão bem vê-los ali que decido me juntar a eles para uma segunda rodada.

A maior parte daquela gente está fora de forma. Creio que muitos seriam hoje classificados como obesos. O mero esforço para comer faz com que um ou dois fiquem sem ar. Diante de si, têm eles pratos em que se amontoam os alimentos mais engordativos que se poderia imaginar: fatias de bacon, dois ou mais ovos fritos, salsichas que consistem sobretudo numa morcela preta e gordurosa, tomates fritos e até pão frito (isso sem falar nas torradas empilhadas num prato à parte e consumidas com uma grossa camada de manteiga). Alguns colocam tudo para dentro com cerveja. Estes certamente não têm problema de apetite.

Como médico, acho que deveria ficar horrorizado e repreendê-los por traírem a própria saúde; a patologia que se vai desenvolvendo dentro deles decerto arruinará suas vidas. Milhares de vezes eu, como médico, já proferi aqueles tradicionais conselhos referentes a um estilo de vida mais saudável, embora sempre com a consciência de que dificilmente seriam cumpridos (eu mesmo não os cumpro, afinal) e de que, por conta disso, tratava-se mais de um cerimonial religioso do que qualquer outra coisa.

Hoje, no entanto, nós somos regulados de tal maneira – impedem-nos oficialmente de fazer isso, obrigam-nos oficialmente a fazer aquilo, tudo em nome de nossa saúde e segurança – que traz uma espécie de alívio, um bálsamo para a alma, ver gente fazendo em massa o que bem entende, e não o que lhe mandam fazer. Como Dostoiévski certa vez afirmou, mesmo um governo com regulações reconhecidamente benéficas suscitaria nossa revolta, e isso pelo mero fato de não conseguirmos permanecer humanos ao seguirmos um caminho traçado por outros.

Nada disso significa, é claro, que o extremo oposto – o de jamais fazer algo porque alguém o sugeriu – é a solução para nossa necessidade de individuação. A adoção consciente de qualquer política ou estilo de vida que supostamente nos diferenciará dos outros só nos confere, na melhor das hipóteses, uma espécie de individualidade sucedânea. O que me agradou naquelas pessoas que cavavam a própria morte – ou pior: que se encaminhavam para a incapacitação ou para uma cadeira de rodas prematura – foi o fato de seu completo desprezo pelas advertências médicas ser uma atitude inconsciente, inteiramente natural; jamais lhes ocorreu acatá-las.

Estou certo de que quando vão ao médico, se porventura o fazem, elas dizem algo como: "Só de olhar para a comida, doutor, eu ganho peso". E essa gente de fato acredita nisso.

* * *

Dois amigos se juntam a nós, ambos médicos. Nas últimas duas décadas, a Irlanda mudou de tal maneira que se tornou irreconhecível. Trata-se agora de um dos países mais ricos do mundo, depois de séculos de pobreza – uma pobreza, ademais, que se manifestava sob um clima úmido.

Dublin se tornou uma cidade de bistrôs e butiques. Seus imóveis são espantosamente caros. O trânsito – que é abominável – está repleto dos sedãs alemães mais elegantes. O preço da arte irlandesa, outrora negligenciada, foi às alturas. Se alguns anos atrás eu tivesse investido num único Jack Butler Yeats, e não em meu desprezível fundo de pensão, estaria agora bem de vida.

Ao mesmo tempo, não há como não achar que a cidade perdeu um pouco de seu sabor, quiçá até de sua alma. De um lado, os bares fumacentos deixaram de existir: o fumo foi proibido por completo e o povo irlandês obedeceu à lei sem um mísero murmúrio de discórdia. Não entendo por que não poderiam existir bares para fumantes; no final das contas, ninguém seria obrigado a entrar neles. Em geral se diz que a saúde de quem trabalha nesses estabelecimentos é comprometida pela fumaça inalada, e essa gente – coitadinhos! – não pode escolher onde vai trabalhar. Por mais que eu mesmo desgoste do cigarro, a honestidade me obriga a reconhecer que os bares em que há pessoas fumando costumam ser mais divertidos do que os bares em que ninguém o faz.

Hoje só se veem neles artigos de luxo.

* * *

Uma das formas em que a Irlanda, sobretudo Dublin, mudou está em sua atitude com relação à Igreja Católica. Quando estive no país pela primeira vez, há quase quarenta anos, o clero constituía a aristocracia irlandesa. A palavra de um padre era lei. Hoje, ao menos em Dublin, os sacerdotes não ousam ostentar seus trajes clericais fora dos terrenos eclesiásticos. Ao contrário do México, ainda não é ilegal fazê-lo, mas eles julgam mais prudente agir assim. Com efeito, esses indivíduos que um dia foram semideuses ou representantes de Deus na terra são vistos, hoje, com tanto desgosto por certa parcela da população que é bem provável que se tornem alvos de insultos ou cusparadas (pancadas, até) ao andarem pela rua. Uma das muitas ironias da história está em que é hoje muito mais seguro para o padre católico usar o traje que o identifica na Inglaterra, país em que o anticatolicismo é tradicionalmente virulento, do que na Irlanda, onde durante anos o catolicismo foi o bastião da resistência irlandesa à dominação dos ingleses.

Outra ironia vem do fato de os padres serem hoje injuriados por conta dos pedófilos existentes em sua categoria. É claro: apenas uma minoria deles chegou a praticar a pedofilia (não obstante a Igreja a tenha acobertado), mas todos são pichados da mesma forma, ao menos na cabeça de alguns. Secularistas militantes encararam as recentes revelações de pedofilia na Igreja como algo enviado dos céus, isto é, como uma oportunidade de propagandear uma sociedade mais secularizada, que teria como um de seus objetivos o abrandamento dos hábitos sexuais.

Uma das consequências de tal abrandamento, é claro, está na sexualização das crianças em idades cada vez mais prematuras. Aqueles que um dia pediram tolerância e compreensão estão hoje pedindo um castigo merecido, ao passo que os que pediam um castigo merecido estão pedindo tolerância e compreensão. Os que achavam que a moral era relativa encontraram na pedofilia um mal absoluto; os que acreditavam numa moral rígida, quiçá até draconiana, descobriram que as circunstâncias podem alterar cada caso. A carapeta do tempo traz consigo suas vinganças.

* * *

Um amigo meu, homem instruído, é um anticlerical ardoroso. Ele foi educado pelos Irmãos Cristãos, que inculcavam o saber mediante o uso – ou ao menos com o auxílio – de uma vara. A ninguém que diga algo em favor dos irmãos esse meu amigo dará ouvidos: no que lhe diz respeito, eles eram o mau em estado puro. Ainda assim, resta o fato de que eram também professores dedicados, que possibilitaram aos filhos de muitos pobres transcender as circunstâncias sociais em que se encontravam. Se eram intolerantes, eram também esclarecidos.

* * *

Partimos para uma visita ao interior, a fim de contemplarmos a prévia de um leilão. Até mesmo a cidadezinha interiorana em que ele ocorrerá parece bastante próspera em comparação às cidadezinhas do interior irlandês de que me lembro. Antigamente, a comida disponível nessas cidades era muito escassa e ruim, mas hoje ela já passou por um processo de multiculturalização. Pela primeira vez, a Irlanda é destino de imigrantes vindos do mundo todo. O problema está antes em impedir as pessoas de chegar do que em impedi-las de ir embora. Dizem que uma mulher teria se queixado, quando num ônibus em Dublin, de que "esses chineses, africanos e russos... Eles me parecem todos iguais". Após tanto tempo na condição de zés-ninguém, os irlandeses se veem agora na insólita condição de serem zés-alguém (se vocês me permitem cunhar essa expressão logicamente necessária); e, a exemplo de todos os zés-alguém, nem sempre eles assumem com relação aos zés-ninguém uma postura tão generosa, tomando-os por aproveitadores.

Quando eu ainda era estudante de medicina, um grupo de alunos decidiu contratar, por algumas semanas, um veículo a cavalo para visitar as ruelas do condado de Cork. Entre nós havia um etíope (na verdade, ele era eritreu, mas à época a diferença parecia não importar tanto quanto hoje; de todo modo, o menino trazia consigo uma foto em que aparecia apertando a mão do imperador, o que o fazia crescer incomensuravelmente em nossa estima) que causou grande sensação nas aldeias irlandesas de então. Ninguém jamais vira um negro antes, e um garotinho chegou ao ponto de esfregar a bochecha dele para ver se a cor negra saía. Mandar uma carta da agência dos correios local para a Etiópia não foi tarefa fácil, exigindo muitas explicações acerca da localização daquele país.

Não sei ao certo se acolho ou aplaudo de todo o coração essa globalização que faz com que, ao contrário do que acontecia nas aldeias da Irlanda quando as conheci, ninguém se sinta isolado em lugar nenhum. Em nome da diversidade, todos os lugares — ao menos todos os lugares dos países desenvolvidos — correm hoje o risco de se tornar iguais, e a pior gafe social que se pode cometer atualmente é declarar-se desconhecedor, digamos... da culinária do Golfo da Guiné ou da Terra do Fogo. Eu mesmo já senti esse medo; com enorme frequência, quando me perguntam se gosto do prato nacional do Laos ou da Suazilândia, digo que ele está sempre na minha mesa, com receio de parecer provinciano e pouco sofisticado.

* * *

Vou a um jantar com um amigo médico que é também, como eu, um bibliômano. Aos que não padecem dessa doença, a atração por volumes empoeirados, dos quais até mesmo as traças e as lacrainhas fugiram, é algo inexplicável. Enquanto os outros convidados conversam entre si, vamos nós para o canto que meu amigo dedica a Arthur Conan Doyle, onde há uma bela coleção de primeiras edições.

Conan Doyle foi um homem da medicina, é claro – e, a meu ver, alguém de talento. Foi também profundamente decente, uma refutação viva da ideia romântica de que genialidade e decência eram incompatíveis e de que os grandes talentos praticamente exigiam, e decerto desculpavam, defeitos de caráter igualmente grandes.

A sopa nos chama e interrompe as carícias dedicadas à primeira edição da *Tragédia do Korosko* (narrativa brilhante e profética de Conan Doyle acerca do terrorismo islâmico no Egito). Na realidade, aquele não é um livro particularmente valioso, mas ainda assim uma primeira edição parece nos colocar em contato direto com um escritor morto. Sei bem que não há nenhuma lógica por trás disso: os intelectuais só deveriam valorizar os livros em virtude de seu conteúdo. Por mais que tente, porém, não consigo – eu, que abomino o romantismo – me livrar por completo dessa ideia.

* * *

Tenho de voltar a Londres para discursar num encontro de cirurgiões importantes. Ao contrário de muitos de meus colegas da área médica, os cirurgiões são gente que eu admiro. Poucas atitudes são mais corajosas do que perfurar uma carne humana ainda viva (com a intenção de curar, é claro, e não de matar). Além disso, os cirurgiões precisam manter a concentração durante horas a fio. Talvez existam tarefas igualmente exigentes do ponto de vista físico, intelectual e emocional, mas não sei quais seriam elas.

Falo ali sobre as tentativas – em geral bem-sucedidas – do governo de corromper e controlar a profissão médica, processo que parece ocorrer em âmbito mundial. Os cirurgiões se alegram em concordar com cada uma de minhas palavras.

Todos eles, é claro, são muito prósperos: a maioria ganha pelo menos $ 1.000.000 ao ano. Eis algo curioso acerca do momento a que chegamos: a maior parte de nós jamais esteve tão abastada, mas ainda assim temos a profunda convicção de que o mundo degringolou e jamais voltará a atingir o nível de que gozava quando éramos jovens.

Enquanto cruzo a cidade num táxi, sua prosperidade, sua riqueza, me faz titubear. Não consigo acreditar que ela seja real ou duradoura; na verdade, acho mesmo que não é. De todo modo, eu precisaria de muito tempo para explicar o motivo. Aos sete anos gordos sucederão os sete anos magros.

* * *

De regresso à nossa casa na França, nosso vizinho, M. Q., homem de astúcia camponesa, está aprontando alguma. Ele comprou duzentos acres de mata perto de nosso terreno e utilizou uma máquina gigante, que mais parece um inseto de ficção científica, para destruir as árvores. Dizem as más línguas que quer criar cães de caça ferozes enquanto recebe subsídios do governo para plantar carvalhos. A pouca distância dali, algumas pessoas tentaram inserir lobos na paisagem. Tudo o que eu quero é paz e sossego. A Europa, claro está, é o continente errado para isso.

2. Do caldeirão ao salteado

Num trecho que não tem mais de algumas centenas de metros desde meu apartamento em Londres, há restaurantes chineses, tailandeses, libaneses, franceses, georgianos, persas, gregos, espanhóis e indianos. Suspeito de que seja este o tipo de coisa que as pessoas têm em mente quando falam em multiculturalismo: uma culinária diferente toda noite.

Estou longe de me queixar dessa grande quantidade de opções culinárias. Na realidade, nós nos acostumamos de tal maneira a esse número de alternativas que hoje vemos uma dieta monótona, se não como um tormento propriamente dito, ao menos como uma pequena adversidade. Com efeito, há quem meça a sofisticação de outras pessoas segundo o número de culinárias com as quais estão intimamente familiarizadas, e saber dissertar versadamente a um ignorante sobre a culinária de determinado país remoto é lograr sobre ele uma superioridade social, que se assemelha, em natureza, à superioridade de um amante das artes capaz de dissertar livremente acerca da vida de Luca Signorelli sobre alguém para o qual esse nome só parece remotamente familiar – se tanto.

Não me excluo dessas observações, sobretudo no que diz respeito ao infortúnio de uma dieta monótona. Certa vez, minha esposa e eu ficamos presos numa cidade bela e (porque inacessível) intocada do século XVII colombiano, localizada às margens do rio Magdalena. Para todos os efeitos, havia ali um único restaurante, e até hoje conseguimos repetir em nossas cabeças o som da proprietária recitando seu cardápio invariável. *"Hay carne, hay pollo, hay pescado, hay bagre"* – tem carne, tem frango, tem peixe, tem bagre (uma espécie de peixe-gato cuja carne conseguia ser mais lodosa do que a do peixe comumente encontrado no rio Magdalena) – tornou-se uma espécie de piada interna que contamos quando nos oferecem o mesmo prato duas vezes seguidas. Depois de umas semanas comendo, duas vezes ao dia, a mesma comida preparada da mesma maneira e com os mesmos acompanhamentos, nós teríamos acolhido de bom grado, só para variar, até mesmo o tipo de alimento que em geral não comeríamos, contanto que não se tratasse de *carne, pollo, pescado* ou *bagre*.

Nem todos gostam de variedade, é claro. Lembro-me de ter lido – o quão distante isso me parece hoje! – um manual de psicologia que declarava que os bebês se dividiam naturalmente em duas grandes classes: aqueles que ansiavam por comer o que jamais tinham experimentado antes e aqueles que se recusavam inflexivelmente a fazê-lo. Ilustrando os textos, havia imagens de duas criancinhas. Uma gorgolejava de alegria enquanto a colher com o novo alimento era empurrada na direção de sua boca; a outra virava a cara com uma expressão de aversão irada. Não sei se essa distinção ainda se aplica – ou mesmo se um dia o fez –, mas conheço um menino que, desde muito cedo, se recusa a comer toda e qualquer coisa que não pertença a um grupo muito limitado de alimentos, chamando tudo o mais de "lodo". Seus pais tentaram deixá-lo com fome para que adquirisse um paladar mais variado, mas no final foram eles que deram o braço a torcer.

Naturalmente, mesmo o mais aventureiro dos comedores costuma estabelecer algum limite e julgar repulsivo algo que outras pessoas consomem. Poucos de nós ficariam ansiosos por comer as larvas de que os aborígines tanto gostam ou por beber a mistura de sangue e leite que é néctar para os massai. Nada disso, porém, muda o óbvio fato de que, nos últimos cinquenta anos, nossos gostos culinários se encaminharam decisivamente para a variedade, e isso graças à inédita mistura de raças, nações e culturas suscitada tanto pelas migrações em massa quanto pela facilidade de viajar.

Na Grã-Bretanha, por exemplo, cuja tradição culinária é bastante limitada, o prato nacional deixou de ser o peixe com fritas e converteu-se no chamado frango tikka masala, receita que não existe na Índia mas é de clara inspiração indiana. Não há uma única cidade ou aldeia inglesa com mais de mil habitantes que careça de seu restaurante indiano, e foram muitas as vezes em que fui grato por isso. Essa é uma das consequências da migração em massa.

A invenção e a aceitação do frango tikka masala na Grã-Bretanha são muitas vezes empregadas para demonstrar a ação benéfica do multiculturalismo. De fato, não muito tempo atrás, estive eu numa conferência britânica sobre o multiculturalismo e – na hora certa, por assim dizer – o frango foi passando em exibição como se fosse o touro vencedor de uma mostra de gado.

Seria fácil apresentar exemplos mais importantes de fertilização cruzada na esfera cultural. Sem certa assimilação de elementos estrangeiros, as culturas tendem a se estagnar e caducar. A descoberta da xilografia japonesa pelos europeus teve impacto imenso sobre a arte europeia, enquanto a arte moderna da Índia – para mim mais vibrante, esteticamente interessante e agradável do que a nossa – faz uso de técnicas ocidentais. A obra de escritores exilados e imigrantes costuma ser hoje mais instigante do que a de quem nasceu nas metrópoles, e sobretudo a língua inglesa se enriqueceu com sua pronta – na verdade, ansiosa – assimilação de palavras e conceitos estrangeiros.

Não obstante, ninguém que valorize a diversidade humana (supostamente) desejará que os costumes e as tradições se interpenetrem de tal maneira que acabem por tornar impossível a distinção de qualquer costume e tradição. Desse modo, é possível defender a valorização de nossos costumes pelo mero fato de serem nossos e estarmos apegados a eles. A culinária tailandesa (da qual, por acaso, sou um admirador) seria extinta se não houvesse uma quantidade relevante de pessoas que a valorizasse mais do que todas as outras pelo simples motivo de ser a culinária do local em que calharam nascer, e não porque teriam estudado cada uma das culinárias do mundo e concluído, a partir de princípios filosoficamente indubitáveis, que a sua era a melhor em todos os sentidos objetivos.

Evidentemente, nós tampouco falamos nossa língua por conta das belezas, da força e da expressividade que lhe são peculiares, não obstante tudo isso lhe possa ser atribuído. Nós a falamos porque é nossa. Quando vivemos à vontade em nosso próprio país, não temos a intenção de desistir de nosso idioma e substituí-lo pelos dos imigrantes, por mais numerosos que estes sejam; também não temos a intenção de aprendê-los. E, por ser a língua parte tão crucial da cultura, nosso empenho em continuar a usá-la coloca em xeque a sinceridade – quiçá até a mera coerência – dos adeptos do multiculturalismo. Independentemente do idioma que as pessoas falem em casa, o inglês continuará sendo o idioma do espaço público. Não se trata de chauvinismo, mas do mero reconhecimento de uma obviedade.

Além disso, também é manifesto que a natureza costumeira dos costumes não justifica nem pode justificar todos eles sem distinções. Aqueles que apoiam o multiculturalismo têm a culinária em mente precisamente porque preferir uma em detrimento de outra não é uma escolha moral ou política, mas uma opção estética particular. "Gosto da culinária X porque a comi durante toda a infância" não é uma explicação que nos ofende; por outro lado, "creio que a circuncisão feminina é boa porque era costume entre o povo com o qual cresci" parece-nos motivo completamente inadequado para a continuidade de tal prática. O patriotismo, declarou certa vez o dr. Johnson, é o último refúgio do canalha. Seria igualmente (ou mesmo mais) verdadeiro, porém, dizer que o último refúgio do canalha é o costume.

Nem todos os costumes ou tradições são folcloricamente pitorescos – não consistem todos em dançar ao redor de um mastro com roupas delicadamente adornadas com brocados. Nem sequer é preciso assinalar que as tradições políticas de muitos países, nascidas organicamente a partir de suas respectivas culturas, não nos parecem boas o suficiente para ser transplantadas a nossas pátrias junto com seus imigrantes, por mais deliciosa que sua culinária possa ser. Com efeito, é muitíssimo provável que o desejo de fugir das consequências dessas tradições políticas seja um dos motivos mais fortes (embora não o único) a estimular a migração. Ninguém gostaria de ver a experiência política do Camboja reproduzida alhures; afinal de contas, mesmo antes da chegada do

Khmer Vermelho, ela esteve longe de ser admirável. Tampouco precisamos recorrer aos árabes em busca de orientação política, não obstante seja questão muito mais difícil dizer se eles deveriam buscar em nós essa mesma orientação. Nossa resposta dependerá do quão entusiasmados nos sentimos a respeito da democracia liberal que nasceu de nossas tradições e de nossa experiência histórica e do quão universal a julgamos ser. Confesso que fico cético por conta de duas razões relacionadas entre si: em primeiro lugar, porque a política está longe de expressar tudo o que há de importante ou admirável a respeito de um país (se o fizesse, os países com os melhores regimes seriam melhores em todos os aspectos, o que está longe de ser verdade); em segundo, porque as formas políticas não podem ser transplantadas com sucesso se não forem compatíveis com a cultura e a sociedade local.

A Índia, por exemplo, não se tornou nem permaneceu uma democracia parlamentar porque ela lhe fora imposta – muito pelo contrário. Isso aconteceu porque ela estava de acordo com os desejos do povo, ou ao menos de uma parcela muito importante e determinante dele, para a qual havia muito a ser admirado no exemplo britânico. Resistissem os britânicos à independência com a mesma ferocidade demonstrada pela França na Argélia, por exemplo, a experiência histórica da Índia teria sido muito diferente e sua atual democracia não existiria.

Qualquer que deva ser a nossa política externa – quer acreditemos ser nosso dever fomentar o bem-estar dos outros, quer achemos que nos cabe apenas buscar nossos próprios interesses –, não há nem motivo nem real possibilidade de sermos multiculturalistas em casa, se entendermos por multiculturalismo a concessão de igualdade legal e social, o reconhecimento e a proteção de todos os costumes, tradições, crenças e práticas trazidas pelos imigrantes, como se o multiculturalismo se tratasse apenas de uma culinária de fusão. É claro que assimilaremos de maneira espontânea tudo aquilo que, nas tradições dos imigrantes, parecer-nos aceitável; porém, essa será uma assimilação informal, dada sem a mediação de um decreto do governo. Como doutrina, o multiculturalismo não passa de mais um exemplo da tendência que certa parcela da *intelligentsia* tem de ostentar a própria virtude e generosidade para o mundo inteiro ver, bem como de garantir uma fonte de emprego modesta, quiçá até lucrativa, a burocratas da cultura.

Como bem sabem todos os que já tentaram fazê-lo, compreender outra cultura é um trabalho hercúleo, mesmo quando ela é relativamente próxima da nossa. Minha esposa, que é francesa, fala um inglês perfeito, mas foram-lhe necessários muitos anos de residência para que percebesse que os ingleses empregavam as palavras de formas muito distintas em cada contexto, variando desde o sentido literal até um sentido inteiramente oposto ao que de início parecia significar. Mesmo hoje, depois de um quarto de século, ela fica surpresa com o fato de que "Foi agradabilíssimo. Devemos repetir a dose um dia" muitas vezes significa "Não quero vê-lo novamente de jeito nenhum, e se isso acontecesse seria desconfortável e constrangedor". Um nativo entenderia algo assim de imediato.

Se para os britânicos e franceses, que estão separados por apenas trinta quilômetros de água e vêm estudando e reagindo uns aos outros há séculos, tendo ainda culturas extremamente parecidas em inúmeros pontos, uma compreensão mútua parece difícil, quais são as chances de as pessoas entenderem, mesmo da maneira mais superficial, as centenas de culturas inteiramente diversas a que pertencem os imigrantes que desembarcam hoje em nossos litorais? Para um inglês ou americano altamente inteligente e motivado, entender o pouco que seja da cultura amhárica é trabalho para uma vida inteira; compreender também as culturas bengali, somali, iemenita e vietnamita (e essas constituem apenas um punhado do total) é impossível.

Segue-se que cabe aos imigrantes que nos honram com sua chegada a iniciativa de nos compreender, e não o contrário (o que seria impossível, de todo modo). Cabe a eles, e não a nós, empreender os ajustes mentais, intelectuais e culturais. Simples assim.

Em circunstâncias específicas, é bom que certas pessoas tentem aprender algo a respeito da cultura dos imigrantes. No entanto, é a humanidade que deve assim exigi-lo, e não o multiculturalismo burocrático. Como médico de uma região repleta de imigrantes, descobri que era bastante vantajoso ter visitado muitos dos países dos quais eles vêm, uma vez que isso acaba por criar um vínculo que dificilmente existiria de outra forma. Não se faz necessário grande esforço imaginativo para compreender o quão aliviado não deve ficar um imigrante congolês que, morando numa grande cidade britânica, encontra um médico que viajara pelo Congo inteiro (e adorara). Além disso, meu trabalho exigia que eu entendesse a situação daquelas jovens muçulmanas que eram educadas na Grã-Bretanha e forçadas a contraírem casamentos indesejados – repugnantes, na verdade – com primos de primeiro grau que estavam morando numa aldeia qualquer do Paquistão. Entendimento e simpatia, entretanto, não podem ser objeto de decreto; além do mais, a resposta derradeira aos problemas da sociedade multicultural é o caldeirão, e não aquela salada que preferem os burocratas e seus aliados intelectuais (e que, na Europa, talvez um dia acabe se convertendo num salteado).

No caso de eu ser acusado de insensibilidade para com os imigrantes, gostaria de assinalar que tanto meu pai quanto minha mãe foram refugiados, cuja integração, suscitada informalmente, sem qualquer orientação oficial, ocorreu de maneira magnífica. O multiculturalismo não era doutrina à época, e isso é algo pelo qual sou grato. Caso contrário, estaria eu hoje nas mãos dos assistentes sociais, dos departamentos de habitação e de toda sorte de empreendedores políticos.

3. O politicamente correto entre os médicos

Uma proporção considerável da comunidade médica, se não sua maioria pura e simples, é de mentalidade conservadora – isto é, do ponto de vista político, e não técnico. Talvez o contato próximo e contínuo com os limites da natureza humana deixe os médicos, se não propriamente céticos, ao menos circunspectos quanto às possibilidades da perfectibilidade do homem.

Surpreende, portanto, que os periódicos mais importantes da área, editados integralmente por médicos, tenham hoje se deixado permear – quase optei por "corromper" – pelo politicamente correto. Definir o politicamente correto com precisão não é fácil, mas reconhecê-lo quando está presente é. Ele tem sobre mim o mesmo efeito do ruído que, durante minha infância, a unha do professor fazia sobre o quadro-negro quando o pedaço de giz estava curto demais, causando-me frio na espinha. Trata-se da tentativa de reformar o pensamento tornando certas coisas indizíveis. Consiste, ainda, numa ostentação conspícua, para não dizer intimidadora, de virtude (a qual é concebida como a adoção pública das visões "corretas", isto é, das visões "progressistas") mediante um vocabulário purificado e um sentimento humano abstrato. Contradizer esse sentimento ou deixar de usar tal vocabulário é excluir-se do grupo de homens (ou deveria eu dizer "pessoas"?) civilizados.

Uma edição recente do *New England Journal of Medicine*, possivelmente o periódico médico de maior destaque no mundo, exemplificou o atual domínio que o politicamente correto exerce sobre a imprensa médica. Esse está longe de ser o exemplo mais chocante que eu poderia oferecer; ele é mais interessante por sua sutileza do que por sua obviedade. Talvez eu deva ainda acrescentar que não me oponho tanto à expressão de certas visões que, como tais, são perfeitamente legítimas quanto à impossibilidade de publicar qualquer outra.

No *NEJM* do dia 15 de junho, três artigos me chamaram a atenção. O primeiro tratava da pena de morte, e os outros, da epidemia de obesidade infantil que acomete os Estados Unidos e, cada vez mais, também o resto do mundo.

O artigo sobre a pena de morte abordava a execução por injeção letal de um assassino da Carolina do Norte. Um eletroencefalógrafo especial lhe foi conectado durante a execução e sugeriu que ele talvez estivesse mais consciente durante o processo do que se supunha. Nesse caso, a morte por injeção letal constituía o tipo de punição cruel e incomum que a Constituição proibia. E, uma vez que esse método é usado por ser o mais humano e indolor passível de ser desenvolvido... Bem, vocês sabem onde isso vai dar.

Permitam-me dizer que, a respeito da pena de morte, tendo para ambas as direções de uma só vez. Instintivamente, sou a favor. Ao longo de minha vida profissional, conheci um número considerável de assassinos para os quais somente a morte me parecia um castigo justo, até mesmo humano. Ao mesmo tempo, acato também um fortíssimo argumento contra ela: a tendência de todas as jurisdições – as quais dependem, no fundo, de instituições meramente humanas – ao erro e à execução da pessoa errada. Vocês podem muito bem dizer que apenas aqueles de cuja culpa estamos certos deveriam ser mortos. Porém, em nosso sistema legislativo, todos os prisioneiros condenados são tratados como se não houvesse dúvidas de sua culpa, e nesse sentido todos seriam passíveis à punição que a lei prevê para seus respectivos delitos. Além do mais, fico um pouco melindroso quanto à natureza cada vez mais clínica das execuções, que são tratadas como se fossem procedimentos médicos. Lembro-me de ler

– embora agora não consiga recordar onde – o relato de uma execução por injeção letal em que a aplicação foi precedida pela limpeza da pele do condenado. Isso me pareceu ao mesmo tempo ridículo e sinistro; era como se estivéssemos tentando fingir que a execução, no fundo, não passava de uma operação cirúrgica. Esse (caso o relato da execução seja fiel) é um deslize terrível.

Por outro lado, não consigo partilhar da indignação contra a pena capital que hoje se espalhou pela Europa. À luz da presunção de que ela seja moralmente superior aos Estados Unidos nesse aspecto, ter-se-ia a impressão de que a pena de morte foi abolida em todo o continente em 458 a.C. A verdade, porém, é que a França, país em que a indignação é mais veemente, foi a última nação da Europa Ocidental a abandonar a prática: fê-lo em 1981, o que está longe de ser uma eternidade.

O sofrimento do assassino da Carolina do Norte – sofrimento este que é mera possibilidade, e não certeza – dificilmente durou tanto a ponto de ser a atrocidade que a Constituição declararia crime. A pessoa a ser executada por injeção letal recebe primeiro uma dose de barbiturato que a deixa inconsciente; depois, um relaxante muscular que a deixa imóvel; e, por fim, uma droga que faz o coração parar de bater. Caso seja esta uma pena cruel e incomum, então qualquer outra também o será. Se porventura medíssemos a reação fisiológica de um acusado na hora em que o juiz o sentencia a dez anos de prisão, poderíamos muito bem concluir que se trata também de um castigo cruel e incomum. Daí a dizer que é cruel e incomum toda e qualquer punição – visão que tem predominado, é claro, entre os criminologistas – é um pulo.

Se o eletro revelasse que o assassino da Carolina do Norte estivera plenamente inconsciente quando da injeção do relaxante muscular, parece-me pouco provável que o NEJM o teria noticiado com a insinuação de que podemos todos aceitar a pena capital, de que se trata de um procedimento indolor e humano e, portanto, também moralmente justificável. Noutras palavras, temos aqui mais uma propaganda do politicamente correto do que uma verdadeira argumentação. Não é como se o NEJM estivesse (ou devesse estar) empenhado na busca desinteressada de um método de execução indolor; tampouco é provável que ele viesse a usar o mesmo argumento contra a eutanásia. O que o periódico está fazendo é garantir sua filiação à grande família dos bem-pensantes.

Na mesma edição, foram publicados dois artigos acerca da epidemia de obesidade infantil nos Estados Unidos. Difundida hoje em todo o mundo, essa epidemia surgiu graças à falta de atividade física e ao consumo de junk food. (Certa vez, quando nas ruas de Bangcoc, presenciei um espantoso exemplo da relação entre a junk food e a obesidade: ao saírem de uma dispendiosa escola local, seus alunos se comprazíam em quantidades imensas de porcaria tão logo ficavam livres para fazê-lo. Não é de surpreender que fossem gordos – e de maneira espantosa, num país em que a maioria do povo é elegantemente esguia.)

Os artigos do NEJM tratavam da responsabilidade do governo em proibir os anúncios de empresas alimentícias que eram diretamente voltados às crianças pequenas, sobretudo na televisão. Pessoalmente, não vejo nada de errado na proposta de censurar propagandas do gênero. Por definição, as crianças pequenas não estão plenamente aptas a tomar decisões sobre as coisas, e aqueles anúncios que, em vista do lucro (ou, antes, de um lucro maior), procuram convencê-las a tomar atitudes que lhes poderão causar danos permanentes me parecem imorais.

O que me impressionou nos dois artigos do NEJM, porém, foi a falta de qualquer referência às responsabilidades dos pais sobre os filhos ou a este contexto cultural em que essas responsabilidades são em grande medida abandonadas. Os artigos mencionavam que as propagandas televisivas haviam dificultado o controle da dieta dos filhos e que, de alguma forma, elas tinham transferido dos pais para os pequenos o ônus das decisões alimentares. Atualmente, a maioria das crianças se declarava responsável, em detrimento de seus pais, pela escolha do que iria comer.

Hesito em mencionar minha própria infância aqui para que ninguém ache que quero me passar por perfeito (estou, de fato, um pouco acima do peso). No entanto, quando eu era pequeno, comia apenas o que me davam: ou era isso, ou passava fome. Como consequência dessa postura do "é isso ou nada", ampliei o repertório de alimentos que comia; aprendi a gostar de muitas coisas que, embora não fossem tão atraentes à primeira vista quanto muitos alimentos insalubres ou nutritivamente nulos, eram boas para mim; e entendi que minhas escolhas – ou melhor, meus caprichos – não eram o início e o fim do universo.

O porquê de tantos pais terem transferido sua autoridade a meninos que não chegam a três anos de idade é uma questão interessante e importante, claro. A ela, mais de uma resposta poderia ser oferecida, e em diferentes níveis de análise. Essa transferência de autoridade é um fenômeno de massa – caso contrário, não haveria epidemia. Os pais parecem não ter mais controle sobre o tempo que as crianças passam diante da televisão, sobre tudo o que elas compram com o próprio dinheiro ou sobre aquilo que comem em casa.

O problema pode estar, por exemplo, em que as pessoas passaram a achar que a satisfação da escolha – por mais desinformada, caprichosa ou deletéria que seja, por mais infantil ou infantilizada – resume o sentido da existência em todas as idades do homem, do momento do nascimento em diante. Isso, é claro, tem ligação com a teoria da escolha do consumidor: trata-se da equivocada extensão de um princípio que, no contexto certo, é claramente bom. A epidemia de obesidade infantil ilustra com precisão o que Edmund Burke quis dizer quando declarou que os homens se qualificam para a liberdade na exata proporção em que estão (ou estiveram) preparados para limitar seus apetites.

Poderíamos nos perguntar que sociedade é esta que criamos, na qual tantos pais não têm controle sobre a dieta dos próprios filhos; ou ainda o que essa falta de controle – que certamente não se restringe à alimentação – nos guarda para o futuro. Talvez os pais de hoje estejam ocupados demais para tomar uma atitude; ou talvez tenham subscrito àquela ideia sentimental (e preguiçosa) que diz que dar aos filhos aquilo que querem, no momento em que o querem e do modo como o querem, é expressão de um amor profundo.

Qualquer que seja o motivo, porém, o fato de os dois artigos do NEJM sobre a obesidade infantil nem sequer mencionarem a responsabilidade individual dos pais indica o que, hoje, poderíamos chamar de mentalidade totalitária. Segundo ela, cabe ao governo resolver todo e qualquer problema, seja prescrevendo determinado comportamento, seja proibindo-o, seja, é claro, fazendo os dois. Não acho errada, vejam bem, a proposta de que o governo suprima a propaganda de produtos nocivos às criancinhas; o que me incomoda é a incapacidade de reconhecer, no problema, a existência de outra dimensão, uma dimensão que, no fundo, é muito mais séria.

Não há dúvidas de que o NEJM não deseja flertar com a impopularidade, ou mesmo com a má reputação, ao sugerir que milhões de pais americanos estariam, ao menos neste aspecto, errando com os próprios filhos (suspeito de que o estejam fazendo noutros aspectos também). Da perspectiva de quem deseja conquistar o apreço da *intelligentsia* e evitar sua censura, é sempre mais seguro culpar antes os que estão em posição de autoridade e as grandes corporações do que as pessoas "comuns", vítimas imaculadas por definição. No entanto, omitir qualquer referência a fim de absolver a gente comum de toda e qualquer culpa pela obesidade de seus filhos é negar-lhe a capacidade de agir como seres humanos plenos. Longe de tratar com generosidade ou respeito as pessoas comuns, isso é extremamente condescendente. Pobrezinhos! Eles não passam de betume na mão das empresas de televisão e da indústria alimentícia.

Se for o governo o único lócus publicamente admissível ou mencionável da responsabilidade pela dieta infantil, já teremos aceitado a premissa do totalitarismo. Os autores dos artigos do NEJM talvez pudessem responder, em defesa própria, que seus respectivos textos só levaram em conta as medidas que o governo poderia tomar a fim de mudar a situação; ainda assim, o fato de não terem mencionado, nem mesmo de passagem, que os pais desempenham papel ativo na dieta dos filhos me dá a entender que isso nem sequer lhes passou pela cabeça. É aqui que se encontra o tal do cão que não latiu à noite.

4. Quem se importa?

Disse o doutor Johnson que os assuntos públicos não atormentam homem nenhum. Com isso, acredito que quisesse dizer que, se formos honestos, somente as questões que nos tocam de modo muito direto e pessoal são capazes de nos comover genuinamente. O resto não passa de uma emoção artificial ou fictícia que fingimos ou exageramos no intuito de parecer mais preocupados com os assuntos públicos do que de fato estamos. A verdade é que discutir com minha esposa me causa angústia mais genuína do que uma guerra distante, por mais sangrenta que seja ela, embora eu saiba muito bem que, na balança da história humana, a guerra pesa um milhão, um trilhão, de vezes mais.

Isso significa, ou deveria significar, que hoje minha serenidade é tamanha que nem mesmo a entrega semanal dos periódicos médicos poderia me afligir. De fato, minha situação pessoal é a mais satisfatória possível. Faço mais ou menos o que quero; meu trabalho é também meu prazer. Sou um homem de sorte, realmente.

Ainda assim, *The Lancet*, outrora um dos maiores periódicos médicos do mundo, jamais cessa de me irritar. Sua beatice faz Elmer Gantry parecer um homem inseguro. Ele propõe um besteirol abjeto com a jactância de alguém que, tendo sua salvação garantida, prega para quem tem garantida a própria condenação. Dickens teria adorado satirizá-lo.

No final de julho, por exemplo, *The Lancet* publicou um artigo intitulado "O Acesso a Medicamentos Essenciais É Parte do Cumprimento do Direito à Saúde Passível de ser Exigido pelos Tribunais?". O texto examinava se, caso impedidas de ter acesso a medicamentos importantes, as pessoas poderiam, sobretudo na América Latina, buscar reparação nos tribunais afirmando que haviam tido seus direitos negados.

No texto, o direito à saúde era tomado como algo tão claramente natural e indisputável quanto o fato de a Terra ser redonda. Não obstante, a ideia é evidentemente ridícula, ao menos até que o homem se torne imortal. Quem sofre de um câncer incurável é um desventurado, de fato, mas seus direitos não estão sendo infringidos de modo nenhum.

Talvez os autores do artigo entendessem "direito à saúde" como "direito a assistência médica". Isso, porém, nada melhora. Ter direito a um benefício material implica que alguém deve fornecê-lo, independentemente de seu desejo ou capacidade. É claro que o mundo seria melhor se todos os que precisassem tivessem acesso a assistência médica. No entanto, essa melhora não se daria porque os direitos de todos teriam sido observados e cumpridos, e sim porque um sofrimento evitável havia sido de fato evitado. Afinal de contas, há outros motivos, e motivos melhores, para se oferecer tratamento médico às pessoas do que o fato de elas terem direito a ele.

Não tive como não observar que, entre os remédios tidos como tão essenciais que deixar de oferecê-los livremente a quem necessitasse seria o mesmo que violar seus direitos, estava a buprenorfina, droga que os médicos prescrevem aos viciados em opiáceos na esperança de que, doravante, deixem de tomar os opiáceos que possuem para tomar aqueles que o doutor lhes indicou. De certa maneira, aquilo parecia estranho, uma vez que no mesmo número de *The Lancet* havia um artigo intitulado "A Droga Sintética Subutex [buprenorfina] Leva Danos a Tbilisi [Capital da Geórgia]". Pelo menos ali o direito das pessoas à buprenorfina não corria o risco de estar sendo violado.

O artigo tem início com o dramático parágrafo:

> Esmagadas sobre o asfalto, largadas pelo caminho ou nos cantos dos saguões dos prédios, as seringas usadas contam a história de um

vício que só faz crescer. As agulhas encontradas em toda a Tbilisi são descartadas pelos viciados em Subutex, medicamento que é utilizado para tratar o vício em opiáceos e que, por ironia, acabou por tornar-se a droga mais popular do país.

O medicamento é fabricado na Grã-Bretanha e exportado para a França, onde médicos crédulos o prescrevem a viciados que fingem precisar dele, mas o vendem aos traficantes responsáveis por levá-lo, com um lucro de 600%, para a Geórgia. Na França, sete comprimidos custam $ 20; na Geórgia, $ 120. Entre os contrabandistas de buprenorfina estava o cônsul honorário da Costa do Marfim na Geórgia, que a levava ao país em sua bagagem diplomática. Segundo *The Lancet*, o problema em questão não é pequeno: 39% dos viciados que recebem tratamento nas clínicas da Geórgia eram dependentes de buprenorfina. Além disso, o número de viciados em todo o país somava 250 mil, ou seja, uma em cada vinte pessoas de toda a população. Isso representa um aumento de 80% desde 2003 e se deve, sobretudo, à importação da buprenorfina.

Cinco páginas adiante, ainda em *The Lancet*, o mesmíssimo autor escreveu um artigo em tom de admiração – quase uma hagiografia – sobre o dr. Vladimir Mendelevich, médico que vem tentando introduzir na Rússia, vizinha e suserana histórica da Geórgia, o tratamento de viciados por meio da... Sim, vocês adivinharam: da buprenorfina (entre outras drogas). O autor descreve o dr. Mendelevich como um herói e não demonstra, nisso, qualquer traço de ironia; também não demonstra qualquer ciência daquilo que havia escrito apenas cinco páginas antes e não aparenta saber que introduzir mais uma droga num país que, além de ser contíguo à Geórgia, notabiliza-se por sua corrupção e seu caos administrativo é uma ideia que exige reflexão bastante cuidadosa.

Em que medida a buprenorfina é tão essencial assim, a ponto de sua indisponibilidade constituir ataque contra os direitos humanos fundamentais de quem se julga necessitado dela? Essa pergunta foi em parte respondida por um artigo que o *New England Journal of Medicine* veiculou na mesma semana em que saiu o *Lancet* mencionado. Seus autores, que atuavam em Yale, queriam descobrir se consultas adicionais tinham algum impacto sobre a abstenção de viciados a que se haviam prescrito comprimidos contendo tanto buprenorfina quanto naloxona.

Esse comprimido é extremamente inteligente. Quando consumida por via oral, a naloxona não tem efeito nenhum, mas quando injetada antagoniza com os opiáceos e gera sintomas de abstinência. Sua utilização conjunta, portanto, desestimula o vício em buprenorfina (embora me restem poucas dúvidas de que, em pouco tempo, os viciados e seus acólitos desenvolverão algo para driblar essa precaução).

Os pesquisadores convidaram 497 dependentes para o estudo, mas acabaram por excluir 296 porque, como os viciados da vida real tendem a fazer, ou eles consumiam álcool e outras drogas além dos opiáceos, ou se comportavam de maneira perigosa e antissocial. Outros 35 desistiram ainda durante os estágios preliminares, restando para o experimento apenas 166 dos 497 originais.

A exemplo da Gália, esses 166 foram divididos em três: aqueles que recebiam a droga uma vez por semana, aqueles que a recebiam três vezes por semana e aqueles que a recebiam três vezes por semana e também ganhavam consultas adicionais. No final de 24 semanas, não se viu qualquer diferença entre os resultados dos três grupos.

O que mais impressionava era o fato de apenas 75 terem continuado o experimento até a 24ª semana. Ou seja: 422 dos viciados originais não chegaram até ali – e 24 semanas não é bem uma eternidade. Entre os 166 cidadãos de boa cepa que foram tratados, a duração máxima da abstinência de opiáceos ilícitos durou, em média, entre cinco e seis semanas. Mais da metade de suas amostras de urina deu positivo para a presença de tais opiáceos.

Isso ainda não é tudo. É de conhecimento geral que os exames clínicos dão resultados melhores do que aqueles obtidos em ambiente "natural". Isso quer dizer que você não pode esperar o mesmo grau de sucesso ao transferir um tratamento em período de testes experimentais para as atividades normais do dia a dia. Isso se dá por diversos motivos, entre os quais o entusiasmo e a dedicação da equipe envolvida no período de testes – um entusiasmo que muitas vezes acaba sendo comunicado aos pacientes, que por sua vez se tornam mais otimistas e submissos do que ficariam noutra situação qualquer.

Talvez o baixíssimo nível de cumplicidade dos pacientes se tenha dado em virtude do conhecimento de que havia naloxona nos comprimidos recebidos. Foi precisamente porque o medicamento não poderia ser mal utilizado, ao menos até que alguém desenvolvesse um método que permitisse fazê-lo, que esse índice se mostrou tão baixo. Sendo esse o caso, porém, deve-se duvidar dos motivos que levaram os viciados a buscar e a aceitar tratamento. Além disso, devemos ter em mente que aqueles pacientes foram escolhidos entre 497 viciados em virtude de seu comportamento relativamente "bom", isto é, por não abusarem de qualquer outra substância e por não apresentarem conduta ameaçadora, violenta e criminosa. Noutras palavras, seus prognósticos já eram acima da média entre os dependentes.

Caso aos pacientes tivesse sido prescrita apenas a buprenorfina, creio que eles teriam "acatado" melhor o tratamento, mas apenas porque isso lhes traria algum benefício do ponto de vista econômico ou do vício. Os critérios para que o viciado chegasse ao fim do estudo não eram propriamente rigorosos: os que não faltavam a mais de três sessões de aconselhamento ou não deixavam de tomar a medicação por mais de uma semana eram tidos como concludentes.

Em suma, tudo não passava de uma elaborada e sórdida farsa, da qual os autores tiraram a conclusão de que há "necessidade tanto de medir a adesão em pesquisas futuras quanto de monitorá-la e encorajá-la na prática, com vistas a reduzir o mau uso da medicação e aprimorar os resultados do tratamento". A ideia de que haver tratamento numa condição voluntária como a do vício talvez seja inadequada nem sequer passou pela cabeça dos autores.

De todo modo, voltemos brevemente à questão do suposto direito à saúde. Porventura pode ser direito de alguém obter um tratamento que seja, na melhor das hipóteses, apenas marginalmente eficaz? Pois é isso o que acontece com mais frequência nos tratamentos médicos modernos. As chances de um tratamento contra a hipertensão lhe fazer mais bem do que mal são pequenas, não obstante o mal que pode realizar seja pequeno e o bem, enorme. O quão certo deve ser o bem causado pelo tratamento para que ele se torne um direito consagrado em lei e litigável?

Espanta-me a velocidade com que a doutrina dos direitos colonizou a cabeça das pessoas, assemelhando-se nisso a uma bactéria numa placa de Petri. Há pouco tempo, quis saber de uma jovem paciente o que ela iria fazer da vida (interesso-me o bastante pelos meus pacientes para perguntar coisas assim). Disse-me ela que desejava estudar direito. "Qualquer área do direito?", perguntei, achando que ela talvez quisesse optar pelo direito criminal, ramo que, embora seja o menos lucrativo, é também o mais interessante.

– Quero mexer com direitos humanos – respondeu-me ela com aquele sorriso semibeatificado que, no passado, uma menina de sua idade talvez estampasse no rosto ao declarar que tinha uma vocação.

– Ah, sim – falei. – E de onde os direitos humanos vêm?

– Como assim?

– Eles simplesmente estão por aí, como a América, esperando para ser descobertos por alguém que lhes sai à procura, ou foram elaborados por iniciativa humana, de modo que poderiam ser revogados sem mais nem menos, por meio de uma lei?

Ela ficou chocada. Parecia que eu era alguém profundamente perverso que acabara de sugerir que a discriminação racial, por exemplo, era algo assim.

– Essa pergunta não se faz – disse-me.

Não quis me aprofundar no porquê; uma consulta médica, afinal, não é um diálogo de Platão. Depois disso, entretanto, comecei a achar que havia um quê de verdade naquilo que Richard Dawkins chamou de *meme*, a saber: uma ideia que entra na cabeça das pessoas e vai se espalhando de cabeça em cabeça como um gene favorável à sobrevivência em determinada população.

O problema com os *memes*, é claro, está em que eles não precisam ser boas ideias, mas apenas ideias que se mostrem vantajosas para alguém ou para determinado grupo. E uma concepção cada vez mais abrangente de direitos humanos traz claras vantagens para as burocracias regulatórias: afinal de contas, como os direitos positivos poderiam ser aplicados sem elas? Não é coincidência que o artigo do *Lancet* que dá início a este texto tenha vindo da burocracia das burocracias, da metaburocracia: a Organização Mundial da Saúde, localizada em Genebra.

5. As realidades do mal

Uma das razões que me levaram a trabalhar durante anos como médico prisional mal remunerado e que, num período anterior de minha vida, utilizei como pretexto para visitar países devastados pela guerra civil, vem do fato de as situações extremas nos ajudarem a esclarecer o que importa na vida. Jamais fui para a prisão, mas ficava me questionando como responderia ao encarceramento, se reagiria como um estoico e me refugiaria em mim mesmo ou se seria alguém que, apenas no intuito de afirmar minha contínua humanidade, me rebelaria e criaria problemas para as autoridades.

É claro: a prisão em que trabalhei não tinha nem um pouco da crueldade das grandes prisões e campos políticos do século XX. Havia o sádico esquisito, é verdade, mas o trabalho prisional é sempre atraente aos sádicos. Lembro-me de um carcereiro que ficou irado quando um preso teve um ataque epilético em minha presença.

— Não faça isso na frente do médico! — ordenou ao homem inconsciente, e não tenho dúvidas de que lhe teria dado um monte de pontapés (teria dado, em suma, o que no jargão deles costumava ser chamado de "aspirina negra", isto é, a bota dos carcereiros) caso eu virasse as costas por um mísero instante.

A exemplo da maioria dos sádicos que trabalham nas prisões, aquele homem era extremamente astuto e se beneficiava das leis trabalhistas que exigem indícios concretos de maus-tratos antes de ser efetuada qualquer demissão. Embora todos já suspeitassem há muito da prática de crueldades contra os presos, suspeitas não bastavam para que ele fosse dispensado. No final das contas, o homem foi pego enquanto derramava substâncias nocivas no olho de alguém e acabou também ele na cadeia. De todo modo, era a pouca frequência de crueldades assim abjetas o que me impressionava, e não o contrário.

Uma antologia recente, intitulada From the Gulag to the Killing Fields [Do Gulag aos Campos de Extermínio] e organizada por Paul Hollander, recorda-nos o quão longe e a que magnitude pode chegar a crueldade do homem contra o homem. Trata-se de uma seleção de prisões e outras memórias das vítimas da repressão comunista na União Soviética, na Europa Oriental, na China, no Vietnã, no Camboja, em Cuba e na Etiópia.

O professor Hollander, que nos brinda com um longo ensaio introdutório, é autor de Political Pilgrims [Peregrinos Políticos], obra que já se tornou um clássico e que relata o modo como os intelectuais do Ocidente foram ludibriados – e quiseram sê-lo – em suas visitas aos países comunistas, sendo levados a crer que algum tipo de paraíso estava sendo ali construído e que parte dele já fora erguida – o que estava em pleno contraste, é claro, com o inferno que eram suas respectivas pátrias.

Hollander sabe do que está falando, uma vez que passou parte de sua infância escondendo-se dos nazistas na Hungria e precisou fugir, depois, também dos comunistas, mas apenas quando fechada a brecha que se abrira logo após a revolução de 1956. Essas experiências decerto servem para colocar em perspectiva os aspectos menos agradáveis da vida cotidiana no Ocidente.

Ao ler o relato das vítimas da repressão, você começa a achar que escrever sobre qualquer outro tema não passa de trivialidade ou autocomplacência. Com efeito, uma só frase pode ser mais esclarecedora (contanto que usemos um pouco de nossa imaginação) do que resmas e mais resmas de discursos acadêmicos.

Por exemplo, quando Evgenia Ginzburg, autora do brilhante e terrível Viagem ao Turbilhão, deixa o próprio apartamento a fim de ir à sede local do NKVD, para onde fora convocada no intuito de ter uma conversa supostamente amistosa sobre alguém que conhecia, seu marido lhe diz: "Bem, Genia, iremos te esperar para o almoço". Ao que ela responde: "Adeus, Paul querido. Tivemos uma bela vida juntos". Ela sabe muito bem, e também ele, que não o verá novamente deste lado do além – isto é: jamais. Um insondável mundo de dor e sofrimento é expresso assim, em palavras poucas e simples que nos envergonham das ferozes queixas que desferimos acerca de qualquer coisinha.

Diferentemente do caso do sádico que trabalhou comigo na prisão, não estamos lidando, aqui, com um ou dois incidentes isolados. A dor e o sofrimento expressos por Evgenia Ginzburg eram um fenômeno de massa, corriqueiro. Lembro-me de quando visitei os Estados Bálticos, pouco antes de a União Soviética desmoronar, e um professor me contou sobre a infância que levara na década de 1940: ele jamais ia para cama sem estar completamente vestido, a fim de que tivesse roupas com que viajar caso a polícia secreta batesse às suas portas nas primeiras horas da manhã (eles sempre chegavam nesse horário). Outro professor me declarou recordar dos caminhões que paravam à frente de sua escola, ao que se seguia uma chamada com os nomes daquelas crianças que entrariam nele e das quais jamais se teria notícias. Um décimo da população dos Estados Bálticos foi deportada naqueles anos.

Os assassinatos e as deportações praticados nos países comunistas não teriam ocorrido em tamanha escala sem a cooperação, e até mesmo o entusiasmo, de um grande número de pessoas. Se comparadas à questão de como um mal tão radical e tão difuso se tornou (e poderia voltar a se tornar) possível, todas as outras questões históricas e sociológicas parecem um tanto desimportantes, sobretudo porque é impossível ter certeza de que um mal tão radical jamais dará as caras novamente. Muito pelo contrário.

Em sua introdução, o professor Hollander cita Solzhenitsyn, segundo o qual é a ideologia a condição *sine qua non* da adoção do assassinato em massa como estilo de vida ou como uma indústria. Antes do advento da ideologia, as pessoas só praticavam o mal no interior de um círculo relativamente restrito – em vista da impiedosa promoção de suas carreiras, por exemplo. *Macbeth* é uma peça bastante sangrenta, mas apenas aqueles que de alguma forma se interpuseram entre Macbeth e o trono tinham motivos para temê-lo. Ao menos a gente comum conseguia permanecer de fora do conflito.

No estado ideologizado, não havia esse lado de fora: ou você era a favor do governo, do líder e da ideologia, ou era contra. Na realidade, tão logo a dialética se converteu em ciência mestra, ser pessoalmente a favor deles tornou-se insuficiente; você tinha de fazê-lo de modo objetivo, isto é, não deveria ter mácula nenhuma em seu histórico, como nascimento em berço burguês, conhecimento de quem assim nascera ou interesses intelectuais. (Uma história interessante poderia ser redigida acerca do assassinato ou encarceramento, no século XX, de quem usava óculos, apenas porque usava óculos. Os comunistas, de modo particular, tendiam a achar que quem usava óculos era inimigo, uma vez que – a despeito de sua concepção materialista da história, segundo a qual a força motriz da história eram as relações econômicas, e não as ideias – a miopia se mostra particularmente preponderante entre os intelectuais, os quais, ao menos fora dos departamentos de humanas das universidades do Ocidente, defendem ideias que poderiam lançar dúvidas sobre a verdade última da ideologia comunista. Trata-se de um duvidoso tributo ao fato de que, no final das contas, são as ideias que governam o mundo. Uma exceção entre os ditadores dotados de tal fobia foi Macías Nguema, primeiro presidente democraticamente eleito da Guiné Equatorial, logo destituído por seu sobrinho, o atual presidente, que matou ou exilou um terço da população e teve especial vigor contra aqueles que usavam óculos. Esse vigor provavelmente advinha mais de suas incertas pretensões à distinção intelectual do que da mistura de paranoia com as insignificantes ideias sobre o neocolonialismo que recebera de terceira mão, no que foi o mais perto que chegou da ideologia.)

Ali onde os meios justificam os fins – como no caso da maior parte das ideologias –, o assassinato em massa se torna mais provável. Nos estados ideologizados, talvez ele seja mesmo inevitável. A capacidade e o prazer da crueldade, latentes em quase todo coração humano, aliam-se então a um propósito supostamente superior, quiçá até transcendente. O pecado original se encontra com o condicionamento social. Um círculo vicioso então se estabelece: por fim, a própria violência passa a ser tomada como sinal tanto de lealdade quanto de um propósito mais elevado.

É curioso notar como mesmo hoje, após todas as calamidades do século XX, a distância que as pessoas estão dispostas a percorrer para lograr determinado objetivo ainda é vista como sinal do valor, se não da finalidade propriamente dita, ao menos das motivações dos extremistas. O fato de as pessoas estarem preparadas para explodir a si mesmas no intuito de matar o maior número de estranhos possível é tomado como prova da força de seus sentimentos humanitários e da indignação que nutrem contra determinada situação de injustiça.

A grandeza de um crime, portanto, é garantia da grandeza de sua motivação. Afinal, quem ordenaria a deportação de nações inteiras, quem causaria fome, quem faria milhões trabalharem até morrer, quem atiraria numa quantidade indizível de pessoas, se não estivesse munido de um propósito valoroso e superior? Além disso, quanto maior é a crueldade com que são praticadas todas essas coisas, maior deve ser o propósito que as justifica. Tomar parte no pior dos crimes, portanto, é ser o melhor dos homens. Foi sob o comunismo (e também sob o nazismo) que a injunção ética de Norman Mailer, segundo a qual é preciso cultivar o psicopata interior, tornou-se tanto uma política governamental quanto uma atitude prudente.

Há psicopatas em toda época e todo lugar, claro. Perigosos eles são sempre, mas em determinadas circunstâncias os riscos são maiores do que em outras. As próprias qualidades que se afiguram repulsivas em determinado período são enaltecidas, em outros, como traços de diligência, fervor, lealdade, honestidade, etc. Eis uma descrição extraída do livro do professor Hollander. Ela foi escrita por um médico cambojano que viveu durante os três anos do regime de Pol Pot:

> [...] um novo interrogador, que eu jamais vira antes, caminhou ao longo da carreira de árvores com uma faca longa e afiada na mão. Não me era possível identificar suas palavras, mas ele se dirigia à mulher grávida e esta lhe respondia. Só de pensar no que aconteceu em seguida, sinto náuseas. Só consigo descrevê-lo de maneira brevíssima: ele cortou as roupas que ela trazia no corpo, abriu sua barriga e tirou dali o bebê. Dei as costas, mas não havia como fugir

ao som de sua agonia, aos gritos que lentamente se tornavam gemidos e que, após um período excessivamente longo, resvalaram no misericordioso silêncio da morte. O assassino passou calmamente por mim, segurando o feto pelo pescoço. Quando chegou à prisão, ainda sob o alcance do meu olhar, amarrou uma corda ao redor dele e o pendurou na calha ao lado dos outros, que já estavam secos, negros e murchos.

É quase certo que o homem que fez isso estivesse imbuído de uma profunda sensação de propósito, conferida por alguma ideologia. Por uma terrível ironia do destino, o doutor Haing Nor, autor do trecho, morreu em Los Angeles, onde se havia refugiado, após ser alvejado pelas mãos de um assaltante – ao que parece, um psicopata comum, embora seja possível que se visse influenciado pela entonação farisaicamente colérica da música pop moderna.

A pior brutalidade que já vi foi aquela cometida pelo Sendero Luminoso (Caminho Iluminado) no Peru quando sua ascensão ao poder parecia possível. Caso ela se concretizasse, creio que seus massacres teriam ofuscado aqueles do Khmer Vermelho. Médico como sou, estou acostumado a ver coisas desagradáveis, mas nada me havia preparado para o que presenciei em Ayacucho, onde o Sendero nascera sob a direção de um professor de filosofia chamado Abimael Guzmán. Tirei fotos do que vi, mas os jornais as consideraram perturbadoras demais para ser impressas. No café da manhã, a humanidade não consegue suportar tanta realidade. Todavia, também me foi difícil usar de palavras para convencer os outros do que havia presenciado: a maioria das pessoas simplesmente assentia com a cabeça e achava que eu tinha enfim enlouquecido. No avião que me trouxe de volta do Peru, alegrei um trabalhador da Anistia Internacional quando lhe descrevi um pouco do mau comportamento do exército peruano; quando passei, porém, a relatar o que vira ser feito pelo Sendero – algo incomparavelmente pior –, era como se eu estivesse falando de monstros marinhos ou de um polvo gigante capaz de arrastar submarinos nucleares para as profundezas do oceano.

Quisera eu ter-lhe dado o livro do professor Hollander. Talvez, se vislumbrasse as insensatas crueldades que se podem cometer em nome das utopias, ele não me tivesse desacreditado. Em sua introdução, o professor Hollander especula por que as atrocidades nazistas se tornaram (merecidamente) tão familiares e por que suas lições foram tão bem assimiladas, ao passo que aquelas do comunismo, que não são propriamente desconhecidas e ocorreram até em escala maior do que as dos nazistas (pelo que não se deve agradecer, é claro, ao nazismo, uma vez que foi ele detido no meio de suas atrocidades), possuem ressonância emocional comparativamente pequena. Essa é uma infeliz realidade que seu livro almeja transformar. Talvez a diferença exista porque certos elementos do comunismo ainda exercem atração sobre muitos intelectuais, e ninguém quer reconhecer que seus ideais justificaram, e em parte também motivaram, assassinatos cometidos em escala jamais dantes vista. Quem não preferiria negar o significado de milhões e milhões de mortes a abandonar as próprias ilusões?

6. Coração das trevas

Recentemente, tive a oportunidade de reler o *Coração das Trevas*, de Conrad. Trata-se de um livro curto, e hoje já o li tantas vezes que pareço saber parágrafos inteiros de cor (e olhem que os parágrafos de Conrad podem ser bastante longos).

Hoje em dia, sabe-se muito bem que Conrad, em sua história, não exagerou os horrores do colonialismo belga, sobretudo no que diz respeito à sua primeira fase, em que o Congo não passava de um feudo pessoal do rei Leopoldo, homem opressor e profundamente inescrupuloso (o qual quis tanto que sua capital, Bruxelas, se assemelhasse a Paris que pôs abaixo o coração flamengo da cidade, que datava do medievo e era tão belo quanto Bruges. Em seu lugar, erigiu a cidade repulsivamente subparisiense que conhecemos hoje).

Conrad descreve o discurso incauto dos primeiros colonizadores como uma fala "arrojada mas sem brio, cobiçosa mas sem audácia, cruel mas sem coragem". Com uma ironia desdenhosa, denomina-os "peregrinos". Qualquer que fosse sua missão, porém, ela decerto não era *civilisatrice*.

Coração das Trevas é muitas vezes tratado como uma obra inequivocamente anticolonial ou anti-imperialista. Talvez isso se dê porque uma interpretação assim redimiria a descrição dos africanos como canibais, na pior das hipóteses, e como selvagens incompreensíveis, na melhor. Somente dessa forma é que Conrad, por todos reconhecido como grande escritor, pode parecer suficientemente afinado com nossas suscetibilidades modernas.

Na realidade, não estou bem certo de que a história seja tão anti-imperialista quanto gostaríamos de achar. O narrador, Marlow, descreve como examinou um mapa da África pouco antes de ser nomeado comandante de um barco fluvial no Congo. Naqueles dias (logo após o Congresso de Berlim, responsável por partilhar o continente entre as potências europeias), trechos da África foram coloridos segundo os impérios a que pertenciam. O azul, por exemplo, cabia aos franceses. Eis o que Marlow declara: "Havia um bocado de vermelho, e era sempre agradável vê-lo, pois se sabe que ali se trabalha a sério". O vermelho, evidentemente, era a cor cartográfica do Império Britânico.

Ora, Marlow era um personagem fictício, e é um erro elementar da crítica literária aproximar em demasia as opiniões de um personagem fictício àquelas do autor. Ainda assim, as correspondências biográficas entre Marlow e o próprio Conrad são grandes demais para ser ignoradas por completo. Os dois foram ao Congo no mesmo período. Algumas das expressões encontradas no diário do autor à época – primeiro de seus escritos conhecidos em inglês, sua terceira língua – foram parar no *Coração das Trevas*. Além disso, Conrad notabilizou-se por ter sido grande admirador dos britânicos. Acho bastante improvável, ao menos nesse aspecto, que suas visões fossem muito diferentes daquelas de Marlow.

Portanto, é o imperialismo belga em particular o que Conrad condena – embora, é claro, esteja ele a declarar algo muito mais profundo do que o mero fato de o rei Leopoldo e seus acólitos serem homens muito perversos. O coração das trevas é o coração que bate dentro de todos nós e que está só à espera da oportunidade de expressar-se. Conrad foi materialista e ateu, mas em certo sentido acreditou no Pecado Original, inscrito como estava em nossa natureza biológica.

Qual era, porém, esse "trabalho a sério" a que Marlow se referiu ao ver as grandes regiões vermelhas no mapa da África? Essa é uma pergunta cuja importância não se reduziu nos anos que se passaram; na realidade, ela se tornou ainda mais premente, a despeito do posterior desaparecimento do Império Britânico. Caberia a algum país do mundo realizar esse "trabalho a sério" – ou melhor: algum país seria de fato capaz de fazê-lo? Da resposta a essa pergunta depende a atitude que assumimos com relação à política externa: consistiria ela na busca dos próprios interesses ou em praticar o bem (o "trabalho a sério") no mundo?

Como médico e psiquiatra, passei um terrível período de minha carreira tentando levar pessoas por um caminho que se me afigurava adequado e benéfico a elas. Não nutro quaisquer ilusões acerca do quanto fui bem-sucedido: acho que tive pouquíssimo sucesso. Na melhor das hipóteses, plantei as sementes da mudança em vez de tê-la suscitado de modo propriamente dito. Meus pacientes muitas vezes haviam seguido rumos tão autodestrutivos que, se encarados de maneira imparcial e com um mínimo de bom senso, não poderiam conduzir a nada além de angústia, desespero e caos. Com efeito, não raro os próprios pacientes percebiam isso, ao menos do ponto de vista intelectual.

– Sim, é claro – diziam –, você tem razão.

Em seguida, prometiam mudar e dar todos aqueles passos extremamente óbvios que viriam a retificar e melhorar suas vidas.

Quando era ainda jovem e inexperiente, eu acreditava neles. Sentia-me muito feliz comigo mesmo. Então, ficava desconcertado ao perceber que, mesmo tendo jurado tantas vezes que queriam mudar, eles acabavam persistindo nas suas tolices. Minhas palavras, no final das contas, não haviam produzido qualquer efeito salutar. Se eu não houvesse dito nada, o resultado teria sido o mesmo. Quando jovem, achava que minhas pérolas tinham sido jogadas aos porcos; depois, acabei por perceber a profunda verdade que há naquela máxima de La Rochefoucauld segundo a qual é mais fácil dar bons conselhos do que recebê-los. Ao examinar minha própria vida, notei que era isso mesmo o que acontecia; a maioria das decisões erradas que eu fizera, sobretudo as piores e mais importantes, haviam sido feitas de maneira deliberada, com plena ciência das consequências más a que levariam. Se escapei do desastre, foi graças a uma perspicácia natural, e não em virtude de uma sabedoria superior.

No entanto, se é difícil transformar um punhado de indivíduos dotados, ao menos em sua maioria, dos mais fortes motivos para fazê-lo, como transformar nações inteiras, quanto mais culturas?

É sem dúvida fácil (nada é mais fácil, na verdade) para os poderosos ter influência sobre os fracos e os que parecem impotentes. Difícil mesmo é os poderosos terem, sobre esses impotentes, precisamente o tipo de influência que desejam ter, o que a meu ver jamais é possível. Os fracos podem até se curvar diante dos fortes e mudar os próprios costumes, mas raras vezes (acho que nunca, na verdade) o fazem exatamente como os poderosos querem.

A disparidade entre o poder das nações que colonizaram a África e o poder dos africanos nativos era muito maior do que aquela entre os Estados Unidos e os iraquianos. "Temos nós a metralhadora Maxim e eles, não" resume bem o que se passava. Todavia, qualquer que fosse o estágio da iniciativa colonial na África, é bem improvável que os colonizadores estivessem exercendo precisamente (ou mesmo aproximadamente) a influência que supunham ter. Na fase final do colonialismo britânico, por exemplo, os britânicos ingenuamente creram estar legando, a vários países da África, instituições que funcionariam da mesma maneira tanto com eles quanto sem. Olhando em retrospecto, essa parece ser uma crença quase risível. Não temos exemplo melhor do que Uganda, por Churchill denominada "pérola da África". (Tenham cuidado com as pérolas de cada continente, sobretudo com as Suíças de cada um: em geral estão reservados horrores singulares para elas. A única exceção que conheço é a Costa Rica, a Suíça da América Central.)

Isso não quer dizer que os colonialistas não tenham deixado nada para trás: o continente que invadiram se transformou para sempre. As formas tradicionais da autoridade política africana, por exemplo, foram destruídas de uma vez por todas em favor dos nacionalistas de estilo ocidental, que falavam a linguagem da liberdade mas sonhavam mesmo com o poder. Se foi isso um avanço ou uma deterioração depende não somente dos fatos, mas também dos valores que nos são caros. De certa forma, tudo se reduz a se você prefere telhado de zinco ou telhado verde. Talvez não haja resposta definitiva a essa espinhosa questão.

Certo é que os colonialistas mudaram a África para sempre. A flecha da política, como aquela do tempo, voa apenas numa direção. Conservar talvez seja possível; voltar, jamais. Os impis zulus nunca mais pisotearão as colinas de Natal. Tampouco os azande retornarão ao estado edênico em que o antropólogo E. E. Evans-Pritchard os encontrou e em que acreditavam que todas as mortes tinham por causa a bruxaria. O governo sudanês fez questão de que isso acontecesse.

Em que pé ficamos, então? Sempre me pareceu um erro achar que nosso exemplo é de tal maneira esplêndido que os outros desejarão copiá-lo tão logo tenham contato conosco. Por um lado, nosso exemplo, embora admirável sob certos aspectos, não o é em todos os outros. Depois, as pessoas tendem a preferir o próprio caminho àquele que lhe sugerimos, e isso apenas pelo fato de ser o delas. Como há muito tempo afirmou Dostoiévski, se existisse um governo que dispusesse tudo para o nosso bem e apenas isso, sem pensar em seu próprio bem em momento nenhum, ainda assim nos rebelaríamos contra ele pela mera vontade de nos expressarmos como seres humanos. Tal governo, é claro, jamais existiu ou existirá.

Na África, onde passei muitos anos, percebi que as melhores intenções não geram necessariamente os melhores resultados (trabalhei por anos na Tanzânia, onde os bilhões vindos da Escandinávia, da Holanda e do Banco Mundial nada causaram senão o desastre econômico e social). Isso não constitui, é claro, argumento em favor da pior das intenções. De que a melhor delas muitas vezes produz resultados ruins, não se segue que a pior produz resultados bons. Ademais, é uma infeliz realidade da existência humana que sejam muitos os caminhos rumo ao desastre e poucos aqueles rumo ao sucesso. Tolstói foi muito preciso quando declarou, a respeito das relações pessoais, que todas as famílias felizes são felizes da mesma maneira, etc., etc.

Se o que estou dizendo é verdade, a política externa deveria consistir antes na busca de interesses do que na busca da virtude, ao menos entre outras coisas. É claro: espera-se que os próprios interesses não sejam incompatíveis com os benefícios dos outros. Um bom exemplo disso é o comércio: o fato de eu me beneficiar ao vender-lhe algo não o impede de se beneficiar ao comprá-lo. Todavia, quando eu lhe vendo um pijama, não fico achando que estou, com isso, promovendo sua fidelidade conjugal. Com sorte, tenho algum lucro e lhe proporciono conforto à noite.

Deveríamos nós, portanto, tentar levar nossas concepções de democracia ao Oriente Médio? Em primeiro lugar, devemos ter em mente que liberdade e democracia não são necessariamente a mesma coisa. Determinado povo pode muito bem eleger um governo que deseje massacrar parte da população.

Como possivelmente afirmou o finado imperador Hirohito, as eleições democráticas na Palestina e no Irã não nos foram necessariamente benéficas. Estou longe de sugerir que nosso filho da puta deve ser melhor do que todos os outros filhos da puta possíveis, mas vale a pena recordar que a alternativa ao ruim nem sempre é o melhor.

Uma das acusações que o Oriente Médio costuma fazer é a de que o Ocidente já apoiou ditadores e não promoveu a democracia. Contudo, a democracia só é desejável ali onde as pessoas estão imbuídas do espírito de tolerância e moderação. A liberdade e a democracia não são propriedade de ninguém, e acreditar que são é impedir seu único desenvolvimento verdadeiro, isto é, seu único desenvolvimento natural. Como bem assinalou o médico de *Macbeth*, às vezes o paciente precisa cuidar de si mesmo. Nosso trabalho é garantir que ele não nos transmita nenhuma doença.

7. Mailer e o assassinato

Em recente visita à Nova Zelândia, eu me deparei com um livro que queria ler havia muito: *No Ventre da Besta*, de Jack Henry Abbott. (Antes do advento da internet, que equiparou os preços em todo o mundo, a Nova Zelândia costumava ser o melhor lugar de língua inglesa para livros de segunda mão.)

É bem provável que esse nome nos soe familiar. Trata-se de um criminoso de carreira que passou grande parte da vida em algum tipo de instituição penal. Quando escreveu a Norman Mailer pela primeira vez, vinha cumprindo pena de até dezenove anos pela morte de outro presidiário. Antes, havia fugido da prisão e assaltado um banco. Quaisquer que fossem os motivos, aquele não era um homem bom.

Mailer, no entanto, ficou bastante entusiasmado com sua aptidão literária, sua prosa e suas opiniões (tratava-se, entre outras coisas, de um comunista para o qual o sistema penal americano era muito pior do que o da União Soviética, e isso mesmo à época de Stalin). O escritor deu apoio a seu pedido de liberdade condicional e Abbott foi devidamente solto. Publicado seu livro, o criminoso se tornou por um tempo o leão da cena literária de Nova York, algo como um espécime curioso (um criminoso que cometesse pequenos delitos, é claro, não suscitaria interesse nenhum), até que, apenas seis semanas depois de ser libertado e alguns dias antes da publicação de uma favorável resenha de seu livro na *New York Review of Books*, ele voltou a matar. A vítima foi um jovem aspirante a escritor que vinha trabalhando temporariamente como garçom. Abbott teve com ele uma contenda impulsiva e o apunhalou com a faca que "por acaso" trazia consigo.

Ele conseguiu fugir por um breve período, mas acabou por retornar à prisão em que, vinte anos depois, viria a se enforcar. Em seu outro livro, intitulado *My Return* [Meu Retorno], Abbott afirmou que não quisera matar o jovem garçom porque só lhe havia dado uma facada: se um homem como ele tivesse o desejo de assassiná-lo, tê-lo-ia apunhalado várias vezes. Esse não é o raciocínio de um homem bom.

Na realidade, havia um trecho de seu primeiro livro, *No Ventre da Besta*, que poderia muito bem ter alertado Mailer e os outros de seu gosto por apunhalar pessoas. Ele descreve como os prisioneiros se vingam nas prisões. Vale a pena citá-lo por completo:

> É assim: vocês dois estão sozinhos na cela dele. Você tem uma faca (com uma lâmina de oito a dez polegadas, dois gumes) e a segura ao lado da perna, para que ele não veja. O inimigo sorri e vai tagarelando sobre uma coisa qualquer. Dá para ver seus olhos: de um azul esverdeado, líquido. Ele acha que você é um bobo, confia em você. O ponto é identificado: um alvo entre o segundo e o terceiro botão de sua camisa. Com um falar calmo e um sorriso no rosto, você desloca o pé esquerdo para o lado e fica perpendicular ao lado direito do corpo dele. Um leve girar do ombro direito e o mundo vira de ponta-cabeça: você afundou a faca no meio do peito do cara, até o punho. Lentamente, ele começa a lutar pela vida. Você terá de matá-lo logo, enquanto cai, senão será pego. Ele dirá "Mas por quê!?", ou "Não!"... E só. Dá para sentir aquela vida fazendo vibrar a faca que você tem nas mãos. Aquilo, a suavidade do sentimento no meio de um ato grosseiro de assassinato, quase toma conta de você, que sem perceber já enfiou a faca várias vezes. Você vai para o chão com ele para finalizá-lo. É como cortar manteiga quente: sem resistência nenhuma. No final, eles sempre sussurram a mesma coisa: "Por favor". A estranha impressão que dá é a de que ele não está

implorando para você não lhe fazer mal, mas para fazê-lo direito. Se ele por acaso disser seu nome, sua determinação diminui. Você entra numa espécie de estupor mecânico. As coisas vão sendo gravadas em câmera lenta porque todos os seus sentidos são elevados a uma nova altura. Você o deixa ali, no sangue, com os olhos mortos. Então vai para sua cela, tira a roupa e a bota descarga abaixo. Joga depois a faca fora e salta para debaixo do chuveiro. A clareza retorna.

Não tenho dúvidas de que a primeira coisa que impressionou Mailer no trecho acima foi a qualidade de sua prosa, que é muito gráfica. Ainda assim, suas palavras são aquelas de um assassino, insinuando mais do que a mera presença de uma imaginação vívida. Seria tão sábio tomá-las literalmente quanto foi tolo não tomar literalmente as palavras da *Mein Kampf*. No entanto, Mailer vivia num mundo (o mundo dos políticos radicais protegidos por uma ordem burguesa) em que as palavras nunca queriam dizer o que diziam ou nunca diziam o que queriam dizer, um mundo no qual o exibicionismo moral era tanto o sumo bem quanto condição necessária para se conquistar a estima dos colegas. Tão seguros se sentiam eles em seu encrave literário que a realidade pouco importava; o que contava era a capacidade de usar as palavras da maneira sancionada, sem haver nisso qualquer referência à verdade.

Dez anos depois, Mailer reconheceu indiretamente seu erro, dizendo que o episódio relacionado a Abbott não era para si motivo de orgulho. Parece, entretanto, que o mesmo desprezo pela realidade que o autor demonstrara é hoje parte do sistema de justiça criminal da Nova Zelândia.

Vocês provavelmente imaginam a Nova Zelândia como um país vazio, dotado de paisagens belíssimas – e isso é verdade. Ela é toleravelmente próspera, tem espírito igualitário, abriga pouca gente, e até mesmo sua fauna e sua flora são amáveis. Não há nativos carnívoros nem cobras. Seu clima é temperado e figura entre os mais agradáveis do mundo. Deveria se tratar, portanto, de um lugar de paz.

E, no passado, de fato era. Em 1950, quando figurava a Nova Zelândia entre os países mais ricos do mundo, não havia ali quase crime nenhum, ou ao menos um mínimo irredutível. Hoje, seu índice de criminalidade se encontra entre os maiores do Ocidente, incluindo os crimes de violência. Isso é algo bastante intrigante.

Enquanto lá estive, tomei conhecimento de dois casos que pareciam exemplificar os desdobramentos mailerianos do sistema de justiça criminal neozelandês. O primeiro dizia respeito a um homem com 102 condenações, muitas delas por atos de violência que incluíam estupro. (Devo assinalar que 102 condenações implica a existência de mais delitos, uma vez que o índice daquelas jamais representa 100% destes; às vezes, constitui apenas 5% ou 10%.)

Apesar de tudo isso, esse homem foi tido como candidato à liberdade condicional. Como condições para ela, quis a comissão que ele não bebesse, não fumasse maconha e não frequentasse certos lugares. O réu lhes disse que não acataria nenhuma delas, mas ainda assim foi solto sob liberdade condicional. Em pouco tempo, ele haveria de matar três pessoas e de debilitar de tal maneira uma quarta que esta jamais se recuperaria.

O segundo caso foi o de um homem com uma série de condenações em seu histórico – algumas, por uso de violência – que raptou e sequestrou uma jovem de 24 anos. Ele foi preso e solicitou liberdade sob fiança. Por três vezes o pedido foi recusado, mas um quarto juiz acabou por ceder. Arrumaram-lhe, então, uma casa em determinado endereço, onde ele fez amizade com os vizinhos, que não sabiam tratar-se de um acusado de homicídio. Oito meses depois, enquanto cuidava dos filhos desses vizinhos, o homem assassinou um deles.

Talvez a reviravolta mais extraordinária dessa história esteja em que os pais da criança assassinada tiveram outro bebê, que foi porém levado pelos assistentes sociais porque o casal havia confiado um filho aos cuidados de um assassino: eram, portanto, dois irresponsáveis. O Estado culpa seus cidadãos pelos erros (se é que é isso o que são) que comete.

O que há por trás dessa terrível e deliberada incompetência? Creio que alguns dirão que anedotas não têm relevância alguma, que são as estatísticas o que devemos buscar, que a maioria dos assassinos que saem da prisão sob condicional ou fiança não volta a matar. O que deveríamos questionar, antes, é a proporção de pessoas que dizem antecipadamente que não irão acatar as imposições da condicional e que cometerão delitos graves caso ainda assim ela lhes seja concedida, bem como a proporção de acusados a quem é concedida fiança e voltam a matar. À luz dessas questões, as decisões tomadas em ambos os casos mencionados soam um pouco menos absurdas.

Todavia, há poeira em nossos olhos. A presunção deve ser aplicada em oposição a quem foi condenado por 102 delitos anteriores – muitos deles violentos – ou a quem foi condenado por muitos delitos prévios e é suspeito, com base nos indícios mais fortes possíveis, de ter cometido assassinato. É moralmente frívolo sugerir o contrário.

Noutras palavras, a frivolidade moral do sistema de justiça criminal neozelandês não poderia ficar mais clara do que nesses dois casos. (Um dia antes de eu deixar o país, foi condenado a um ano de detenção outro jovem dotado de um longo histórico criminal. Ele atacara uma senhora na casa dos oitenta anos e fraturara em duas partes os ossos de seu rosto, mas não sem antes desferir sobre ela o que chamou de "pancada rainha", isto é, um soco que sozinho a lançou por terra. Com a remissão da pena, ele será posto em liberdade em menos de seis meses.) Pergunta-se: onde essa frivolidade moral se origina?

Sobre os juízes da Nova Zelândia não deve recair toda a culpa, uma vez que têm de sentenciar segundo as diretrizes que lhes foram dadas. Eles não podem impor uma sentença qualquer que lhes pareça justa. Ao mesmo tempo, porém, nenhum deles protesta contra diretrizes tão claramente absurdas. Do mesmo modo, não havia motivo para o quarto juiz conceder fiança no segundo caso que descrevi. Não é possível, portanto, absolver os juízes por completo.

Por trás da frivolidade do sistema de justiça criminal neozelandês (e também do britânico), encontra-se a propensão para ignorar, ou a relutância em levar a sério, os sinais prognósticos mais evidentes, ou mesmo a relutância em levar em consideração quaisquer reflexões a respeito da justiça. Do mesmo modo como Mailer foi incapaz de reconhecer o quão relevante era a passagem do livro de Abbott (que afinal consistia em cartas enviadas a ele), também os juízes e alguns outros ignoraram, na Nova Zelândia, o que havia de mais óbvio nos criminosos com que se depararam. Para eles, ser considerado gente de espírito generoso e pouco vingativa era mais importante do que a proteção do público.

Numa camada mental ainda mais profunda do que a desse desejo de aprovação, encontra-se aquela perversa ideia de Rousseau segundo a qual o Homem é ou seria bom sem a influência da sociedade. Fosse isso verdadeiro, os assassinos mencionados anteriormente seriam tão vítimas quanto suas vítimas, enquanto a sociedade que assim os vitimara não teria qualquer direito moral de tratá-los com rispidez: antes, deveria ela reformar-se a si mesma – aprimorar-se, na verdade. Até que o faça, devemos esperar casos como os que descrevi.

Foi precisamente isso, é claro, o que Abbott quis dizer nas cartas que enviou a Mailer. Ele declarava que a sociedade o fizera daquele jeito e, portanto, não tinha como apontar o dedo em sua direção; ao longo de todo o livro, o autor só fazia alusões de cunho moral àquilo que havia sido cometido contra si, e não ao que ele mesmo praticara.

É evidente que a maioria dos criminosos possui uma história difícil (embora a isso não se siga, graças a Deus, que todos os que tenham história difícil sejam criminosos. Caso contrário, nenhum de nós estaria a salvo em sua própria cama). O porquê desse passado duro constitui outra questão, é claro – e uma questão bastante controversa. Creio eu que sua causa esteja, em grande medida, no *zeitgeist* moral criado pelos intelectuais. Ainda assim, a indubitável realidade mencionada nos deixou profundamente confusos e nos levou a fundir numa só duas questões: primeiro, como podemos evitar que as pessoas se tornem criminosas; depois, como impedir que os criminosos reincidentes cometam novos crimes. As duas questões possuem respostas diferentes; não há uma única para ambas. Quando, porém, confundimos a primeira com a segunda e a segunda com a primeira, acabamos por cometer mais uma vez o erro de Mailer e do sistema de justiça criminal neozelandês.

Uma coisa, no entanto, está clara: aqueles que cometem os erros não pagam seu preço. Eles experimentam o calor da generosidade sem sentirem a corrente fria da responsabilidade.

8. Sejamos racionais

Há pouco tempo, apresentei-me num colóquio cujos participantes eram, em sua grande maioria, conservadores americanos. Tratava-se, ao menos para mim, de um público muito agradável: amistoso, bem-humorado, educado, instruído e profundamente lido (característica, sejamos francos, que não se destaca nos conservadores de país nenhum). Durante uma das sessões, acabei por mencionar, lá do palco, que não era alguém religioso, ao contrário dos outros membros da mesa. Não recordo muito bem, agora, o contexto exato em que essa terrível confissão foi feita.

Quando, em seguida, vários membros do público vieram me agradecer por ela, fiquei surpreso. O que havia a ser agradecido? Eles me disseram que também não professavam fé religiosa nenhuma – eram, em suma, ateus – e que era um alívio ouvir essa confissão de alguém que, fora isso, pensava exatamente como a maioria do público.

Tudo aquilo me pareceu estranho, talvez pelo fato de eu vir de um país em que a ausência de religião é hoje a norma e ninguém se sente obrigado a esconder a própria descrença – pelo contrário: entre os respeitáveis, é com relação à fé que se deve tergiversar. Na Europa, é preciso mais coragem para ser religioso do que irreligioso, ao menos se você possui certo nível de instrução. Como muitas vezes lemos por aí (e eu mesmo acredito em parte nisso), uma das diferenças mais importantes entre a Europa e os Estados Unidos está em que, naquela, a religião como força social está morta, enquanto nestes trata-se de força vivíssima. Vejo-me na posição assaz peculiar de achar que isso é vantajoso para os Estados Unidos, não obstante me seja impossível assentir em qualquer tipo de crença religiosa. Afinal, é a verdade que nos libertará, e não um mito conveniente.

Um ateu que discordaria veementemente de mim é Richard Dawkins, biólogo e polemista impiedoso. No livro *Deus, um Delírio*, hoje *best-seller* em todo o mundo (embora não nos países islâmicos, onde talvez ele se faça mais necessário), o autor manifesta um ódio à religião de que eu, que não tenho fé e acredito ao menos em algumas das coisas em que ele também crê (na natureza bastante desagradável da divindade tal qual retratada no Antigo Testamento, por exemplo), não consigo compartilhar. Não odeio a religião – na verdade, sou mesmo a favor dela. Assemelho-me a Gibbon, que ao tratar do sincretismo religioso romano declarou, admirado, que o povo achava que todas as religiões eram igualmente verdadeiras, que os filósofos as julgavam igualmente falsas e que os magistrados as consideravam igualmente úteis, sem porém haver qualquer conflito sobre o assunto. Ou seja: a religião era útil por melhorar o comportamento humano e mantê-lo lícito.

Em seu livro, Dawkins afirma que os ateus americanos receiam confessar publicamente a própria descrença. No entanto, uma vez que seu temperamento parece predispô-lo a exagerar tudo o que diz, qualquer que seja o tema, não acredito nele. Por outro lado, recordei-me de minha experiência no colóquio e quis telefonar para um amigo americano, um intelectual conservador que mora naquela Babilônia moderna que se chama Nova York. Queria saber o que ele achava, e fiquei um pouco decepcionado ao descobrir que, em sua opinião, havia um quê de verdade no que Dawkins escrevera. Fiquei decepcionado porque estava redigindo uma resenha do livro de Dawkins e queria mais um bastão para dar em sua cabeça.

Ora, é evidente que uma pessoa só não é amostra muito ampla – na realidade, embora respaldada pelo que vivenciei no colóquio, não poderia haver amostra menor. Meu amigo, porém, é um homem antenado e, não obstante more em Manhattan, sensível ao *zeitgeist* americano, por assim dizer. Por conta disso, resolvi acreditar nele.

De todo modo, há ainda muitos pontos em que discordo de Dawkins. Ele é um ultrapassado devoto do progresso técnico, agindo como se um avanço do gênero não fosse às vezes equivocado e não trouxesse consigo problemas novos e imprevistos. Ele aparenta achar que, quanto maior o progresso técnico, maior será nossa felicidade. Isso parece infundado.

Dawkins menciona o exemplo da fertilização in vitro (FIV), por meio da qual muitos pais puderam experimentar a indescritível alegria, de outro modo inacessível, da paternidade. Isso é uma realidade, sem dúvida, mas não esgota toda a verdade, que é bem mais complexa.

Na melhor das hipóteses, a FIV funciona para um quarto daqueles que a ela recorrem. Trata-se de um processo que consome muito dinheiro e muito tempo, e portanto possui inúmeras outras consequências além do jubiloso clímax que é a chegada de um novo bebê.

Em primeiro lugar, ela faz com que a ausência de filhos seja pior do que antes. O que não tem remédio, remediado está: ao nutrir a esperança de que a falta de filhos pode ser curada, a FIV impede, ou ao menos posterga, a aceitação de algo que está fadado a ser uma condição vitalícia, prolongando assim, desnecessariamente, o sofrimento. Ela também fomenta expectativas que mais chances têm de ser frustradas do que de se cumprir. Nesse ínterim, as pessoas gastarão uma quantidade imensa de dinheiro e se concentrarão exclusivamente num objetivo só, em detrimento de seu equilíbrio psicológico. Não é desconhecido o número de casais que terminam quando o FIV enfim dá certo ou errado. A ideia de que a vida ficará perfeita caso x aconteça raramente é construtiva.

Além disso, a FIV criou dilemas morais. Quem teria direito a ela? Toda mulher que a pedir? Deve-se exigir que a futura mamãe (no caso de o procedimento funcionar) possua certas qualidades que façam dela uma mãe boa ou suficientemente boa? Afinal, quem pensa em adotar filhos precisa vencer toda sorte de obstáculos antes de conseguir uma autorização, e é questão de justiça que as pessoas sejam tratadas da mesma maneira em situações moralmente equivalentes. As mulheres que se submetem à FIV, portanto, deveriam enfrentar os mesmos obstáculos dos pais adotivos? Estamos diante de um dilema: ou não impomos nenhuma exigência às mulheres que se submetem à FIV, e nesse caso esvaziaremos seu comportamento de consequências morais importantes, ou lhes impomos exigências e inflamamos um conflito ideológico acerca daquilo que de fato faz uma mulher ser mãe.

Na Europa, temos presenciado o estranho fenômeno das mulheres de sessenta anos que logram sucesso na FIV. É claro: não sabemos ainda se as mulheres de setenta serão mães ruins: caso sobrevivam, talvez elas possam se tornar mães excelentes, dada a longa experiência de vida de que desfrutam.

Todavia, o efeito geral dessas gestações tem sido o de propagar e reforçar a ideia da vida como um supermercado existencial, no qual você pode viver da maneira que quiser ao pegar o estilo de vida desejado numa prateleira, como se fosse uma caixa de cereais matinais. Nesse admirável mundo novo, não há limites intrínsecos a serem aceitos para que você se torne livre, equilibrado e feliz. A percepção de que "ter tudo" não é uma possibilidade realista, de que todo prazer implica o afastamento de outros prazeres, de que escolhas difíceis serão sempre necessárias e de que a realidade sempre se volta contra quem se recusa a fazê-las é um estágio importante da conquista da maturidade. Por mais estranho que possa parecer, aceitar a frustração é condição necessária para a felicidade. Uma das formas de evitar o sofrimento permanente é não exigir da vida mais do que ela pode oferecer.

Dawkins poderia nos responder de duas formas. Em primeiro lugar, talvez dissesse que, com experimentos e tecnologias ulteriores, a FIV se tornará mais bem-sucedida: de fato, é a única maneira em que ela pode tornar-se mais bem-sucedida. Em determinado momento (o que não é certo, mas mera possibilidade), a razão entre sucesso e fracasso se alterará: em vez de ser de um para quatro, como hoje, será de quatro para um. Nesse momento, não se poderá duvidar de que a FIV elevará a soma de felicidade humana, o que hoje se afigura duvidoso.

O argumento é bom, mas recorre mais à fé do que à razão – precisamente aquilo que Dawkins, como racionalista, desejaria evitar. Quando William Harvey realizou aquela que talvez seja a maior descoberta fisiológica da história da medicina, isto é, a descoberta da circulação do sangue, teve fé em que tal conhecimento acabaria por trazer benefícios à humanidade. Porém, séculos tiveram de se passar para que isso acontecesse: sua crença teve como fundamento a fé, e por muito tempo não haveria qualquer base racional para ela. É possível, obviamente, e até mesmo provável, que os resultados da FIV venham a melhorar, mas não se pode saber disso com antecedência, antes de toda e qualquer experiência. É também possível que não melhorem.

O segundo argumento diria que o Homem realizou uma barganha prometeica e que, ainda que o quisesse, ser-lhe-ia impossível voltar atrás. Se a flecha do tempo só voa numa direção, também à ciência e à tecnologia nada pode interessar senão seguir adiante. Além disso, é fato empírico que a cultura cada vez mais secular e tecnológica em que vivemos também suscitou – ou ao menos coexistiu com – um avanço moral genuíno. Não há por que achar que tal avanço não prosseguirá.

Não há argumentos definitivos quanto aos efeitos morais da tecnologia. Parece-me plausível, por exemplo, que as armas nucleares mais salvaram do que tiraram vidas, que sem elas um conflito armado entre o Leste Europeu e a Europa Ocidental teria sido mais provável e que milhões de vidas, portanto, poderiam ter sido perdidas. (Isso nada tem que ver com o raciocínio que busca justificar o lançamento de bombas atômicas sobre Hiroshima e Nagasaki.)

A proliferação de armas nucleares, no entanto, poderia desequilibrar a balança em detrimento delas, sobretudo se caíssem nas mãos de terroristas ou de líderes dotados de visões apocalípticas. O veredicto está em aberto e assim ficará para sempre – ou ao menos até que um holocausto nuclear de fato se realize, quando então a decisão se tornará clara a quem porventura tiver sobrevivido para ouvi-la.

Não discordo de Dawkins quanto ao fato de que, em alguns aspectos importantes, experimentamos um progresso moral. A aceitação casual do racismo em muitas partes do mundo, por exemplo, é hoje coisa do passado, e mesmo as pessoas que ainda nutrem ideias racistas têm medo de expressá-las ou de agir sob sua inspiração. Não consigo encarar isso, do ponto de vista moral, senão como um progresso.

Ainda assim, Dawkins negligencia alguns aspectos importantes da moral em que houve um retrocesso indubitável. Para dar apenas um exemplo:

não obstante o enorme aumento da riqueza e do padrão de vida, tal qual indicado pelo consumo de bens materiais, o índice de delitos passíveis de sanção penal aumentou quarenta vezes ali onde ele nasceu, na Grã-Bretanha, desde o seu nascimento. Sozinho, esse aumento da criminalidade exerceu um impacto terrível sobre a qualidade de vida de milhões de pessoas, que hoje vivem sob um medo constante e justificável e têm de viver de acordo com ele. Os idosos da Grã-Bretanha, por exemplo, estão submetidos a um toque de recolher perpétuo, imposto por alguns jovens.

Noutras palavras, as coisas são mais complexas do que o professor Dawkins nos leva a acreditar. O progresso é possível, mas não é inevitável nem carece, decerto, de suas ironias. (Em nossa recém-descoberta felicidade, 10% de nós se sentem levados a tomar antidepressivos.) Racionalista à moda antiga, Dawkins não reconhece que um estilo de vida perfeitamente consistente, fundamentado sobre a razão e apenas nela, é impossível. Em seu último livro, ademais, ele retrata o crente médio como um fanático ignorante que sai por aí atirando em abortistas ou massacrando quem se desvia o mínimo que seja de sua doutrina. Poderíamos muito bem dizer, nesse caso, que Lênin representa aquele ateu característico que deseja matar todos os padres. Lênin, afinal, matou milhares deles num piscar de olhos.

O último livro de Dawkins serve-nos como exemplo da escola de historiografia do nada-senão: a história europeia não é nada senão uma história de guerras e genocídios, a história americana não é nada senão uma história de exploração e opressão de negros, etc. Para ele, a história da religião não é nada senão a história do fanatismo, da selvageria, da ignorância, da intolerância. Pode-se encontrar tudo isso, é claro, na história da religião, e até hoje há um bando de fanáticos por aí; no entanto, fora sua incompletude e inverdade, o problema dessa escola do nada-senão está em que ela alimenta aquilo mesmo que critica: o fanatismo e o ódio.

9. Sobre o mal

Há muito que me vem preocupando o problema do mal. Uma vez que não sou filósofo, não tenho nenhuma explicação satisfatória a oferecer sobre ele – na verdade, tampouco possuo para ele uma definição que me satisfaça. A meu ver, o mal é o que foi a poesia para o doutor Johnson: é mais fácil expressar o que não é do que aquilo que é. Tudo o que sei com certeza é que se trata de algo que a gente vê muito por aí – o mal, digo, e não a poesia.

E por quê? Porventura o coração do homem seria irremediavelmente mau, ou ao menos inclinado à maldade? Quais são as condições em que o mal pode florescer?

Ter exercido a medicina (exercício que reconheço muito peculiar) num bairro pobre e num presídio me convenceu da prevalência do mal. Eu ficava surpreso. Havia passado uns bons anos em países acometidos por guerras civis e, portanto, privados sequer da mais ínfima ordem social – precisamente as condições em que esperaríamos que o mal fosse cometido em profusão, ainda que somente porque, em situações assim, o que há de pior vem à tona. Todavia, nada me preparara para a malignidade em estado puro, para o prazer de agir mal, que encontrei em muitos de meus compatriotas quando finalmente voltei. Todo dia, em meu consultório, eu ouvia histórias de homens que, aparentando satisfação e deleite, haviam torturado mulheres – "torturado", aqui, não é exagero

– ou cometido atos baixíssimos de intimidação, opressão e violência. No passado, eu tomaria a frase que Adam Smith colocou no início da *Teoria dos Sentimentos Morais* como um truísmo:

> Por mais egoísta que se possa afigurar alguém, há claramente, em sua natureza, alguns princípios que lhe causam interesse na prosperidade dos outros e que fazem com que a felicidade destes lhe seja necessária, muito embora nada obtenha dela exceto o prazer de contemplá-la.

Hoje, porém, nem sequer a vejo como uma verdade, quanto mais um truísmo. Sinto-me mais propenso a escrever:

> Por melhor que se possa afigurar alguém, há claramente, em sua natureza, alguns princípios que lhe interessam no sofrimento dos outros, etc., etc.

Já vi tanta coisa, tanto em casa quanto no exterior, que não fico impressionado com facilidade. Depois de ouvir histórias – todo dia, por muitos anos – sobre babás que, a fim de aquietá-los durante uma partida de futebol na televisão, utilizam grades para empalar bebês, ou mesmo sobre homens que penduram as namoradas pelo tornozelo na sacada do 15º andar, você acaba por criar uma espécie de carapaça emocional. A gente quase passa a se orgulhar da própria insociabilidade, começando a encará-la como uma espécie de sofisticação. Trata-se de uma forma de orgulho espiritual, acho. Ainda assim, li um livro que me deixou desconcertado. Intitulado *Uma Temporada de Facões* e escrito por um jornalista francês chamado Jean Hatzfeld, falava ele sobre o genocídio ruandês. O autor entrevistou inúmeros homens que haviam tomado parte no massacre – provavelmente o mais sanguinário da história da humanidade, ao menos no que diz respeito ao número de mortes diárias – e que hoje se encontram presos. Um deles fora condenado à morte.

Por acaso, eu estivera em Ruanda apenas alguns anos antes do genocídio. Estava viajando de transporte público pela África, a fim de ver a vida africana de baixo para cima, por assim dizer. Cruzei vários países extraordinários, entre eles a Guiné Equatorial, onde o primeiro presidente (democraticamente eleito) após a independência em relação à Espanha havia sido deposto e executado pelo próprio sobrinho. Francisco Macías Nguema foi um daqueles inauditos monstros políticos do século XX, o século dos monstros políticos por excelência. Ele manteve o tesouro nacional debaixo da própria cama, mandou matar todos aqueles que usavam óculos porque eram intelectuais perigosos, adotou o trabalho forçado e não remunerado, e matou ou mandou para o exílio um terço da população. O sobrinho que o derrubou, e que até então fora seu cúmplice, trouxe certa melhora, muito embora ainda fosse um ditador (é ele o presidente até hoje): sempre que deixava a capital, o fornecimento de energia era cortado por não ser mais tido como essencial.

Sinto vergonha, agora, do quão raso era meu entendimento da Ruanda de então. Eu sabia, é claro, que o Burundi (pelo qual acabara de viajar) e Ruanda eram imagens espelhadas um do outro, que no Burundi era a minoria tutsi que massacrava o povo hutu e, em Ruanda, o contrário; sabia também que era muito difícil determinar quem havia começado aquele que era o mais vicioso dos círculos viciosos. Ao mesmo tempo, se comparada a muitos países africanos, Ruanda parecia um Estado bem administrado e relativamente incorrupto; seu povo era bastante engenhoso e estava longe de padecer de uma pobreza infame, não obstante se tratasse, aquele, de um dos países com a maior densidade populacional da África – quiçá do mundo – e um índice de natalidade surpreendentemente elevado. Eu sabia, é claro, que era governada por uma ditadura e que seu ditador era o major-general Juvénal Habyarimana; também tinha ciência de que, desde nascença, todo ruandês era membro *ex officio*, por assim dizer, do único partido daquele Estado unipartidário: o Mouvement National Révolutionnaire pour le Développement (MNRD). No entanto, à época eu não nutria grande otimismo quanto à possibilidade de haver melhorias com a implantação do tipo de política multipartidária que o ditador se viu forçado a adotar em 1991. De certa forma, eu estava certo: o massacre mais eficiente da história humana se deu três anos depois.

Num espaço de três meses, vizinhos mataram sem remorso algum aqueles com quem tinham travado relação amistosa durante a vida inteira, e isso apenas porque pertenciam a uma designação étnica diferente e supostamente oposta. Para tanto, não se valeram de nenhum recurso de tecnologia refinada, mas apenas de porretes e facões. Mulheres e crianças não foram poupadas; homens em casamentos mistos assassinaram suas esposas e vice-versa. A participação da população como um todo foi seu traço mais notável: num assassinato em massa, é em geral o Estado quem se encarrega das mortes – ou melhor, os agentes estatais, uma vez que o Estado é uma abstração incapaz de existir sem aqueles que trabalham para ele. Hatzfeld, correspondente africano do jornal de esquerda *Libération*, da França, foi entrevistar alguns dos criminosos responsáveis poucos anos após o genocídio. Tratava-se de amigos que haviam tomado parte no assassinato (caso não seja esta palavra muito leve para descrevê-lo) de 50 mil dos 59 mil tutsis que habitavam em sua comuna.

Estranhamente, o tempo que haviam passado na prisão lhes tinha conferido certa capacidade de falar, se não com honestidade, ao menos com certo grau de liberdade acerca daquilo que fizeram. Não sei em que medida Hatzfeld, que os entrevistou individualmente e por muito tempo, editou a transcrição das conversas, e também não temos como saber, é claro, o quão representativas suas testemunhas são. De todo modo, o que dizem talvez constitua o que de mais estarrecedor já foi publicado em papel.

Não se vê ali qualquer remorso pelo que cometeram, mas apenas pesar pelo fato de suas ações os terem colocado na situação desagradável em que se encontravam. Eles se compadecem mais de si mesmos do que de suas vítimas ou dos sobreviventes. Tampouco se mostram infelizes na prisão: antes, anseiam por retomar suas vidas desde o ponto em que as haviam deixado, antes do genocídio. É como se não tivesse acontecido (não tivessem feito?) nada de mais. Eles desejavam e esperavam o perdão dos sobreviventes com que voltariam a conviver, uma vez que o ressentimento e a amargura eram emoções inúteis e eles, os criminosos, haviam sido tomados de uma loucura coletiva. Isso, é evidente, em grande parte os isentava de qualquer responsabilidade pessoal.

Durante três meses, aqueles homens se levantaram, tomaram um café da manhã farto, se reuniram e saíram no encalço de seus antigos vizinhos, que haviam fugido para os pântanos da região. Todo aquele que encontrassem era decepado até a morte. Em seguida, ao soar o apito que à noite fazia cessar seu "trabalho" (era assim que encaravam o que faziam), eles voltavam para casa, tomavam um banho rápido, jantavam e socializavam alegremente diante de algumas cervejas. Suas esposas – se não todas, a grande maioria – ficavam contentes porque as propriedades dos tutsi eram exaustivamente saqueadas e distribuídas segundo a eficiência e a crueldade de cada assassino. Uma das coisas mais assombrosas do livro, caso seja possível destacar uma só em particular, está em que muitas das vítimas nem sequer gritavam ao ser capturadas por esses genocidas sanguinolentos. Morriam elas em completo silêncio, como se a fala e a voz humana fossem, ali, totalmente insignificantes, redundantes, fora de propósito. Muitas vezes eu quis saber por que as pessoas se dirigiam para as câmaras de gás em silêncio, sem resistência; todavia, quando se vê o mal humano em estado puro, cometido pelas mesmas pessoas com quem você costumava conviver e que, ao menos metafisicamente, são exatamente iguais a você, não se encontram motivos para lutar pela existência. Talvez a não existência pareça uma opção preferível.

Os assassinos se satisfaziam com seu trabalho, pensando nos telhados de ferro corrugado, no gado e em tudo o mais que "recebiam" por ele. Jamais sua prosperidade foi tão grande quanto durante esse período de massacre e pilhagem. Desacostumados a um consumo muito frequente de carne (os tutsi eram pastores e os hutu, lavradores), eles se empanturravam dela como hienas que haviam acabado de encontrar alguma caça abandonada no mato. Pouquíssimos eram os momentos em que paravam para pensar.

Não nos reconfortemos achando que aqueles eram africanos sem nenhuma sofisticação, destituídos de uma capacidade mental que lhes possibilitasse discernir melhor as coisas – em suma, que eram meros selvagens. Mais uma vez, não sei o quanto Hatzfeld editou aquilo que eles disseram, mas os criminosos entrevistados me parecem mais articulados do que a maioria dos pacientes com que tive de lidar na Grã-Bretanha durante a última década e meia. Com efeito, a linguagem que utilizam chega às vezes a se tornar poética – muito embora a linguagem poética, em circunstâncias assim, não passe de mero eufemismo.

Além do mais, os poucos comentários de sobreviventes – a maioria mulheres – que Hatzfeld insere no texto possuem sofisticação moral e intelectual considerável: decerto não pertencem a primitivos incapazes de refletir e isentos de grande capacidade de raciocínio. Eis o que diz Edith, professora de origem tutsi, sobre a questão do perdão:

> Sei que todos os hutus que cometeram, com tamanha calma, aqueles assassinatos não têm como ser sinceros quando pedem perdão, mesmo quando o fazem ao Senhor [Muitos, hoje, rezam ardorosamente: muito antes do genocídio, os ruandeses foram religiosos fervorosos.] Eu, porém, sinto-me preparada para perdoar. Não se trata de negar o mal que cometeram, de trair os tutsis, de encontrar uma saída fácil. Acontece que não passarei a vida toda sofrendo enquanto me pergunto por que tentaram me cortar. [Cortar é o eufemismo que tanto a vítima quanto o criminoso usam para "matar", uma vez que grande parte do homicídio era realizado com um facão.] Não quero viver dominada pelo remorso e pelo medo porque sou tutsi. Caso não os perdoe, apenas eu vou ficar sofrendo, choramingando, sem dormir... Meu corpo anseia por paz. Preciso encontrar tranquilidade. Tenho de afastar esse medo de mim, ainda que não acredite nas palavras reconfortantes que eles dizem.

Eis, por outro lado, o que diz Francine, agricultora e merceeira tutsi:

> Às vezes, quando estou sentada a sós na varanda, imagino esta possibilidade: num dia muito distante, um homem da região se aproxima de mim e diz: "*Bonjour*, Francine, vim falar com você. Então... Fui eu quem cortou sua mãe e suas irmãzinhas. Quero pedir o seu perdão". Bem, a essa pessoa sou incapaz de dar uma resposta positiva. Perdão pede aquele que se encheu de Primus [cerveja] e depois bateu na esposa. Mas se ele passou um mês inteiro matando, sem descansar nem mesmo aos domingos, pelo que espera ser perdoado? Temos apenas de retomar a vida, pois assim quis o destino... Devemos pegar água juntos novamente, trocar palavras amigáveis, vender cereais uns aos outros. Em vinte, cinquenta anos, talvez haja meninos e meninas que venham a conhecer o genocídio por meio dos livros. Para nós, porém, perdoar é impossível.

Não, não podemos nos reconfortar com o pensamento de que os ruandeses são tão diferentes de nós que suas experiências nada têm a nos ensinar. De fato, Edith e Francine têm mais dignidade, mais articulação, um pensamento mais inteligente, do que a maioria das vítimas do mal em pequena escala que vi saídas de qualquer bairro pobre inglês.

Esse livro penetra mais fundo no coração do mal do que qualquer outro que já pude ler. Seu autor nada alega em relação à obra: mesmo ele ainda se sente mistificado por ela. No entanto, caso você queira saber até onde o homem pode afundar – conhecimento que se afigura importante numa época em que dizem que as coisas estão tão más que não podem piorar, de modo que a prudência não é mais necessária –, leia esse livro. No mínimo, ele colocará suas preocupações em perspectiva.

10. A liberdade e seus dissabores

Quando os nazistas marcharam Viena adentro sob a delirante acolhida da multidão, e não muito antes de a Gestapo o ter escoltado para longe de seus recintos, por assim dizer, Freud pôs duas palavras lapidares em seu diário: *Finis Austriae*. Desde então, é bem verdade que a Áustria não tem figurado com grande destaque (que dirá de maneira positiva) nem mesmo no horizonte mental das pessoas mais instruídas da Europa, quanto mais daquelas que vivem na América do Norte. A despeito de sua grande beleza, de sua herança histórica e artística maravilhosa e da conquista de uma prosperidade imensa e quase universal, uma sombra paira até hoje sobre o país – e pelas razões mais evidentes.

Quando penso na Áustria moderna, eis o que me vem à mente: cenas do filme *O Terceiro Homem*; o escritor Thomas Bernhard, que de tal maneira menosprezou sua terra natal que determinou, em seu testamento, que nenhum de seus livros poderia ser publicado lá; e o diplomata Kurt Waldheim, que teve de ocultar o próprio passado por razões igualmente óbvias. Se forçar a barra, recordo-me também de um artista modernista cujo brilhantismo vinha da originalíssima ideia de cobrir tudo com sangue; e de Elfriede Jellinek, vencedor do prêmio Nobel cuja visão de seu próprio país não foi mais lisonjeira do que aquela de Bernhard. Tudo isso é bastante injusto, não há dúvidas, mas raras são as vezes em que somos justos com relação a algo.

Há não muito tempo, porém, Viena esteve mais uma vez nos noticiários – ou ao menos num dos jornais britânicos. De lá foi noticiado o caso do transexual mais jovem do mundo: outrora Tim, Kim começou a se submeter a um tratamento de mudança de sexo aos doze anos de idade. Ao que parece, Tim (o nome da época) convenceu os médicos de que nascera no corpo errado. A despeito de sua idade, suas palavras foram tomadas à risca.

No mesmo dia em que a matéria saiu, a BBC me telefonou para saber se eu gostaria de comentar o caso no programa *World Service*. Quando me perguntaram o que diria, a primeira coisa que me veio à cabeça foi a probabilidade de os médicos se tornarem vítimas de ações judiciais em algum momento futuro. A busca de indenizações às vezes parece ser o anseio mais elevado do Homem (ou deveria dizer pessoa?) moderno. Afinal, o Homem nasce feliz, mas em toda parte se encontra triste: algum culpado por isso deve existir, e, como bem disse o *jingle* de um anúncio de advogados que certa vez ouvi num táxi: "Lembre-se: onde há culpa, há processo".

Não obstante, não fiquei muito entusiasmado com a possibilidade de participar do programa – e por mais de uma razão. Embora acredite que a concisão seja algo quase celestial e que todos deveriam se expressar com o mínimo de palavras possível, a destilação de respostas, na forma de pequenas frases de efeito, a questões filosóficas difíceis não é algo necessariamente propício a um debate e uma argumentação de qualidade. De modo geral, a BBC não costuma gostar de debates longos, na crença de que seu público possui a capacidade de atenção de... Bem, eu ia dizer um menino de doze anos, mas é evidente, como vimos, que os meninos de doze anos são hoje maduros o bastante para tomar as decisões mais importantes da vida. Certa vez, a emissora me convidou para o que dizia ser "um longo debate" sobre algo que me parecia importante. Quando, porém, questionei o que entendiam por "longo", ouvi como resposta: "Seis minutos". Então, como eu dissesse que seis minutos não me pareciam constituir tempo muito longo, disseram-me que era longo o bastante para eles. Longo, afinal, é um termo relativo. Quando quis saber o número de convidados que tomariam parte nesse longo – praticamente interminável – debate, responderam que seriam três (sem contar o apresentador), o que me deu a entender que o vencedor – deve sempre haver um, afinal – seria aquele que conseguisse gritar mais alto no microfone e utilizar uma voz mais intimidadora. Se T. S. Eliot estivesse vivo hoje, creio que mudaria seu famoso verso para: "O gênero humano não pode suportar tanto debate".

Encontrei, felizmente, uma boa desculpa para não estar no programa, muito embora me pareça um pouco estranho ter sentido a necessidade de dar uma desculpa. De todo modo, havia um jantar agendado para a hora do evento, o que me isentou de qualquer senso de obrigação. O alívio que senti foi quase físico.

Imediatamente, qual um intelectual profissional, comecei a analisar os motivos que estavam por trás disso. A resposta não me era nem lisonjeira, nem reconfortante a respeito de nossa liberdade.

Caso viesse a dizer o que bem achava, sem impedimento algum, acabaria expressando o que, suspeito eu, também acha a vasta maioria das pessoas: que há algo de grotesco, e até mesmo repugnante, nessa ideia de mudança de sexo, quanto mais no caso de meninos de doze anos. Sensação de repugnância não é um argumento moral completo, claro: é necessário algo mais profundo. Ainda assim, a intuição de que determinada ação ou política é um equívoco completo representa o começo, quiçá até o final, da reflexão moral.

Se eu for, porém, bastante sincero, a verdade é que havia certo quê de medo ou pusilanimidade por trás do alívio que senti por não ter de falar ao vivo sobre aquele assunto. Caso o tivesse feito, teria me sentado frente a frente com um defensor do transexualismo (ao menos foi o que me dissera o produtor), e para ser fiel a mim mesmo e minhas convicções precisaria ter dito, diante de um público de milhares – quiçá milhões – de pessoas, que a meu ver o que ele/ela fizera fora algo fundamentalmente egoísta e antissocial. Conhecendo como conheço o formato dos programas de rádio, eu não teria conseguido fundamentar minha opinião, e em geral sou alguém que reluta em ofender gratuitamente outra pessoa – em parte por covardia moral e, em parte, por acreditar que uma ofensa assim é algo mau em si mesmo.

No entanto, eu também sabia que os transexuais formam hoje um grupo de pressão considerável – não, porém, em virtude de sua quantidade, que é insignificante, mas por conta do apoio daquela parcela da *intelligentsia* que vê a dissolução das fronteiras, se não como obra divina propriamente dita, ao menos como obra dos moralmente eleitos. Eles vêm lutando contra as fronteiras há anos.

Bem, mas e daí? Nós não vivemos numa sociedade em que é preciso temer uma batida na porta à meia-noite por ter ido longe demais na expressão de opiniões equivocadas. Ainda assim, os grupos de pressão e seus aliados têm uma forma própria de vingar a manifestação de visões diferentes das suas. Eles conseguem retratar seus opositores como gente irracional e intolerante, uns velhuscos com o cérebro do tamanho de uma ervilha. E a verdade é que provavelmente estão dispostos a colocar, nisso, mais empenho do que aquele que lhes é contrário está disposto a colocar na defesa de sua opinião, uma vez que este último não é, como seus oponentes, alguém monomaníaco ou restrito a uma só questão. O fato é que eu não ligo muito para o transexualismo, e portanto não queria me submeter ao opróbrio público dos bem-pensantes manifestando-me sobre ele. Afinal de contas, o céu não cairá se um menino austríaco de doze anos passar por uma mudança de sexo. Adaptando um pouco o que declarou Adam Smith, há sempre uma boa dose de ruína numa civilização.

Desse modo, notamos como uma mudança social contrária ao que a maioria da população deseja pode ocorrer: não há quem se oponha a ela com grande vigor. Exceto para seus beneficiários, a mudança individual não importa tanto, e o preço que pagamos por nos opormos é alto demais. Precedentes são estabelecidos e, uma vez estabelecidos, seguidos; não há caminho de volta. Os omeletes não podem ser ovos novamente. Ou, para mudar a metáfora, o gênio nunca volta para a lâmpada.

No passado, vinha dos governos a maior ameaça à liberdade de expressão; hoje, é o tipo de pressão social que descrevi acima o que põe em risco o debate. Dei-me conta disso quando escrevi um artigo sobre uma doença chamada síndrome da fadiga crônica, questionando ali – em termos não muito brandos, devo reconhecer – a inabalável opinião daqueles que dela padecem: a de que se trata de uma doença viral, e não psicossocial.

O que eu não tinha percebido então era que aqueles que sofriam de fadiga crônica eram incansavelmente ativos na defesa do modo como viam sua enfermidade, sem admitir qualquer outra possibilidade. Tão logo o artigo veio a público, comecei a receber protestos pelo telefone e pelo correio, muitas vezes em linguagem desagradável e abusiva; meu hospital recebeu telefonemas solicitando minha demissão; até mesmo um ministro do governo foi contatado.

Quando conversei com outros jornalistas que haviam escrito ou falado de maneira semelhante sobre o tema, descobri que o tratamento que eu recebera nas mãos dos cronicamente fatigados fora até brando, talvez em virtude de minha obscuridade e irrelevância. Sofreram de modo particular os jornalistas de televisão, que por muito tempo receberam ligações no meio da noite, enxurradas de insultos, etc. – com frequência, por meses a fio, de modo a terem o sono cronicamente afetado. Não surpreende que jamais tenham desejado tocar no assunto de novo: para eles, afinal, aquele era apenas mais um entre muitos assuntos, enquanto para os protestantes tratava-se do assunto dos assuntos. Mesmo pesquisadores relativamente discretos, que escreveram em termos muito mais reservados, disseram-me que, caso se desviassem o mínimo que fosse da linha proposta pelos cronicamente fatigados, recebiam enxurradas de protestos. Um deles, professor de destaque, afirmou que se sentira quase sitiado.

Desse modo, o argumento passava por falta de oposição e uma única perspectiva era autorizada a adentrar a consciência pública. O que está em jogo não é se os cronicamente fatigados estão certos (é possível que suas opiniões um dia sejam confirmadas), mas se deveriam tentar tolher, dessa maneira, um debate legítimo.

Sejamos francos: poucos nunca sentiram a tentação de calar aqueles tolos e patifes que possuem um pensamento diferente do seu. Afinal, ou eles são estúpidos, ou são maus (ou ambos, é claro). Se os meios de silenciá-los estivessem ao nosso alcance, ficaríamos seriamente tentados a dar-lhes uso.

Quem de nós escuta sem impaciência, ou até mesmo sem ira, os argumentos de nossos oponentes? Se você porventura acha que o aquecimento global é resultado de atividades humanas, consegue tolerar os argumentos claramente tortos daqueles céticos que se encontram a serviço, ou ao menos mentalmente escravizados, pelas multinacionais poluentes? Ou ainda, caso você acredite que tudo o que Al Gore quer é aumentar o poder dos governos, de preferência tendo a si mesmo no comando do maior deles, é possível ouvir, sem nenhum aumento dos batimentos cardíacos e da pressão sanguínea, o que dizem os climatologistas que insistem em que somos nós – nós homens, digo – os responsáveis pela elevação da temperatura global? "Que é a verdade?", disse um zombeteiro Pilatos, que não ficou à espera da resposta.

La Rochefoucauld declarou que, na maioria dos homens, o amor à justiça é tão somente medo de ser injustiçado. Por analogia, o amor à liberdade de expressão não passa, neles, de medo de ser calado. Fossem essas pessoas mais fortes do que são, teriam apenas monólogos, a mais agradável de todas as formas de discurso. Quem de nós jamais tomou parte numa conversa tendo, como principal preocupação, o que falaria em seguida, sem se importar com o que os outros diziam e esperando apenas uma pausa em que fosse possível interpor suas maravilhosas palavras?

A ameaça à liberdade de expressão, portanto, não é inerente apenas aos governos, mas também a nossos corações. E, no mundo moderno, uma ameaça muito singular nos é imposta pelos bem-pensantes monomaníacos que se unem para formar grupos de pressão. Ao declínio da grandiosa ideologia do socialismo, não vimos seguir-se o declínio da ideologia, e sim o advento das microideologias. A ideologia foi dividida em fragmentos e privatizada, por assim dizer, enquanto permanece igualmente ideológica. Além disso, poucos prazeres são maiores do que aqueles que advêm do exercício do poder, sobretudo quando em nome de um bem maior. Ser ao mesmo tempo poderoso e virtuoso: que deleite!

11. Faz o impossível: conhece-te a ti mesmo

Recentemente, estive numa fascinante conferência de neuropsiquiatria. Tenho a impressão de que, hoje, a neurociência é a candidata com mais chances de ocupar a função de resposta putativa, mas ao mesmo tempo ilusória, a todas as questões mais profundas da Humanidade: o lugar do Homem na Natureza, o modo como deveríamos viver... No que consiste a boa vida, ao menos no mundo ocidental?

O fato de não haver resposta definitiva a essas questões não significa que deixamos de levantá-las. Alguns filósofos defenderam que uma questão em princípio irrespondível não é uma questão de fato, mas o equivalente filosófico da verbigeração, sintoma que leva alguns lunáticos a pronunciarem sons que se assemelham a palavras, mas não correspondem a idioma nenhum. A mim, porém, isso parece evasivo, uma espécie de pensamento mágico de alta classe, no qual a pessoa acredita que determinada situação pode ser suscitada apenas pelo desejo de suscitá-la.

Uma tentação equivalente e contrária está em acreditar que as questões já foram todas respondidas, ao menos em princípio – ou seja: tudo já foi solucionado, exceto os detalhes. Freudianos e marxistas, por exemplo, creram um dia saber não somente o que havia dado errado na existência humana, mas também o modo de retificá-lo. Eles acreditavam nisso porque julgavam possuir uma explicação e uma descrição completa e suficiente do Homem, o que evidentemente lhes conferia, ao menos na avaliação que faziam de si mesmos, enorme vantagem sobre a grande massa da Humanidade que não era nem marxista, nem freudiana. Eles tinham visto a luz tão claramente quanto qualquer evangélico, e são poucos os estados mentais mais agradáveis do que a ciência de possuir um entendimento superior ao da grande massa de semelhantes.

Não terá escapado à atenção do observador que o marxismo e o freudismo têm se desgastado um pouco nos últimos tempos e que seus adeptos foram reduzidos a membros recalcitrantes de seitas cada vez mais acossadas. Ao mesmo tempo, a atração exercida por visões abrangentes que não apenas explicam quem somos, mas também ditam como devemos viver, continua tão forte quanto antes. Alguns dos neurocientistas que ouvi na conferência deram a entender que nossa autocompreensão estava prestes a sofrer um grande avanço; que, graças à neuroimagiologia, à neuroquímica, à neurogenética e tudo o mais, o Homem, o orgulhoso Homem, não mais será um enigma para si mesmo. O coração de todos os nossos mistérios seria arrancado inteiramente, por assim dizer. Compreender tudo, portanto, não será tanto uma questão de perdoar tudo, mas de controlá-lo – sobretudo nossos hábitos ruins.

Por favor, não fiquem achando que nego o estupendo progresso por que passaram as ciências neurológicas nos últimos anos. O progresso foi de fato tão rápido que, hoje, nomes importantes de vários campos falam do final da década de 1990 como uma era de antiguidade pré-histórica e ignorância, do mesmo modo como aqueles do final da década de 1990 costumavam falar do final dos anos 1980.

Durante a conferência, presenciei uma das melhores palestras que já ouvi na vida, ministrada por um professor do Salpêtrière, em Paris. (Esse hospital possui, é claro, uma das mais ilustres histórias do mundo no campo da neurologia.) O professor não apenas se expressou com brilhantismo, inteligência, conhecimento e encanto, mas também exibiu vídeos que traziam o antes e o depois de pacientes submetidos a cirurgias para o tratamento de uma série de enfermidades – desde a doença de Parkinson até a síndrome de Gilles de la Tourette. Foi difícil não sucumbir, ali, a uma espécie de euforia causada pela crença em que enfim havíamos passado a compreender, ao menos em princípio, o que era ser humano. Isso seria reforçado ainda mais por alguns estudos de neuroimagiologia que mostravam as áreas do cérebro que se ativavam quando um homem apaixonado via sua amada – a base neurológica do amor romântico, por assim dizer. Para a decepção dos românticos, as partes do cérebro que se ativam quando do encontro são primitivas do ponto de vista evolutivo, estando igualmente presentes no pombo e no lagarto.

Homem culto que era, porém, o professor do Salpêtrière se mostrou relativamente circunspecto ao avaliar o significado mais abrangente de seu trabalho. As operações por ele descritas foram executadas em pessoas com patologias macroscópicas e relativamente distintas, gente cuja anormalidade era muitíssimo saliente. Com efeito, apesar de todo o encanto dos meios empregados, a extensão do que sabemos sobre os alicerces a partir dos quais as operações foram realizadas não era de uma ordem de magnitude maior do que os avanços anteriores; tampouco se tratava de um tipo de conhecimento diferente daquele que há muito já possuíamos.

Ainda assim, muitos participantes deram a entender que, com o crescimento exponencial da pesquisa neurocientífica, viríamos a compreender a nós mesmos de forma jamais vista por qualquer ser humano do passado. Confesso que, ao escutar isso, lembrava-me a todo momento daquele velho provérbio sobre o Brasil, segundo o qual ele é, e sempre será, o país do futuro.

No final da conferência, um renomado professor de filosofia foi chamado para confirmar que, graças às ciências neurológicas, a autocompreensão do homem logo avançaria a passos largos. Tratava-se de alguém com grande erudição, que falou fluentemente, sem quaisquer anotações, e revelou inteligência enorme e encantadora. Disse que o Homem, no passado, já acreditara compreender-se a si mesmo, mas que dessa vez seria verdade.

Ele era tão convincente e tão fluente que me foi impossível não lembrar o modo como Michael Oakeshott, velho professor de filosofia política da London School of Economics e maior pensador conservador de seu tempo, apresentou Isaiah Berlin quando Berlin foi palestrar na LSE. Isaiah Berlin, declarou ele, era o Paganini do púlpito. Esse é o melhor insulto--elogio que conheço, só ameaçado pelo comentário que Disraeli teceu quando, após um banquete público verdadeiramente terrível, o champanhe foi servido. Graças a Deus, disse: enfim algo quente.

Duas perguntas importantes me vieram à mente durante a conferência de neuropsiquiatria: seria possível algum autoentendimento científico? E, caso fosse, seria ele desejável? Para ambas, minha resposta foi, e continua sendo, não.

Em primeiro lugar, parece-me difícil sequer conceber o que seria um autoentendimento científico. Meus pacientes com frequência me perguntavam: "Doutor, por que sou assim?"; ou ainda: "Por que faço as coisas que faço?". Às vezes eu pedia que me dissessem o que, segundo eles, seria uma explicação adequada e satisfatória, e ninguém (incluindo os mais inteligentes e instruídos) jamais foi capaz de me responder.

Os alcoólatras, por exemplo, vinham me perguntar por que bebiam. Eu lhes oferecia uma série de explicações que não necessariamente excluíam umas às outras, inclusive a referente ao preço das bebidas. Se o preço cai, o consumo da população com um todo sobe, fazendo com que a distribuição normal da curva de consumo se desloque para a direita, com um número desproporcional de pessoas sendo incluído na categoria de bebedores problemáticos. Noutras palavras, mais da metade dos alcoólatras bebe porque o preço das bebidas é baixo demais.

Talvez não surpreenda os leitores descobrir que tal explicação, embora estatisticamente sensata, não satisfazia meus pacientes; por que então, questionavam eles, qualquer que fosse o preço das bebidas, alguns bebiam e outros, não? Mesmo quando os preços estão altos, alguns se tornam alcoólatras; e, mesmo quando baixos, a maioria não o faz.

Bem, há um componente genético, é claro. Pessoas com histórico de alcoolismo na família são mais propensas a exagerar na bebida. Essa é uma consequência genética genuína, tal qual revelada por estudos feitos com gêmeos (gêmeos idênticos têm mais chances de apresentar padrões semelhantes de consumo de álcool do que os que não o são). Mesmo, porém, no caso dos gêmeos idênticos, é muito mais frequente haver padrões distintos de consumo de álcool do que padrões semelhantes.

A verdade é que, independentemente de quantos fatores analisar, você não conseguirá explicar à exaustão comportamento nenhum, ainda que se trate de um comportamento relativamente simples. E, se não consegue explicar um comportamento relativamente simples, como explicará a imensa variedade – a variedade infinita – do comportamento humano? Como daremos conta da variedade e originalidade infindas da expressão humana, por exemplo? (É extremamente improvável que a frase anterior – ou mesmo esta, aliás – já tenha sido escrita antes.) Como formular uma lei universal que explique um número infinito de acontecimentos únicos, dotados de sentido e intencionalidade? Foi nesse ponto que o programa do behaviorismo, que prometia (embora todos hoje pareçam esquecê-lo, mesmo tendo passado tão pouco tempo) uma explicação completa e suficiente do comportamento humano, fracassou.

Um neurocientista talvez responda que não está tentando elaborar nenhuma teoria que explique tudo em detalhes, mas apenas de modo genérico – isto é, algo que explique as generalidades importantes e significativas do pensamento, dos sentimentos e da conduta do homem. No entanto, segundo uma perspectiva puramente científica ou naturalista, não há nada que seja mais ou menos importante do que as outras coisas, ao menos no sentido em que as palavras estão sendo empregadas aqui. Num universo desprovido de intencionalidade, um vulcão não é mais importante do que a morte de um besouro ou a explosão de uma estrela. Nada é importante ou significativo se o pensamento consciente assim não o determinar – o mesmo tipo de pensamento, ademais, que emprega categorias morais inerentemente inaturais.

O que as pessoas julgam importante varia de acordo com seus interesses. Na literatura de imaginação, por exemplo, alguns autores adotam como tema os grandes acontecimentos da história, enquanto outros preferem as oscilações do estado emocional de uma pessoa só. (Somente os maiores, como Shakespeare, utilizaram com sucesso os dois ao mesmo tempo.) Não há como decidir que abordagem é correta ou melhor, embora eu tenha lá minhas preferências.

Os que dizem estarmos às vésperas de um grande aumento de nosso autoentendimento estão dizendo, no fundo, que a iluminação será repentinamente lograda sob uma árvore de Bodhi científica. Essa iluminação terá de ser repentina porque, se gradual, deveríamos já vislumbrar certo aumento na alegria e no autocontrole humanos, suscitado pelo conhecimento já elevado que possuímos. Porém, mesmo as sociedades mais avançadas encontram-se tão repletas quanto antes de angústia, do mau controle dos impulsos, de perplexidade existencial, de adesões a doutrinas claramente irracionais. Não há indícios de que, a despeito do Prozac e da neurocirurgia, algo venha a mudar de maneira fundamental.

Noutras palavras, acho que a vida continuará a nos desconcertar na medida em que formos seres autoconscientes, pensantes e sensíveis.

Permitam-me retornar brevemente à questão de se um autoentendimento completo, caso possível, seria também desejável.

Ele acarretaria a capacidade não somente de explicar, mas também de monitorar e predizer, todo e qualquer pensamento humano. Em teoria, seria possível (necessário, na verdade) empregarmos determinado utensílio que permitisse o acesso aos pensamentos de todos. Por exemplo, eu teria um escâner que, voltado para a sua direção, dar-me-ia acesso a pensamentos que você não conseguiria me esconder. Você, é claro, também teria um escâner assim, podendo então ter acesso ao que eu penso.

Talvez vocês objetem que, embora um aparelho assim seja possível, não estaria disponível a todos. No entanto, é motivo de controvérsia se tal instrumento teria consequências piores se estivesse disponível apenas a alguns. O certo é que, se nosso autoentendimento chegasse ao ponto em que tal dispositivo se fizesse possível, a vida se tornaria um inferno.

Na minha opinião, o grande filósofo David Hume compreendeu bem por que o autoentendimento humano está para sempre fora de nosso alcance. Não é nenhuma coincidência que ele sempre tenha se expressado com ironia, uma vez que a mais profunda das ironias possíveis jaz na existência de uma criatura – o Homem – que está sempre em busca de algo que se encontra além de seu entendimento.

Hume foi, de uma só vez, uma figura do iluminismo e do anti-iluminismo. Ele percebeu que a razão e a atenção aos indícios são tudo o que o homem racional tem, mas que elas também serão eternamente insuficientes para o Homem no estado em que o Homem se encontra. Em suma, não pode existir algo como um Homem inteiramente racional. A razão, disse Hume, é escrava das paixões; além disso, nenhuma declaração de valor se segue logicamente da declaração de um fato. Só que não podemos viver sem valorações.

Por conseguinte, o autoentendimento não está às nossas portas e nunca estará. Jamais haveremos de unir, à perfeição, conhecimento e ação. Ao que acrescento, sem qualquer sentido religioso: graças a Deus.

12. A virtude da liberdade

Alguns anos atrás, antes de Anthony Blair tornar-se primeiro-ministro das ignorantes ilhas donde agora escrevo, certo jornal tomou conhecimento de que há quase trinta anos eu não possuía televisão. Não estaria eu disposto, perguntaram-me, a assistir TV por uma semana e revelar aos leitores minha opinião? O jornal disse que poderia me dar o aparelho.

Concordei, mas sob uma condição: no final da semana, o jornal levaria a televisão de volta. O editor achou a condição estranha, mas topou.

A televisão chegou como o combinado e eu a liguei. O primeiro programa que vi depois de um intervalo de trinta anos foi um daqueles espetáculos americanos em que certos indivíduos e famílias expõem sua patologia social ao olhar ocioso de milhões de telespectadores. Uma mulher de meia-idade e de classe média baixa reclamava da conduta de suas três filhas, com idades (se bem me recordo) de doze, treze e catorze anos. Elas haviam saído de casa e, ao menos segundo a mãe, não passavam hoje de prostitutas drogadas.

Nesse ponto da narração, o apresentador do programa interveio, anunciou que as filhas se encontravam no estúdio e pediu que a plateia lhes desse uma calorosa acolhida. Do alto de seus doze, treze e catorze anos, aquelas três prostitutas drogadas desceram a escadaria do estúdio ligeiramente, sob uma chuva de aplausos que as fazia parecer heroínas triunfantes.

Confesso que fiquei paralisado diante daquilo. Tratava-se de algo ao mesmo tempo terrível e fascinante – como uma cascavel. Logo, eu descobriria que esses *reality shows* (eles refletem a realidade ou lhe dão forma?) possuem olheiros – minha consciência não me permite chamá-los de caça-talentos – em toda parte, até mesmo em regiões remotas do planeta, como aquela em que calhei praticar a medicina.

Bem perto de meu hospital, morava um homem conhecido por suas bebedeiras, prática que lhe havia trazido uma série de crises médicas. No leito, ele nada mais parecia do que uma baleia encalhada. Certo dia, fui chamado à sua residência porque me disseram que estava morrendo. Fui até lá o mais rápido possível, mas apenas para que uma de suas filhas me mandasse dar o fora, declarando que não precisavam mais de mim. Aparentemente, nesse ínterim ele havia se restabelecido.

Aquele homem tinha três filhas de compleições tão cetáceas quanto a dele. De algum modo, um *reality show* dos Estados Unidos descobrira que as três haviam tido filhos do mesmo homem, não obstante a aparente impossibilidade física. Graças a esse feito tremendo, as mães e o pai receberam uma quantia considerável para se exibir – qual aberrações – no programa, sem dúvida encorajando outros a ir e fazer o mesmo.

Pouco tempo depois, minha esposa e eu calhamos de assistir à entrevista feita por um comediantezinho peculiarmente bobo com um homem chamado Tony Blair. Não o conhecíamos. O que ele disse foi tão trivial e medíocre, sua participação no programa foi tão humilhante, que achamos se tratar de alguém que imitava o célebre político de mesmo nome, e não o homem propriamente dito. Somente depois é que descobrimos que aquele não era um mero ator, e sim o futuro líder de nosso país. Não ficamos nada confiantes.

Talvez se possa dizer que, em tempos vulgares, os políticos devem consentir humilhações para ser eleitos; nesse caso, não surpreende que a todo momento elejamos uns insignificantes conhecidos apenas por sua ambição e por fazer de tudo pelo cargo. Infelizmente, mediocridade e ambição muitas vezes se unem a um autoapreço desmedido, e não há exemplo melhor disso do que Anthony Blair.

Nos Estados Unidos, não se sabe o quão feroz e inveterada é a oposição do sr. Blair à liberdade. Talvez o maior perigo dele esteja no fato de ele mesmo o desconhecer: Blair se julga, antes, um guardião da liberdade, talvez o maior que existe no mundo. No entanto, em dez anos seu governo criou três mil delitos criminais novos (isto é, mais de um por dia útil), quando no fundo o problema da Grã-Bretanha não era a falta de leis, e sim ausência de quem fizesse valer as que tínhamos. A legislação de hoje é tão desnecessariamente complexa – com tantas leis e regulações promulgadas por semana, por dia, por hora, sem qualquer vigilância parlamentar, isto é, por meio de decretos administrativos que mais conviriam a uma ditadura – que os próprios advogados se sentem oprimidos e não as compreendem. Não poderia haver receita melhor para o desenvolvimento de um Estado policial.

Não fosse o fato de ele não ter ciência alguma disso e de a ideia de um fascista inconsciente ser ridícula, seria quase correto chamar o sr. Blair de fascista. A ênfase por ele dada à juventude como fonte de toda sabedoria e toda força faz lembrar Mussolini (hoje, depois de ter envelhecido bastante, ele já não é tão enfático nesse ponto); a ideia da Terceira Via (algo que não seria nem capitalismo, nem comunismo) possui nuances claramente fascistas, remetendo àquele grandiosíssimo filósofo político chamado Juan Domingo Perón; e, certa vez, ele declarou que o Partido Trabalhista, do qual é líder, seria "o braço político do povo britânico", o que não é nem um pouco reconfortante para os 75% da população adulta que não votou nele quando da última eleição. (Esse fato crucial, a propósito, jamais se impôs muito à sua consciência. Tampouco o fez hesitar e questionar se, com base num apoio tão baixo, ele teria autoridade moral para transformar a sociedade do modo como lhe apraz.)

Não estou querendo dizer, é claro, que a Grã-Bretanha é exatamente igual à Itália de Mussolini; a história não se repete de modo tão simples. No entanto, a vigilância do povo britânico está hoje entre as mais completas que já se viu em qualquer população. O bretão médio, por exemplo, é fotografado trezentas vezes por dia ao levar sua existência normal e monótona adiante. A Grã-Bretanha detém uma espantosa parcela de todas as câmeras de circuito interno em operação no mundo – algo como um terço delas. Hoje, nós vivemos num Estado de segurança. As alas dos hospitais públicos ficam trancadas, e naquele em que trabalhei era impossível sequer entrar nos toaletes sem saber um código secreto. O governo destinou dezenas de bilhões a projetos loucos, cujo objetivo era recolher informações de todos nós por meio eletrônico – para o nosso bem, diziam, quer gostemos ou não. Graças a Deus, nenhum desses projetos funcionou ou funcionaria, fazendo com que os gastos mais pareçam um gerenciamento corrupto de fundos em favor das empresas de TI por que o governo tem predileção. De todo modo, as propostas mesmas revelavam muito sobre a atitude do governo com relação à liberdade, fossem elas factíveis ou não.

A última proposta louca – e extremamente má, perversa, totalitária – a sair das mãos do sr. Blair pede que se examine toda e qualquer criança britânica, antes de seu desenvolvimento, em busca de tendências criminais. Uma vez descobertos os estigmas estatísticos, o pequeno será entregue a especialistas que realizarão suas "intervenções" a fim de impedir criminações futuras. O Estado, em suma, retificará os danos causados pela estrutura social que, nas últimas décadas, ele mesmo fomentou e encorajou de maneira assídua. Tudo isso pareceria ridículo não fosse o fato de o sr. Blair e seu governo o levarem a sério. O sr. Blair está sempre à procura de novos mundos – não, porém, de novos mundos a ser conquistados, mas de novos mundos em que possa meter seu nariz e levá-los à ruína (ou ao menos arruiná-los ainda mais).

Como podemos explicar o evidente assalto à liberdade que se desdobra na Grã-Bretanha? Não acho que nenhum projeto de grande alcance venha sendo elaborado; não há uma conspiração elaborada por homens malvados que se reúnem ao redor de uma mesa na calada da noite.

A realidade é muito pior do que isso – e também muito mais sinistra, dada a dificuldade de nos opormos a ela. Um grupinho de homens maus poderia, ao menos em princípio, ser combatido e derrotado. O sr. Blair e seus acólitos, porém, não são homens maus no sentido de que realizam atos que sabem ruins: eles são hábeis demais no autoengano para lograrem algo do gênero. Eles conseguem se apresentar (não sem um fundo de verdade) como se motivados pelo desejo de fazer o bem. Desse modo, turvam as águas até que as águas não fiquem sequer translúcidas, quanto mais transparentes.

Ainda assim, o sr. Blair e seus acólitos entendem de maneira visceral, quiçá até consciente, que os problemas sociais graves são o *locus standi* que lhes cabe em seu ímpeto rumo ao controle pleno da população. Quando em escala suficientemente grande, os problemas sociais geram duas classes de dependentes: os que dependem do governo em virtude do próprio comportamento e os que são empregados pelo governo a fim de aliviar as inevitáveis consequências que esse comportamento traz. Noutras palavras, cria-se um interesse enorme na continuidade do comportamento que dá origem aos problemas sociais.

É por isso que um governo como o do sr. Blair parece muito ativo na solução dos problemas (por exemplo, do problema da falência educacional que hoje prevalece na Grã-Bretanha), mas raras vezes aparenta conseguir algo. De fato, no âmbito da história humana, nunca houve tão poucas conquistas com tão grandes despesas. As soluções que são sempre propostas praticamente não passam de projetos de criação de emprego para o número cada vez maior de graduados em áreas inúteis. Se, nesse ínterim, essas soluções trouxerem consequências destrutivas para nossas liberdades... bem, que seja.

O tipo de estrutura social do qual surge a maioria dos delinquentes infantis na Grã-Bretanha é hoje bem conhecido e seria intuitivamente óbvio a qualquer um que passasse um ou dois dias andando por alguma cidade britânica. Quase não é preciso recitar as características dessa estrutura (ou melhor, dessa falta de estrutura), ao menos no plano doméstico: lares cujos membros se alteram constantemente, no qual não há estabilidade alguma, no qual as gratificações do momento, como o consumo de bebidas em excesso e o uso de drogas, são o sumo e único bem, etc.

Ainda assim, o governo se recusa a dar o mais ínfimo passo para estimular lares estáveis nos estratos mais vulneráveis da sociedade. Muito pelo contrário: ele não reconhecerá nem mesmo as verdades mais óbvias acerca da estrutura social que suas políticas fomentaram. Isso se dá porque, se assim o fizesse e tomasse, como resultado, as medidas mais adequadas para solucionar os problemas, o tamanho e a importância do governo teriam de se reduzir, e não aumentar. Pelos megalomaníacos, isso jamais seria aceito.

O assalto à liberdade na Grã-Bretanha, realizado em nome do bem-estar social, ilustra algo que os pais fundadores dos Estados Unidos compreendiam bem, mas que não é muito agradável ao temperamento de nosso tempo: o fato de que, a longo prazo, somente a população que busca a virtude (e tem, nisso, ao menos certo grau de sucesso) conseguirá conservar a própria liberdade. Uma nação cujos membros preferem ter como norte o vício em vez da virtude não permanecerá livre por muito tempo, uma vez que precisará ser resgatada das consequências que seus próprios vícios trazem.

Não faz muito tempo que a maioria dos britânicos – não todos, é claro – achava que a virtude estava intensamente concentrada na conduta individual, sem importar se o indivíduo era rico ou pobre. Em geral, as pessoas não acreditavam que a pobreza pudesse isentá-las de muita coisa. Uma das consequências destrutivas da difusão das formas sociológicas de pensamento está em que ela deslocou dos indivíduos para as estruturas sociais a noção de virtude; ao fazê-lo, tornou a busca pessoal da virtude (em oposição à felicidade) não somente desnecessária, mas também ridícula e até mesmo má, na medida em que desvia a atenção da verdadeira tarefa em questão: a de criar a sociedade perfeita – tão perfeita que ninguém, como disse T. S. Eliot, precisaria ser bom.

É nesse tipo de sociedade que o sr. Blair e seus acólitos acreditam. Por uma feliz coincidência, eles também acreditam que são precisamente os escolhidos para suscitá-la. Se isso significa que o poder deve ser colocado em suas mãos e nas mãos do vasto aparato que gerenciam, que toda criança deve ser examinada em busca de tendências criminais e entregue, em seguida, a psicólogos, assistentes sociais, agentes da condicional, advogados, psiquiatras, etc., tudo às custas da liberdade... Bem, esse é um preço que vale a pena pagar – tanto para aqueles que o pagam quanto para os que não.

13. Não há Deus senão a política

Durante minha juventude (na qual incluo o início de minha vida adulta), eu li muita filosofia. Naquela época, eu pegava livros de metafísica com um entusiasmo que hoje não consigo recuperar e que me deixa completamente desconcertado – parece-me, na verdade, até um pouco ridículo. Não sei ainda dizer, porém, se desperdicei ou não o meu tempo. Afinal, eu era aluno de medicina, e não alguém que se preparava para ser intelectual. Duvido que a filosofia me tenha tornado uma pessoa melhor – quanto mais um médico melhor –, mas creio ser possível que tenha feito de mim um escritor mais qualificado, o que está longe de ser a mesma coisa.

Naqueles dias, a União Soviética assomava à imaginação de todos. Tratava-se do rufião nas escadas da civilização ocidental, uma presença avultante ao leste. Isso significava que, para todo aquele que desejasse entender o mundo, parecia necessário mergulhar no marxismo (na verdade, era mais importante ler a história da *intelligentsia* russa desde o tempo de Nicolau I do que ler Marx), em cujos princípios a União Soviética se dizia fundamentar.

Os autores marxistas não se notabilizavam por sua clareza ou pela elegância de sua exposição. Com efeito, a clareza era por eles desprezada, dado ser inerentemente difícil entender e, portanto, expressar a natureza dialética do mundo. Para os marxistas, clareza equivalia a simplificação ou – o que era ainda pior – vulgarização. Ela era a criada da falsa consciência que impedia os trabalhadores de ser revolucionários.

Como no caso da filosofia, não sei bem se meus esforços para compreender o marxismo me fizeram desperdiçar um tempo que poderia ter sido mais bem empregado. De todo modo, quando a União Soviética, a despeito de meu empenho para entender o marxismo, entrou em colapso, eu pensei comigo mesmo: "Bem, ao menos não precisarei encarar alguma bobagem ideológica de novo para entender o que anda acontecendo".

Como me enganei! Num piscar de olhos, estava eu lendo sobre o islamismo. O tema é de enorme interesse para os estudiosos, sem dúvida, uma vez que nada que é humano lhes deixa de interessar; além disso, o islamismo foi base de grandes civilizações do passado. Ainda assim, não se tratava (em minha opinião) de um tema que valesse a pena estudar em virtude de alguma verdade interna ou nova que eu pudesse vir a conhecer. Não: eu me peguei lendo sobre o islamismo porque, de repente, ele surgira como o próximo candidato ao totalitarismo.

Durante minhas leituras, eu me pegava oscilando como um pêndulo, ora tomando o islamismo como ameaça seríssima, ora não lhe conferindo seriedade nenhuma. As razões para levá-lo a sério vinham do fato de uma grande parcela da humanidade ser muçulmana; de uma minoria agressiva e violenta ter surgido no seio dessa população com uma aprovação aparentemente grande, embora em grande medida passiva; e de a liderança dos países ocidentais ser demasiadamente fraca e vacilante diante deste, ou de qualquer outro, desafio. Os motivos para não tomá-lo com seriedade vinham de que, no mundo moderno, o islamismo era intelectualmente insignificante; de que a desproporção entre o poder do resto do mundo e o poder do mundo islâmico parecia antes crescer do que diminuir; e de que, por trás de toda a petulância a respeito da posse da verdade única, universal e divinamente ordenada, havia certa angústia quanto à possibilidade de todo o edifício do islamismo, embora forte, ser também extremamente frágil, o que explicava por que a livre investigação era tão limitada nos países islâmicos. Havia uma ciência subliminar – nem sempre subliminar, talvez – de que um debate filosófico e histórico livre poderia solapar de maneira rápida e fatal o controle do islamismo sobre várias sociedades. O fundamentalismo, portanto, era antes uma manifestação de fraqueza do que de força.

Recentemente, andei lendo um dos livros mais conhecidos de Sayyid Qutb: *Marcos*. Uma vez que não falo árabe, tive de confiar, é claro, na precisão da tradução. Qutb, que em 1966 foi enforcado por Nasser, nacionalista secularizador, por supostamente tramar a queda do governo, foi um dos pensadores muçulmanos mais influentes do século XX. Não foi islâmico desde o princípio, mas tornou-se um, em parte, como resposta ao período que passara nos Estados Unidos. Qutb ficou alarmado com a frouxidão moral que viu ali (embora tivesse ido numa época que os conservadores morais de hoje julgam ter sido um período de moderação considerável e até mesmo exemplar, ao menos se comparado com a atmosfera moral corrente). Ele era um homem culto; estava longe de ser ignorante. Não negava, por exemplo, a contribuição que a Europa (e os Estados Unidos, que segundo ele era parte do continente europeu) fizera. Ao falar do Renascimento e de um passado recente, declarou:

> Foi essa a era durante a qual o gênio europeu produziu suas obras maravilhosas na ciência, na cultura, no direito e na produção de bens, graças às quais a humanidade logrou altos níveis de criatividade e conforto material.

Ele não esperava que o mundo muçulmano se igualasse tão cedo ao europeu no que dizia respeito à riqueza ou ao poder, mas isso não o preocupava. Como muitos intelectuais de sociedades materialmente atrasadas – ao menos se comparadas a outras muito ricas e mais avançadas –, ele se reconfortava com a superioridade espiritual da sua, ao menos em potencial. (Na realidade, Qutb era também altamente crítico ao falar das chamadas sociedades muçulmanas, por ele censuradas por não serem islâmicas o suficiente e por buscarem o falso deus da ocidentalização.)

Curiosamente, porém, o pensamento de Qutb possui muitos pontos com correspondentes no marxismo. Ali onde Marx coloca a Inevitabilidade Histórica, Qutb põe a Lei de Deus. Marx, como vocês se lembram, concebe uma época em que o Estado definhará e a história terá fim. Segundo ele, o poder político terá se dissolvido e a exploração do homem pelo homem conhecerá seu termo, sendo substituídos pela mera administração das coisas. (Como alguém minimamente inteligente pôde acreditar nisso é algo que me deixa estupefato.) Na visão de Qutb, todo poder político será dissolvido e substituído pela obediência espontânea do homem à lei de Deus. Do mesmo modo como a administração das coisas não conferirá, na utopia de Marx, poder nenhum aos administradores – afinal, tudo aparentemente será tão pleno que ninguém se sentirá tentado a ter mais do que o próximo –, também na utopia de Qutb ninguém precisará interpretar a lei e ganhar, por meio disso, poder. A lei divina será ali tão evidente quanto serão abundantes as coisas na sociedade sem classes de Marx.

Tanto em Marx quanto em Qutb, está expressa a ideia de que, sob a nova ordem das coisas, o homem se tornará mais humano e menos animal. No que me diz respeito, sempre achei que esse tipo de pensamento era um insulto espantosamente arrogante àqueles que vieram antes: a humanidade precisa mesmo esperar por Marx e Qutb para se tornar verdadeiramente humana?

Marx compreendeu que a sociedade sem classes não viria apenas pela pregação do socialismo, como se fosse mera exigência ou teoria ética. Seria necessária a violência. Do mesmo modo, Qutb nega que o mundo se tornará islâmico pela mera pregação da palavra de Deus. Ele se refere ao período de Maomé em Meca, quando o Profeta não recorreu a armas. Tratava-se, diz, de um passo meramente tático: na prática seria impossível impor seu governo pela força. Quando em Medina, porém, Maomé não hesitou em combater seus inimigos, incluindo aqueles que apenas não aceitavam sua mensagem.

Se Marx afirma que o confronto entre proletariado e burguesia é inevitável, conduzindo ao triunfo daquele e ao subsequente estabelecimento de uma sociedade sem classes, Qutb acredita que um confronto entre crentes e infiéis é inevitável e conduzirá à vitória do islamismo, que assim eliminará todo e qualquer conflito religioso. Abaixo, seria Marx ou Qutb falando?

> [Há] uma luta natural entre dois sistemas que não podem coexistir por muito tempo.

O trecho é de Qutb, mas poderia muito bem ter sido retirado dos escritos de milhares de seguidores de Marx – quiçá até de Marx mesmo –, incluindo Mao Tsé-Tung.

A imposição violenta de uma sociedade socialista e islâmica é justificada da mesma maneira em Marx e em Qutb: se as pessoas fossem de fato livres, isto é, se não padecessem nem de uma falsa consciência, nem da *jahiliyyah* (a ignorância da orientação divina), não apenas aceitariam o Estado socialista ou islâmico sem objeções, mas também o fariam com alegria, uma vez que ele teria sido livremente escolhido para seu próprio bem. Tanto em Marx quanto em Qutb, a verdadeira liberdade está no reconhecimento da necessidade. Tudo o que impede as pessoas de contemplar a veracidade da mensagem de ambos se opõe a uma liberdade que não é meramente aparente, mas real.

Há muito pouco no livro de Qutb que seja espiritual propriamente dito: trata-se antes de um manifesto político do que de um manifesto religioso. E, a exemplo de Marx, ele insiste em que o islamismo não consiste tanto num corpo de doutrinas, teorias ou fatos, mas num método. Sua concepção se assemelha extraordinariamente à ideia marxista da práxis, de uma relação dialética entre teoria e prática. Eis o que ele diz sobre a sociedade islâmica que há de vir:

> Somente quando tal sociedade nascer, deparar-se com uma série de problemas práticos e necessitar de um sistema de leis é que o islamismo encetará a constituição e as restrições, as normas e regulamentações.

A todo momento ele insiste, como Marx, que o islamismo não é uma doutrina, mas a unificação de teoria e prática.

Qutb insiste em que o triunfo islâmico é a única forma de abolir o que chamou de senhorio do homem sobre o homem, do mesmo modo como Marx e os marxistas insistem em que está no triunfo do marxismo a única forma de dar fim à exploração do homem pelo homem.

Marx apregoava que o homem um dia experimentara um estado de comunismo primitivo que veio a ser interrompido quando da divisão do trabalho. Qutb acha (de modo muito menos desculpável ou plausível) que as primeiras gerações posteriores a Maomé viveram numa sociedade islâmica de funcionamento perfeito. Ele não se pergunta, ao menos não no livro em questão, por que três dos quatro califas retamente orientados acabaram assassinados de maneira brutal. Essa é, no mínimo, uma espécie muito estranha de perfeição. Contudo, assim como a divisão do trabalho chegara para macular o comunismo primitivo, também a filosofia grega chegara, junto com outras inovações, para macular a sociedade islâmica perfeita. Por que a perfeição sucumbiria às influências externas – a perfeição seria tão imperfeita assim? – é outra questão que Qutb não levanta.

Ao longo de seu livro, é possível notar sua cólera. Do mesmo modo como Marx expressa admiração pela obra que a burguesia lograra no passado, também Qutb enaltece a Europa. Ambos, no entanto, estão repletos de ódio. É claro: Qutb se declararia um instrumento humilde de Deus, responsável por manifestar os desígnios divinos para a humanidade, do mesmo modo como Marx se declararia mero porta-voz da inevitabilidade histórica. Porém, nem tudo é humildade no que se diz humilde. O autoconhecimento e o autoexame estão tão ausentes do projeto de Qutb quanto do projeto de Marx.

O livro de Qutb tem obsessão pela conquista do poder político e social. Seu conteúdo espiritual é muito escasso. Diz o autor:

> Claro está, portanto, que uma comunidade muçulmana não se formará nem continuará a existir sem que logre poder suficiente para enfrentar a sociedade *jahili* existente.

Somente o triunfo completo do islamismo (no sentido que Qutb lhe dá) trará paz ao mundo, assim como todo conflito humano cessará quando realizada a sociedade sem classes pelo triunfo derradeiro do proletariado.

O único aspecto religioso do pensamento de Qutb vem da crença em que o Corão é a palavra imediata de Deus – crença essa que ele não justifica porque é incapaz de fazê-lo. Para Qutb, a vontade divina é incontestavelmente conhecida sem a necessidade de interpretação nenhuma, e ele na realidade a conhece. Por conseguinte, não é difícil perceber que, em nome da destruição de toda autoridade política e do senhorio do homem sobre o homem, perpetrada em obediência à vontade de Deus, Qutb acha que lhe conviria ser um ditador pleno e está tão obcecado pelo aqui e pelo agora quanto qualquer marxista.

É aquela velha história: como bem disse Dostoiévski, ao partirmos de uma liberdade ilimitada, acabamos no despotismo completo.

14. Oliver Goldsmith e o terceiro mundo

O dr. Johnson foi um encomiasta excelente. (Ou seria encomiador? Creio que ambos os termos estejam corretos, mas prefiro o primeiro por razões de eufonia, embora esteja esperando com ansiedade a correção dos pedantes.)

Ao falar do grande retratista Joshua Reynolds, ele declarou: "Sir Joshua, senhor, é o homem mais invulnerável que conheço; o homem que, se com ele brigasse, o senhor julgaria mui difícil injuriar". Não consigo pensar em muita gente a que se poderia aplicar plausivelmente algo do gênero; e, uma vez que Johnson deu a entender que uma injúria deveria conter ao menos certo elemento de veracidade (caso contrário, por que seria difícil injuriar alguém?), sua homenagem constitui um tributo sincero e comovente.

O epitáfio que o dr. Johnson dedicou a Oliver Goldsmith também foi elegante: "Oliver Goldsmith: poeta, naturalista e historiador que não deixou quase estilo nenhum de escrita intocado e que nada tocou que não ficasse embelecido".

Johnson também sabia maldizer, é claro, por meio de elogios sutis. Ao falar sobre o poema "The Traveller", de Goldsmith, declarou tratar-se do melhor poema escrito desde a época de Pope. A baixa conta em que Johnson tinha os poetas posteriores a Pope, porém, era bem conhecida. Até mesmo Thomas Gray, de "Elegy in a Country Churchyard", ele considerava maçante, tendo-o denominado um "poeta mecânico".

O poema mais famoso de Goldsmith – o único, suspeito eu, que continua sendo lido nos dias de hoje – é "The Deserted Village", escrito em coplas rimadas agradáveis e, por vezes, também comoventes. Talvez não seja coincidência o fato de Goldsmith, que em geral escrevia com grande velocidade, ter dedicado mais tempo e esforço a esse poema do que a qualquer outra coisa que tenha produzido. Recentemente, eu o reli por motivos ao mesmo tempo complexos e aborrecidos. E, por razões que mais têm que ver com as ideias manifestadas no poema do que com a felicidade ou infelicidade do modo como elas foram expressas, minha reação foi profundamente ambígua.

Os versos de "The Deserted Village" poderiam ter sido escritos pelos antiglobalistas contemporâneos caso estes se sentissem inclinados à poesia – o que, graças a Deus, não é o caso. O poema (publicado em 1769) afinal lamenta o mundo moderno e a destruição, perpetrada por aquela vil atividade chamada comércio, de um mundo melhor, mais velho e mais cordial.

Primeiro, Goldsmith enaltece a aldeia tal qual fora no passado, quando a conhecera:

> Sweet Auburn! loveliest village of the plain,
> Where health and plenty cheer'd the labouring swain,
> Where smiling spring its earliest visit paid,
> And parting summer's lingering blooms delay'd...[1]

A aldeia de outrora fora praticamente um paraíso, não obstante a vida simples que se levava ali (ou mesmo por causa disso):

> A time there was, ere England's grief's began,
> When every rood of land maintain'd its man;
> For him light labour spread her wholesome store,
> Just gave what life required, but gave no more;
> His best companions, innocence and health;
>   And his best riches, ignorance of wealth.

---

[1] "Doce Auburn! a mais adorável aldeia da campina, / Onde davam, a saúde e a fartura, ao laborioso aldeão alegria, / Onde a primavera, a sorrir, sua primeira visita prestava / E do verão cadente as flores, persistentes, demoravam…" (N. T.)

Alas, a worm enters the bud:
But times are alter'd; trade's unfeeling train
Usurp the land, and dispossess the swain;
Along the lawn, where scatter'd hamlets rose,
Unwieldy wealth and cumbrous pomp repose... ²

Uma vez que a terra foi sequestrada pela "penosa riqueza", a população rural vai para a cidade. São para lá forçados e atraídos – no segundo caso, pelo luxo e pelo resplendor:

If to the city sped – What waits him there?
To see profusion that he must not share;
To see ten thousand baneful arts combin'd
To pamper luxury, and thin mankind;
To see each joy the sons of pleasure know,
Extorted from his fellow creature's woe. ³

Goldsmith censura esse processo nos versos mais famosos de todo o poema:

Ill fares the land, to hastening ills a prey,
Where wealth accumulates, and men decay;
Princes and lords may flourish, or may fade;
A breath can make them, as a breath has made:
But a bold peasantry, their country's pride,
When once destroy'd, can never be supply'd. ⁴

---

² "Tempo houve, antes de vir a dor da Inglaterra, / Quando sustinha o homem cada acre de terra; / Seu leve labor, do solo o armazém difundia / E dava somente o que a vida pedia; / Seus melhores sócios, saúde e pureza; / E os melhores tesouros: ignorar a riqueza. // Ah! um verme adentra o broto; / Os tempos se mudam; do comércio o cruel comboio / A terra usurpa e desloca o maloio; / Pelo campo, em que vilarelhos se erguiam, difusos, / Repousam penosa riqueza e oneroso luxo…" (N. T.)

³ "Se à cidade vai com pressa – o que o aguardará? / Abundância, em que parte não terá; / Infestas artes, milhares, somadas; / Ao luxo ceder e à humanidade delicada; / O gozo ver, dos filhos do prazer sabido, / Dos ais de sua criatura tido." (N. T.)

⁴ "Má segue a terra, de males céleres presa, / Em que os homens ruem e acumula-se riqueza; / Podem príncipes, lordes, florir ou dissipar; / Um sopro

Então, o poeta se dirige aos grandes homens da Terra a fim de levantar-lhes questões importantes:

> Ye friends to truth, ye statesmen, who survey
> The rich man's joys increase, the poor's decay,
> 'Tis yours to judge how wide the limits stand
> Between a splendid and a happy land.⁵

É muito fácil, claro, encontrar furos nos argumentos ou pressupostos de Goldsmith. A ideia de um passado edênico, durante o qual um trabalho leve conferia à humanidade subsistência simples, mas saudável, é uma ilusão recorrente. Quando Goldsmith descreve o trabalho agrícola que precedera a era das máquinas, torna-se evidente que ele não realizou muitos trabalhos do gênero (ou mesmo nenhum). Trata-se de uma atividade árdua, repetitiva, maçante, desinteressante e perigosa. Além disso, é muitíssimo improvável que tantos trabalhadores agrícolas ignorassem as vantagens da riqueza: eles só não sabiam como adquiri-la.

Quanto ao "cruel comboio" do comércio, poucos anos se passariam até que Adam Smith demonstrasse, de maneira definitiva, o que já havia sido assinalado antes: que os comerciantes, se agissem de maneira egoísta, teriam de agradar os próprios consumidores. Para fazê-lo, ser-lhes-ia necessário adentrar imaginativamente o mundo deles e, portanto, não poderiam se dar ao luxo de ser insensíveis como um barão feudal.

Ademais, Goldsmith claramente trata a economia como um jogo de soma zero: para ele, a perda de um homem representa o ganho de outro. Para que um homem seja gordo, muitos outros devem ser magros. A mesma crença subjaz ao pensamento de vários terceiro-mundistas, segundo os quais parte do mundo é rica porque a outra parte é pobre. Essa ideia nociva se renova sempre, uma vez que a economia – tanto a de um país

---

pode criá-los, como o fez já; / Mas do país o orgulho, o aldeão audaz, / Se destruído, não se lhe substitui jamais." (N. T.)

⁵ "Vós, da verdade amigos, vós estadistas, a almejar / Que o gozo do rico cresça, que o do pobre venha a faltar, / Sois vós quem julga o que o limite encerra / Entre a terra esplêndida e a feliz terra." (N. T.)

só quanto a de todo o mundo – é concebida de maneira estática, qual um bolo, e não com o dinamismo de um organismo em crescimento.

Não é muito difícil demonstrar que a riqueza do mundo aumentou dramaticamente, que a pobreza se reduziu e que não é verdade que a prosperidade de um exige a escassez do outro.

Ainda assim, não reagi ao poema como se ele não passasse de um mero catálogo de erros vulgares há muito já corrigidos. Não o fiz porque, ao olhar para os desdobramentos que presenciei ao longo de minha vida, creio ter havido tantos retrocessos quanto avanços. Talvez a culpa seja de minha idade avançada, mas muitas vezes acredito que aqueles foram muito maiores do que estes, a despeito do enorme aumento da prosperidade que testemunhei. A ideia de que a riqueza pode se acumular enquanto o homem se deteriora não é inerentemente tola.

Muitos avanços – a maioria deles, talvez – não são avanços em estado puro; raramente há ganhos sem perdas. Ilustro isso por meio de um exemplo bastante trivial, retirado de minha própria experiência.

Na minha infância, as frutas eram ainda sazonais: havia as frutas do verão e as frutas do inverno. Com os enormes avanços nos métodos de cultivo, transporte, distribuição, *marketing*, etc., há hoje apenas uma estação em todo o ano: o agora.

Quando menino, eu costumava ansiar pela curta temporada das framboesas (a framboesa era, e ainda é, minha fruta favorita). Tal desejo só era equiparado pela alegria, pelo arrebatamento, que eu sentia quando as primeiras framboesas da estação davam as caras. Como eu queria que a estação durasse para sempre! Ainda assim, sabia que ela só duraria três ou quatro semanas. Nunca uma fruta me proporcionou tão grande prazer.

Hoje em dia, eu consigo comprar framboesas o ano todo, vindas de todo canto do planeta: é espantoso que framboesas do Chile cheguem ao meu supermercado entre 48 e 72 horas depois de ter sido colhidas (e elas estão longe de ser ruins!). Esse milagre da organização é algo que apenas o mercado poderia lograr.

Todavia, muito embora eu ainda goste de framboesas, jamais recuperei a alegria que experimentava na infância e que consistia tanto numa expectativa ansiosa quanto na satisfação de meu desejo. Eu não me aproximo do balcão de frutas do supermercado com nenhum entusiasmo excessivo.

Tampouco espero que meu supermercado venha um dia a divulgar qualquer aviso dizendo que não importará mais framboesas por querer que seus clientes experimentem as alegrias do anseio e da expectativa. Acho que eu ficaria bastante zangado se isso acontecesse. Goldsmith, portanto, está certo: algumas coisas, alguns prazeres, algumas alegrias, uma vez destruídas, não encontram substituto.

Também não me parece autoevidente que a fuga para a cidade seja sempre uma benção completa, ou mesmo que as pessoas não perdem nada de importante ao se mudarem. Uma das coisas que observei em minhas viagens, por exemplo, foi a perda quase imediata do bom gosto visual quando os camponeses trocavam o campo pela cidade. Pude observá-la na Ásia, na África e na América do Sul.

Não quero cair na história do Bom Selvagem; no entanto, notei que os camponeses muitas vezes têm um olhar notável para a forma e para a cor. Eles conferem beleza até mesmo aos objetos utilitários. A maioria das cabanas africanas, por exemplo, possui um quê de elegância, uma delicadeza formal; quando coloridas, revelam também um gosto para as cores que, de tão refinado, acaba sendo comovente. No entanto, tão logo os camponeses se mudam para a cidade, acabam mergulhando no *kitsch* – não, porém, porque o *kitsch* seja tudo o que têm à disposição, e sim porque passam imediatamente a apreciá-lo. A delicadeza e o refinamento são substituídos pela crueza e pelo exagero. Talvez eles associem tudo o que é *kitsch* à modernidade... Não tenho, porém, qualquer teoria que explique por que a transformação do bom gosto ocorre – só sei que ela acontece.

É claro, vocês poderiam muito bem dizer que, se o gosto deles muda, eu não tenho nada que ver com isso. Se, em vez de capachos belamente entretecidos e cerâmicas elegantes, eles ficam felizes com rosas de plástico e tigelas esmaltadas e baratas, quem sou eu para reclamar? É direito deles escolher o que bem entenderem para a própria vida. Se acham que habitar uma favela suja numa cidade com milhões de pessoas é vida melhor do que aquela que teriam se dessem duro para viver num interior distante, que direito tenho eu de me queixar?

Fundamentalmente, estou de acordo; não acho que possamos forçar as pessoas a permanecerem num museu antropológico apenas para o deleite estético de gente refinada como eu. Não obstante, também seria faltar com a verdade dizer que anseio profundamente por um mundo em que a inclinação instintiva, ou ao menos inconsciente, dos camponeses para a arte terá sido extinta em favor de artefatos produzidos em massa e dotados de valor estético duvidoso.

Mais uma vez, quando o poeta questiona se mais desejável seria uma terra esplêndida ou uma terra feliz, tudo o que está fazendo é articular um lugar-comum: o de que, dentro de limites um tanto amplos, dinheiro não compra felicidade.

Goldsmith, que estudara medicina, diz-nos enfim que a vida no campo era saudável se comparada com a vida na cidade. A julgar pela saúde sem precedentes de que gozamos hoje, isso parece absurdo. No entanto, na época em que Goldsmith escreveu, metade de todas as crianças londrinas morria antes dos cinco anos. Durante alguns séculos, Londres não conseguiu conservar (quanto mais aumentar) sua população apenas por meio da reprodução: foram-lhe necessários imigrantes saídos do interior. Sem eles, sua população teria encolhido.

Além disso, as cidades continuariam a ser lugares claramente fétidos por séculos a fio. Nas regiões mais pobres de Liverpool, por exemplo, morria-se em média com dezoito anos. Mesmo quando meu pai nasceu, a taxa de mortalidade infantil, isto é, o número de crianças mortas em seu primeiro ano de vida, era de 125 a cada mil nas periferias de Londres – e Londres era, à época, uma das capitais mais saudáveis da Europa.

Não obstante tenha se mostrado equivocada, portanto, a atitude de Goldsmith não foi flagrantemente ridícula. É claro: foi tanto a modernização quanto a urbanização concomitante o que possibilitou não somente o enriquecimento da humanidade, mas também o enorme aumento de sua expectativa de vida. Goldsmith não tinha como saber disso; o que ele viu foi a interrupção de um estilo de vida que estivera em aparente equilíbrio com seu ambiente e que era ali trocado por condições verdadeiramente terríveis. Além do mais, não lhe serviria como consolo saber que as gerações futuras se beneficiariam daquela substituição; é no presente, afinal, que quase sempre (ou mesmo sempre) vivemos.

Creio que os antiglobalistas estejam cometendo os mesmos erros que encontramos em "The Deserted Village". Todavia, não devemos desprezá-los completamente por isso. Com efeito, continua sendo verdade que há, em todo e qualquer avanço, tanto perdas quanto ganhos. É por isso que, a cada geração, a melancolia sempre acaba por dar as caras em algum momento.

15. Por que os intelectuais gostam do genocídio

Controvérsias históricas aparentemente arcanas muitas vezes lançam poderosa luz sobre o estado de nossa alma coletiva. É por isso que gosto de ler obras que tratam de temas obscuros: com frequência, elas são mais esclarecedoras do que os livros que, à primeira vista, parecem mais relevantes a nossa atual condição. Como bem disse Emily Dickinson, afinal, o sucesso jaz nas vias indiretas.

Em 2002, o australiano Keith Windschuttle, historiador e jornalista autônomo, publicou um livro responsável por uma controvérsia que ainda hoje perdura. Sob o título *The Fabrication of Aboriginal History*, ele se põe a destruir a ideia de que os colonizadores europeus levaram a cabo o genocídio dos aborígines tasmanianos.

Nos últimos 25 anos, aproximadamente, a existência desse genocídio constituiu quase uma ortodoxia histórica. Em *The Fatal Shore*, seu aclamado livro sobre a história da Austrália primitiva, Robert Hughes acatou a ideia. Eu mesmo o fiz, pois ao visitar a Austrália pela primeira vez, em 1982, calhei de ler vários títulos sobre o assunto, escritos por professores de história pertencentes a universidades renomadas. Um tanto ingênuo, achei que aquelas obras tinham se fundamentado em pesquisas árduas e honestas e que seus autores não haviam deturpado suas fontes originais.

Em seu trabalho, Windschuttle declarou que parte das provas utilizadas por aqueles professores havia sido forjada e que, ao contrário do que se dizia, nem as autoridades coloniais nem a população local tinham elaborado qualquer política deliberada para extirpar ou matar quantidades numerosíssimas de aborígines. Windschuttle revelou que a leitura dada pelos historiadores ao obscuro material utilizado como fonte ou fora enganosa, ou mendaz.

Ele peneirou o material com enorme cuidado e descobriu que só havia indícios da morte de 120 aborígines da Tasmânia, fosse pelas mãos dos colonizadores, fosse pelas dos militares e da polícia. Embora o número não pareça substancial, em relação à população de aborígines tasmanianos ele era grande: equivaleria, nos Estados Unidos, a mais de sete milhões de habitantes, uma vez que só havia quatro mil aborígines (ao menos é o que se crê) na Tasmânia.

Todavia, uma quantidade semelhante de colonos foi assassinada pelos aborígines, e talvez não cause grande surpresa o fato de ter havido conflito entre povos com concepções de vida tão distintas quanto os aborígines e os primeiros colonizadores britânicos. Conflito, entretanto, não é o mesmo que genocídio, que exige um planejamento deliberado com o objetivo de livrar o mundo de determinada população. Não houve genocídio na Tasmânia. Os aborígines tasmanianos foram extintos no século XIX, de fato, mas isso ocorreu sobretudo por causa de enfermidades e porque as doenças venéreas trazidas pelos colonos fizeram a fertilidade diminuir.

À publicação do livro, seguiram-se refutações furiosas. Calúnias foram dirigidas a Windschuttle: ele não passava, por exemplo, da versão australiana daqueles que negavam o Holocausto. Um livro de ensaios em refutação a seu ponto de vista foi publicado, e também foi publicada uma refutação à refutação. Em todo o país, ele apareceu em debates ao lado de seus detratores. Até onde o compreendo, a grande massa de historiadores profissionais foi incapaz de minar seriamente seu argumento. Alguns erros bobos (por ele reconhecidos) foram encontrados em sua obra, mas não a ponto de solapar sua tese: eram pequenos demais em comparação aos erros grotescos de seus adversários. Windschuttle fora muito mais escrupuloso que eles.

O que me impressionou, à época da controvérsia, foi o evidente fato de uma parte substancial e influente da academia e *intelligentsia* australianas querer a existência do genocídio. Eles reagiram ao livro de Windschuttle como uma criança que teve um brinquedo tomado pelo irmão mais velho. A nossos olhos, seria natural que um homem responsável por descobrir que seu país, ao contrário do que se supunha e ensinava, não nasceu de um genocídio viesse a ser tratado como herói nacional. Windschuttle, no entanto, tornou-se objeto de execração.

Mas por quê? Confesso que adentro, aqui, o mundo do argumento *ad hominem*. Não tenho como provar minhas declarações para além de toda e qualquer dúvida, e outras interpretações são igualmente possíveis. Quando se trata, porém, de questões referentes à motivação humana, fugir do argumento *ad hominem* é tarefa muito difícil.

Evidentemente, é possível que os professores e a *intelligentsia* estivessem tão convictos da existência do genocídio, de que as evidências em seu favor eram fortíssimas, que qualquer um que se lhes opusesse se tornaria alguém extremamente mau. Por outro lado, se as evidências fossem assim tão fortes, eles deveriam ter levado a público um número grande o bastante delas para convencer alguém como eu (e muitos outros). Nada disso foi feito e, portanto, deve-se concluir que a questão histórica está, no mínimo, em aberto – e, se a questão ainda está em aberto, a fúria dirigida a Windschuttle foi bastante desproporcional.

Creio que a explicação esteja alhures. Não é à toa que a Austrália é conhecida como um país de sorte. Ela possui praticamente todos os recursos de que o homem tem conhecimento. Seu regime é uma democracia liberal e assim o foi por quase toda a sua existência. Ninguém na Austrália jamais temeu uma batida na porta à meia-noite. Viver bem ali exige muito menos esforço do que na grande maioria dos outros lugares, talvez até todos. O clima em grande parte do país costuma ser muito agradável. Em linhas gerais, provavelmente trata-se do melhor lugar – um dos melhores, decerto – em que se viver na Terra. O fato de ser um país de sorte, é claro, não é consequência apenas de seus dotes naturais, mas também do uso que os homens lhes deram. A Austrália é um sucesso triunfante.

Isso não quer dizer que todos ali sejam deliciosamente felizes ou que a Austrália seja um Jardim do Éden anterior à Queda. As pessoas que vivem lá têm problemas como todas as outras. Elas declaram falência, divorciam-se, negligenciam os filhos, acidentam-se, morrem cedo, suicidam-se, comem demais, bebem em demasia, ficam entediadas, adoecem e tudo o mais, como todo mundo.

A realidade, no entanto, é que nenhuma reforma política acrescerá muito ao bem-estar de que se goza na Austrália. A Austrália põe os seres humanos diante da existencial responsabilidade que é lograr a felicidade por conta própria – responsabilidade essa que às vezes é difícil de ser encarada. Com efeito, se você se sentir infeliz num país como a Austrália, terá de cogitar a possibilidade de o problema estar em você, e não nas condições que o circundam.

Esse é um fato desagradável, sobretudo para uma *intelligentsia* que fica privada de um papel providencial. O que uma *intelligentsia* faz quando determinado país tem arranjos políticos e instituições sociais mais satisfatórios do que qualquer outro já visto? As *intelligentsias* não gostam dos problemas diminutos que a existência cotidiana inevitavelmente suscita, como cupins em peças de madeira ou brigas por maior espaço na mesa de trabalho; elas gostam de cravar seus dentes intelectuais em problemas mais substanciais e carnudos.

Que problema seria maior do que saber que um país próspero e auspicioso teve como origem um genocídio? E, se são essas as suas raízes, torna-se urgentemente necessário, é claro, que uma *intelligentsia* venha ajudá-lo a sair do obscuro labirinto moral em que – até aqui, às cegas – ele se encontra. Com efeito, somente a *intelligentsia* está suficientemente acostumada a reflexões abstratas para ter condições de agir como guia da nação.

A *intelligentsia*, é claro, precisa de aliados, pois raras vezes é forte o bastante para dominar e controlar uma sociedade. Curiosamente, a escola genocida da história da Tasmânia encontrou aliados em pessoas que hoje se denominam aborígines tasmanianos. Mas o senhor não havia dito, diriam vocês, que esses aborígines foram extintos ainda no século XIX (sendo o último deles uma mulher chamada Truganini)? Sim, respondo-lhes, mas eu me referia aos aborígines de sangue puro. Uma vez que houve relações sexuais entre os primeiros colonos e as mulheres nativas, existe gente na Tasmânia com sangue aborígine correndo nas veias. É bem verdade que esse sangue é quase tão diluído quanto remédio homeopático, mas para alguns propósitos já é o bastante.

Ali onde houve genocídio, é justo que haja pedidos de desculpas e, sobretudo, reparação. No caso dos aborígines, ela só pode consistir na devolução da terra à coletividade dos nativos. Com efeito, houve quem sugerisse que metade do território da ilha da Tasmânia deveria ser reservada aos aborígines.

Esses aborígines vivem exatamente como seus vizinhos não aborígines. Eles não falam nenhuma outra língua além do inglês; não forrageiam comida na mata; têm os mesmos empregos que os outros e não possuem qualquer deficiência social (talvez porque também sejam fisicamente indistinguíveis dos não aborígines). Na realidade, eles descendem muito mais dos perpetradores e beneficiários do suposto genocídio do que de suas vítimas. Seria difícil conceber, portanto, tentativa de fraude mais evidente por parte de uma entidade política do que a reivindicação de terras ancestrais por esses "aborígines" tasmanianos.

A escola genocida da historiografia tasmaniana possui equivalentes em outros lugares. Lembro-me de quando morei por um tempo na Guatemala e li a história mais aclamada da Guatemala colonial, intitulada *La Patria del Criollo*. Em cada uma de suas oitocentas páginas, não foi mencionado sequer uma vez, nem mesmo de passagem, o papel das doenças epidêmicas na redução do número de índios após a chegada dos espanhóis, não obstante seja quase uma certeza (ao menos tanto quanto é possível tê-la) que a causa principal da redução tenham sido elas.

Por que nada disso foi mencionado? Porque o autor queria apresentar o estado atual e supostamente lamentável da Guatemala como consequência direta do período colonial, ele mesmo uma era de genocídios. Nesse caso, haveria apenas uma coisa a ser feita: fundar o Estado do zero, começar tudo outra vez, construir uma nova nação a partir de um projeto melhor. Não é muito difícil perceber o papel que a *intelligentsia* teria na construção dessa nova sociedade: tratar-se-ia de um papel bastante poderoso – um papel norteador, na verdade.

O mesmo, é claro, se aplica à Austrália. Se o Estado atual teve como fundamento o genocídio, por mais satisfatório que ele possa parecer à primeira vista, é necessário recriá-lo sobre bases mais sãs e éticas. Além disso, é evidente que os arquitetos e os administradores/proprietários subsequentes serão a *intelligentsia*; somente eles, afinal, são os qualificados.

Ora, ao menos até pouco tempo atrás, a Austrália não era um país que costumava tratar com muito carinho seus intelectuais. Ela não nutria por eles o respeito de que se julgam naturalmente merecedores. Com efeito, há algumas décadas, era comum que os intelectuais australianos deixassem o país e passassem a viver noutro lugar, tão forte era a atmosfera anti-intelectual dali. No que diz respeito aos intelectuais, a Austrália não era um país de sorte.

Isso mudou muito nos últimos tempos, mas ainda assim os intelectuais australianos não são tratados, pelo público, com a mesma seriedade com que tratam a si mesmos. Para piorar, há hoje um número maior deles, o que fez com que a concorrência por atenção também aumentasse. E nada há que chame mais a atenção do que declarar que a felicidade e a prosperidade de hoje se fundamentam numa pilha de ossos. Com um pouco de sorte, algo do gênero poderá até mesmo tornar as pessoas neuróticas e aumentar a necessidade de terapeutas.

Portanto, não surpreende que, à chegada de quem desafiasse a versão da história sobre a qual se deveria fundamentar a recém-descoberta importância dos intelectuais para a sociedade, eles jogassem o bebê para fora do carrinho, para empregarmos a expressão que os carcereiros da prisão em que trabalhei usavam para descrever as ações dos prisioneiros que perdiam a cabeça. O debate não dizia respeito à interpretação dos velhos jornais armazenados nas bibliotecas de Hobart: ele tocava o âmago mesmo da autoconcepção da *intelligentsia* como consciência e liderança natural da sociedade.

A discórdia acerca da veracidade das notas de rodapé, portanto, era também uma discórdia acerca do verdadeiro lugar dos intelectuais na sociedade moderna. No que diz respeito às notas, Windschuttle esteve muito mais certo do que errado, e isso era algo que não se poderia perdoar.

16. A questão do islã

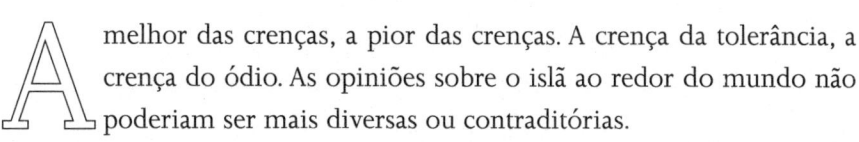

A melhor das crenças, a pior das crenças. A crença da tolerância, a crença do ódio. As opiniões sobre o islã ao redor do mundo não poderiam ser mais diversas ou contraditórias.

Não importa quantas vezes ouçamos que o islamismo não é um fenômeno unitário, que os sufis diferem tanto dos salafitas quanto o giz difere do queijo: quase todos, após enunciarem tal advertência, passam a falar ou escrever como se o islamismo fosse um fenômeno homogêneo. É esta a grande conquista dos islâmicos: transformar a forma mais detestável de sua religião na única que conta para os não muçulmanos (e para um número cada vez maior de muçulmanos também). É como se a Inquisição Espanhola se convertesse na única representante legítima (para usarmos o jargão dos anos 1960 e 1970) do cristianismo.

É difícil deslindar com honestidade as afirmações de que o islã foi religiosamente tolerante ao longo de sua história. Sem já estar convicto de algo, você dificilmente chegaria a levantar uma questão assim. O islamismo é uma religião, mas os muçulmanos são um povo e sua conduta pode nem sempre corresponder ao que os entusiastas religiosos desejaram para ela ou acreditaram ser religiosamente necessário. Mais uma vez, porém, o que é religiosamente necessário tem sido objeto de controvérsia, e o extremismo nem sempre prevaleceu sobre o pragmatismo.

Talvez eu deva começar com uma experiência pessoal. Há pouco tempo, quando em Istambul, comprei algo numa loja que pertencia a uma família judaica. Com o proprietário, eu conversei em espanhol: ele era da última geração de falantes do ladino, o espanhol medieval que os judeus expulsos da Península Ibérica levaram consigo para Istambul e utilizaram, ali, durante meio milênio. O idioma estava sumindo, mas não por culpa de perseguição alguma: os jovens, obcecados pelas bugigangas da modernidade, não estavam mais interessados em conservar a tradição (pior para eles, é claro).

Falei sobre um pouco de história com o proprietário. Pela Turquia, ele não sentia nada além de afeto e gratidão: afinal, ali os judeus não sofreram nada semelhante com o que padeceram na Croácia ou em Tessalônica – isto é, o extermínio. Quanto ao quase extermínio dos armênios pelos turcos, ele se deu precisamente quando o Império Otomano se reformulava segundo o nacionalismo europeu. Foi a secularização, e não o fanatismo religioso, o que causou esse episódio pavorosíssimo.

Permitam-me tratar, agora, de um livro publicado na França no ano passado, sob o título *Les Trois Exils*: os três exilados. De autoria de Benjamin Stora, a obra ilustra e responde à nossa questão com enorme clareza.

O professor Stora foi um judeu argelino que se mudou para a França quando da independência, em 1962. Nesse seu belo livro, ele relata tanto a história de sua família quanto a história dos judeus na Argélia, país – ou deveria eu dizer "parte do mundo"? – em que sua presença de dois mil anos teve fim no ano mesmo em que o autor o deixou.

Por cerca de dois terços de sua história na Argélia, os judeus viveram sob regime muçulmano. Eram *dhimmis*, é claro, mas em diversas ocasiões houve quem lograsse proeminência no governo. Quando os europeus do século XVI organizaram as invasões da Argélia e do Marrocos, os judeus ajudaram a repeli-los – tanto por os julgarem fadados ao fracasso quanto por se considerarem melhores como *dhimmis* do que sob domínio europeu. Com efeito, os judeus do Magreb comemoravam anualmente esses acontecimentos durante os chamados Purim Ketanim.

Não obstante, eles estiveram sujeitos a violências, perseguições e discriminações; em 1805, 48 judeus foram assassinados na Argélia durante um *pogrom*; no ano seguinte, foram trezentos. Viajantes europeus e americanos do primeiro terço do século XIX deixaram comentários sobre a desventura das populações judaicas do Magreb e sobre as extorsões a que eram constantemente submetidas.

Então vieram a ocupação francesa da Argélia e o começo do longo processo de ocidentalização dos judeus argelinos. (Há, no livro de Stora, fotografias que revelam que o vestuário já se tornara completa, irreversível e universalmente ocidental em 1938, não obstante, em 1914, metade de sua família ainda posasse em vestes turcas.)

Napoleão III cogitou conferir cidadania francesa a todos os judeus argelinos, mas foi derrubado antes de conseguir fazê-lo; um dos primeiros atos da recente Terceira República, porém, foi o Decreto Crémieux, que transformou em cidadãos franceses os judeus da Argélia.

Tratava-se de uma reviravolta do destino, de fato: de *dhimmis*, isto é, de cidadãos de segunda classe, os judeus passaram a ser cidadãos de primeiro escalão, ao passo que os muçulmanos, embora não fossem cidadãos de primeira segundo a perspectiva ocidental, passaram ao menos de favoritos a azarões.

No entanto, os franceses coloniais não ficaram de todo satisfeitos com o Decreto Crémieux. Nos anos que se seguiram, o antissemitismo francês chegou a um de seus pontos mais altos, e os franceses argelinos (a maioria dos quais de origem espanhola e italiana, o que a deixava um tanto insegura quanto à própria cidadania) foram, nesse aspecto, mais católicos do que o papa. Na década de 1900, um *pogrom* foi perpetrado contra os judeus – não, porém, pelas mãos dos muçulmanos argelinos, e sim pelos *colons*. Suas queixas contra os judeus eram aquelas de sempre.

Não obstante o predomínio e a virulência do antissemitismo colonial francês, houve também espaço para ataques de ressentimento argelino contra os judeus. Em 1934, uma grande turba muçulmana levou a cabo um *pogrom* na cidade de Constantina. Que se tratou de ato organizado, e não de uma iniciativa espontânea, sugere o fato de ter havido ataques simultâneos em aldeias do interior que não tinham contato corriqueiro nenhum com a cidade. Alguns muçulmanos, no entanto, demonstraram enorme bravura ética ao protegerem seus vizinhos judeus (o autor de um livro sobre o *pogrom*, Robert Attal, deveu sua vida a um deles, que dissera à turba enlouquecida que Robert, sua mãe e sua irmã, então escondidos em sua casa, já estavam mortos; a turba, que já havia assassinado o pai do autor, deu-se por satisfeita e se foi). Quanto à polícia colonial, ela só conseguiu restaurar a ordem quando já era tarde demais.

Com a derrota da França, foi instituído na Argélia um regime petainista, que reverteu o Decreto Crémieux: os judeus se tornaram cidadãos, não de segunda, mas de última categoria. O regime durou até a libertação, quando mais uma vez os judeus se converteram em cidadãos de primeira classe, ao contrário dos argelinos muçulmanos. Trata-se de uma trajetória histórica verdadeiramente vertiginosa.

Ela ainda não havia chegado ao fim, porém. O movimento nacionalista ganhou força e a violência cresceu em demasia; um milhão de pessoas acabou morta. Oficialmente, a FLN, Front de Libération National, era um movimento secular; ela exortava os judeus argelinos a aderirem à luta contra os franceses e prometia-lhes tratamento igualitário após a independência. Os judeus argelinos, no entanto, não acreditaram nela porque sabiam o que se passara com os judeus de outros países árabes. Raymond, o famoso cantor judaico-argelino, foi assassinado em 1961, e os ataques muçulmanos contra os judeus se intensificaram; naturalmente, a população judaica achava que a tradição muçulmana iria prevalecer sobre a ideologia nacionalista secular, e em 1962 os judeus saíram em massa para a França. Se não tivessem saído, não é difícil imaginar o destino que teriam na guerra civil travada entre o governo militar e a FIS, Front Islamique de Salut.

Mas qual seria a moral da história (se é que existe uma)? Certamente, ela não diz respeito nem à bondade e tolerância imemoriais da tradição ocidental, nem à iniquidade e intolerância imemoriais da tradição islâmica. Acho que, ao ler essa história, um marciano talvez chegasse à conclusão de que os seres humanos eram um grupo perverso e que seria melhor deixar a Terra o mais rápido possível.

No entanto, há ainda uma moral diversa e, a meu ver, nem um pouco animadora no que diz respeito à força do islamismo no mundo moderno. Durante muitos séculos, provavelmente o histórico do islã não foi pior – e é possível que chegasse a ser melhor – do que aquele do Ocidente, ao menos no que se refere à tolerância religiosa (no século XVI, os judeus do Magreb decerto pensavam assim). Infelizmente, esse é um parâmetro um tanto funesto para ser usado como medida do que quer que seja. De fato, o histórico islâmico poderia muito bem ter sido tão bom quanto o ocidental – ou mesmo melhor – e ainda assim ter sido ruim. Entre tornar-se *dhimmi* e morrer, quem não preferirira tornar-se *dhimmi*? Isso não quer dizer, porém, que esse seja um destino invejável ou moralmente defensível.

De todo modo, em 1962 as coisas estavam já muito claras: a França, não obstante seu histórico de altos e baixos, oferecia aos judeus argelinos esperança e igualdade sob o abrigo da lei, enquanto tudo o que a Argélia poderia lhes dar, a despeito das promessas de seu líder, era a possibilidade de *pogroms* futuros. E havia motivos para isso: a França possuía uma teoria de igualdade legal, e o islã, não. Além disso, os judeus da Argélia achavam que o domínio do islamismo sobre o *pays réel* faria mais do que apenas subjugar o domínio da ideologia nacionalista secular do *pays légal*. Seria aquele, e não este, a determinar o destino deles na Argélia. Os judeus não acreditavam nas promessas da FLN – não, porém, porque os indivíduos que as faziam fossem insinceros, e sim porque as forças que as impediriam de ser cumpridas eram fortes demais.

Isso sugere a existência de conflito entre o islamismo e a modernidade, ao menos se tomarmos como um dos componentes importantes da modernidade a igualdade sob a lei. Tal igualdade exigiria dos muçulmanos que aceitassem que, mesmo nos regimes em que formasse a imensa maioria, o islamismo não teria qualquer direito especial e a apostasia (por exemplo) tornar-se-ia fator corriqueiro e aceitável da vida. Se o islã, sob circunstâncias assim, continuaria sendo verdadeiramente islâmico é questão que cabe aos estudiosos, e não a escrevinhadores como eu.

De minha parte, não creio que os presságios sejam bons. Quando o atual presidente, Sarkozy, perguntou a Tariq Ramadan, esse vendedor chinfrim do fundamentalismo islâmico, se ele acreditava no apedrejamento dos adúlteros (isto é, da maioria dos políticos franceses ou suas esposas), Tariq declarou ser a favor de uma moratória.

Uma moratória! Eis o dilema: se dissermos que não, que não defendemos mais a lapidação de adúlteros tanto quanto não defendemos mais a prática de enterrá-los na areia até o pescoço e deixar que o sol e as formigas façam o resto do trabalho, então os ditames de nossa religião não constituem verdades eternas e todo o seu fundamento sagrado deve ser posto em xeque; se declararmos que sim, que somos a favor de usar a lapidação dos adúlteros como exemplo da misericordiosa correção dos malfeitores por parte dos justos, seremos pintados como gente primitiva e inapta ao mundo moderno. O islamismo não é a única religião com relação à qual se poderiam levantar questões desse gênero, mas trata-se da única que não arriscou nenhuma tentativa coordenada de lidar com elas. Para piorar, sua descentralização ou falta de estrutura torna algo do tipo ainda mais difícil.

A questão do adultério é muito menos importante, é claro, do que o problema da apostasia. Afinal, se a livre apostasia fosse permitida, quem sabe aonde isso iria chegar? Muito provavelmente, à mesma sociedade secular, com todas as suas músicas e danças, que tanto apavora os fundamentalistas muçulmanos (e que de fato tem seus aspectos desagradáveis, mas ainda assim é o que de melhor podemos – ou ao menos acabamos por – almejar).

Noutras palavras, a moral do livro do professor Stora é a de que, independentemente das glórias, dos feitos, dos pontos fortes e até mesmo da tolerância de que, em contraste com os parâmetros extremamente baixos que predominavam alhures, o islã gozou no passado, ele ainda não possui meios para lidar com o mundo moderno de maneira construtiva, e é possível (embora aqui não se possa ser dogmático) que jamais os possua sem que venha a sucumbir por completo. Deixo a cargo dos especialistas decidir.

17. Como odiar o que não existe

Sou, por natureza e inclinação, um esteta: mal consigo pensar em Veneza ou Siena, por exemplo, sem ter um acesso de emoção. Não obstante, passei grande parte de minha vida em meio à mais extrema feiura, tanto física quanto moral. Devo confessar, ademais, que o problema do mal me foi motivo de preocupação.

Um dos motivos por trás disso talvez tenha como origem a ambição literária. É muito mais fácil tornar interessante o mal do que o bem. Descrições de gente boa tendem logo a resvalar no sentimentalismo, dando a seus objetos um caráter maçante e inacreditável. O excesso de bem nos repele; nós ansiamos pela revelação do pé de barro. Como certa vez declarou Oscar Wilde, apenas um homem com coração de pedra leria a morte da pequena Nell[1] sem cair na gargalhada.

O fascínio pelo mal é muito comum. Quando, em reuniões sociais, digo às pessoas como no passado ganhei a vida – a saber, trabalhando como médico num grande presídio –, em pouquíssimo tempo alguém vem me perguntar, levemente envergonhado, quem foi o pior homem que já conheci, o homem mais perverso. Obviamente, as pessoas também querem saber nos mínimos detalhes o que ele cometeu. História nenhuma se torna enfadonha por ser muito pavorosa; nem mesmo o

---

[1] Personagem do romance *A Loja de Antiguidades*, de Charles Dickens. (N.T.)

mais recatado dos homens consegue resistir por muito tempo à emoção dos bárbaros.

Mais recentemente, talvez em virtude de minha idade já avançada, o problema do bem começou a preocupar-me. De que modo a bondade extraordinária é possível? De onde ela vem? Seria ela inata? Caso seja, tratar-se-ia de bondade de fato? Não pode haver bondade verdadeira, afinal, onde inexiste a possibilidade e a tentação de praticar seu contrário.

Basta dizer que, ao longo de minha vida, conheci algumas pessoas que são o extremo oposto daqueles homens que via em meu trabalho e que emanavam uma aura poderosa, quase física, de maldade. Não acredito em possessão satânica porque não acredito em Satanás, mas aqueles homens me fizeram vislumbrar por que alguém que não é de todo estúpido acaba acreditando numa coisa dessas.

Uma de minhas experiências construtivas foi trabalhar na África para um cirurgião britânico que, a meu ver, era tudo o que um médico deveria ser. Naquela época e naquele lugar, poucos eram os recursos que permitiam a diagnose; recorria-se somente à observação, à lógica, à experiência e ao instinto. Tão brilhante era aquele cirurgião em seus diagnósticos que sua opinião era qual uma última instância para todos os outros médicos do hospital (isso sem falar nos pacientes). Eu nunca soube de um caso em que estivesse errado. Tratava-se de um médico meticuloso, que parecia capaz de operar com a mesma destreza e facilidade todas as partes do corpo humano. O conhecimento e a inteligência que se fazem necessários a algo do gênero não são suficientemente valorizados por quem jamais viu nada assim de perto. Nestes dias em que as especializações são cada vez maiores, cirurgiões como esse são raros.

Todavia, sua capacidade técnica impressionava menos do que seu caráter moral. Estava ali um homem de temperamento perfeito: em todas as vezes que o vi, mesmo se no meio de uma crise cirúrgica, ele se mostrava calmo; e era sempre educado com todo mundo. Se lhe telefonavam no meio da noite, apresentava-se tão sereno e contido quanto de dia, e isso a despeito de provavelmente ter o sono interrompido ao menos duas vezes por semana ao longo de muitos anos. Seus pacientes, a maioria composta de africanos pobres, confiavam profundamente nele, no que estavam certos.

Desconheço se aquele homem possuía alguma crença religiosa e qual ela seria. Ele era tradicional demais para levantar questões assim ali onde elas poderiam soar ofensivas. Embora altamente respeitado no hospital, ele não logrou reputação maior por conta de seu trabalho: o que lhe satisfazia era praticar o bem. Nunca conheci homem melhor.

Ainda assim, seu exemplo parecia intimidar-me – não, é claro, em virtude de algo que ele tenha dito ou feito, e sim porque eu estava certo de que jamais seria um homem tão bom quanto aquele. Meu problema era o ego: eu queria provocar uma leve comoção no mundo, e para isso fazer o bem aos outros não era o bastante (não que eu fosse mau a ponto de desejar-lhes mal; no final das contas, também tive de acordar um bocado de vezes à noite para atendê-los). Todavia, o bem dos outros não seria jamais minha única motivação, tampouco algo que me satisfaria por completo. Eu não conseguiria ser tão benevolente quanto ele. Hoje, sinto-me culpado ao ver que eu, que não sou tão bom, tornei-me bem mais conhecido. O juízo do mundo não é infalível.

Curiosamente, sob esse aspecto tenho algo em comum com alguém que, em geral, não me é nada agradável: Michel Foucault. O pai do jovem Michel foi um cirurgião de renome local que lhe forneceu um exemplo de compaixão prática (a saber, ele acordava no meio da noite para salvar vidas) a que Foucault se sabia incapaz de corresponder, uma vez que não se importava tanto com a vida dos outros a ponto de fazê-lo. Para equiparar-se ou superar seu pai, como egoísta, restava-lhe um único recurso: adotar a posição nietzschiana segundo a qual uma compaixão como aquela de seu pai não passa, no fundo, de fraqueza, desprezo ou desejo de poder disfarçados. Desse modo, tudo é o oposto do que parece ser e o suposto progresso consiste, na verdade, em regresso ou, na melhor das hipóteses, num movimento lateral.

Também foi na África que conheci meus outros exemplos de bondade extraordinária. Durante certo tempo, atendi uma vez por semana numa missão católica localizada a cerca de oitenta quilômetros de onde trabalhava. O hospital era administrado por uma freira suíça que não era nem médica, nem enfermeira. Ela gerenciava um hospital de grande porte apenas com uma equipe de enfermeiras. O local era perfeito – espantosamente perfeito – e o número de pacientes, assombroso. Escolhiam-no em detrimento de quaisquer instalações geridas pelo governo, com cada uma de suas paredes coberta de mosquitos esmagados e marcas de sangue.

A freira exalava uma serenidade invulnerável que era quase física. Sua aura me impressionava tanto quanto a aura do mal viria a impressionar-me (embora, é claro, em sentido contrário). Ela, porém, não era nenhum bloco de gelo e tinha um bom senso de humor; tampouco era do tipo fanático, pois me dava a injeção contraceptiva que eu, sob um retrato do papa, ministrava às mulheres que sofriam do coração e já estavam esgotadas por conta da sequência de partos. Eu nunca falei com ela sobre essa aparente contradição porque muitas vezes me parecia que, ali onde um bem concreto poderia correr algum risco, de nada vale o confronto ideológico travado em nome de uma consistência intelectual completa.

Eu conheci, em regiões distantes da África, outras freiras que pareciam muito felizes em servir humildemente à população local – uma comunidade de freiras espanholas cuja dedicação alegre e abnegada aos doentes, deficientes e jovens fê-las ser justamente amadas e respeitadas. Na Nigéria, tive contato com uma freira irlandesa de setenta e poucos anos que era responsável por alimentar as centenas de prisioneiros que certamente passariam fome caso ela não lhes trouxesse comida todo dia. Na prisão, um louco estivera preso a um mastro havia anos; muitos dos prisioneiros estavam havia uma década detidos sem qualquer julgamento – uma vez que os arquivos de seus respectivos casos haviam sido perdidos, eles não deixariam a prisão nem mesmo se um juiz ordenasse a soltura, a não ser que pagassem aos carcereiros um suborno com o qual não podiam arcar. Eles achavam que passariam o resto de suas vidas em detenção – setenta deles num espaço menor do que o de minha sala de estar.

A freira moderava o comportamento dos carcereiros apenas pela força de sua bondade. Não se tratava de uma virtude expansiva ou presunçosa; as pessoas simplesmente se sentiriam envergonhadas ao se comportar deploravél ou egoisticamente em sua presença. É muitíssimo provável que ela esteja morta hoje, esquecida pelo mundo (não que ansiasse, porém, por ser lembrada ou comemorada). Às vezes, quando mergulhado no fluxo cotidiano de minha existência, acho difícil acreditar que um dia testemunhei tamanha abnegação.

Reconheço que deve haver formas de ser bom que não exijam uma abnegação tão completa. Afinal, mesmo nos países mais pobres e falidos, há apenas certo número de incapazes, desprezados e desprovidos que necessitam de cuidados; não podemos, portanto, ser bons à maneira da freira irlandesa. Com efeito, o mundo precisa de outros tipos de pessoas tanto quanto precisa de gente como ela; estou certo, ademais, de que há cínicos que dirão que mergulhar no tipo de trabalho que ela fazia não passa de uma forma de superar os próprios problemas psicológicos, sendo no fundo, portanto, algo egoísta. Essa, porém, é tão somente uma declaração metafísica, e não empírica, sobre todo e qualquer comportamento humano, uma vez que todo e qualquer comportamento poderia ser explicado exatamente dessa forma. Esse não passa de um modo de dizer que o altruísmo é logicamente impossível e que todas as ações humanas devem ser egocêntricas.

Certa vez, cometi o erro de redigir, para uma publicação de esquerda, um artigo em que dizia que as melhores pessoas que vi costumavam ser religiosas e que, no geral, os religiosos se comportavam melhor em seus afazeres cotidianos do que aqueles que não eram religiosos. Como deixei claro, eu escrevia isso como alguém que não possuía crença religiosa nenhuma.

Como alguém que escreve com frequência para jornais públicos, estou acostumado a certa quantidade de mensagens raivosas; consigo até mesmo reconhecer os envelopes que as contêm com um grau considerável (embora não completo) de precisão. É claro: o e-mail facilitou demais as coisas para os que estão consumidos pela bile, e no geral ele excede em vileza aquilo que a maioria das pessoas biliosas colocaria no papel. Não acho que tenha odiado alguém do modo como alguns de meus correspondentes me odiaram.

Basta dizer que jamais recebi tantos e-mails raivosos quanto na ocasião em que insinuei que as pessoas religiosas tinham condutas melhores do que aquelas que não o eram. Parecia que muitos dos que reagiram ao que eu havia dito não se contentavam apenas em não acreditar: era preciso odiar também. Embora eu não negasse que poderia haver motivação religiosa por trás de comportamentos terríveis – algo que não se pode negar –, fui presenteado com um compêndio dos crimes religiosos já praticados que poderia ter sido perfeitamente elaborado por muitos adolescentes que tivessem acabado de descobrir, para seu descontrole, que tiveram de frequentar cultos religiosos enfadonhos quando os argumentos em favor da existência de Deus jamais foram irrefutáveis.

Pouco tempo atrás, enquanto me encontrava na França, estava sendo celebrado o centenário da definitiva separação entre Igreja e Estado. Ela era apresentada como o triunfo da razão sobre a reação, da humanidade sobre a desumanidade, e não sou de todo antipático a esse ponto de vista: eu não quero viver num Estado em cuja administração uma religião tem um poder de decisão predominante ou de peso. Ainda assim, a história teve muito mais nuances do que aquela que era triunfantemente apresentada.

Por exemplo, um livro fascinante, publicado por conta do centenário, reproduz a iconografia da propaganda anticlerical praticada trinta anos antes da separação. Ao olhar para ela, notei de imediato que trazia exatamente o mesmo tom da propaganda antissemita. Havia o cardeal perversamente sibarítico, com um nariz aquilino e uma púrpura diabólica; a aranha delgada e peluda que representava os interesses econômicos da Igreja e cujas patas, sinistras, tomavam posse do mundo inteiro; e o padre que acolhia criancinhas inocentes nas dobras de seu manto negro. Deve-se recordar que, a exemplo do que ocorreu na Rússia, a primeira consequência do secularismo na França foi um massacre sem precedentes.

Talvez uma das razões pelas quais os secularistas contemporâneos odeiam a religião em vez de simplesmente rejeitá-la seja o fato de eles saberem que, embora possam facilmente lograr o nível de ódio que a religião às vezes encorajou, sempre será difícil alcançar o nível de amor que ela, por vezes, também chegou a encorajar.

18. Absolutamente relativo ou relativamente absoluto

Se a moral e os valores são absolutos ou relativos talvez seja a questão – a que me sinto inclinado a dar diferentes respostas em diferentes momentos e ocasiões, de acordo com meu humor e meu interlocutor – mais crucial de nosso tempo. Não há dúvidas de que minha hesitação é sinal de falta de capacidade intelectual: neste momento de minha vida, eu deveria ter chegado a uma posição completamente consistente, e o fato de ainda não tê-lo feito provavelmente indica que jamais o farei. O problema é difícil demais para mim, que não tenho paciência ou persistência para me preocupar com ele até que tenha encontrado uma resposta que seja indubitavelmente correta – quer dizer, se existir uma.

Em estreita relação com a questão do relativismo moral está aquela do relativismo cultural. Se os valores morais não são absolutos, uma cultura não pode ser superior, em nenhum sentido absoluto, a outra. Mesmo se provássemos que a música alemã é objetivamente superior, digamos, à música albanesa, não temos justificativa para dizer que a cultura alemã é superior à albanesa, a não ser que também sejamos capazes de demonstrar que a produção musical é no mínimo um dos mais importantes propósitos ou traços de uma cultura, pelo qual seria possível julgá-la com justiça.

Tampouco a superioridade de determinada tradição política basta para determinar a superioridade da cultura ou civilização que a possui em relação a outra que não a possui, exceto se os valores atrelados à tradição política superior forem ele mesmos dotados de caráter universal e importância preponderante. Todos nós lembramos a famosa fala de *O Terceiro Homem*, de Graham Greene – a qual Nietzsche teria entusiasticamente aprovado –, que rejeita, com desdém, quinhentos anos de democracia suíça porque ela não produzira nada além do relógio de cuco. Pouco de nossa cultura – na verdade, pouco da cultura de qualquer um – sobreviveria se só fôssemos capazes de aprovar ou nos beneficiar daqueles artefatos produzidos sob o que hoje acreditamos ser as condições políticas aceitáveis. Além disso, também é perfeitamente possível que, tendo alcançado uma sabedoria política fundamental (sabedoria que gostamos de dizer que já temos, muito embora o futuro talvez nos reserve algumas surpresas um tanto desagradáveis), o valor de nossas produções culturais se afigure muito inferior ao das produções culturais de sociedades cuja necedade política vigorosamente condenamos. Além disso, é dado da experiência que, quando do colapso de sistemas políticos ou sociais terríveis e de sua substituição por sistemas que, ao menos abstratamente, são melhores, as pessoas nem sempre ficam mais felizes. É essa a verdade que se encontra por trás do ditado dos camponeses romenos (o qual me parece fruto de uma longa experiência no assunto), segundo o qual a mudança de governantes é a alegria dos tolos. Em minhas viagens, ademais, observei que, dentro de limites um tanto amplos (não, porém, infinitos), a correlação entre os bons governos e os sistemas sociais, de um lado, e as pessoas boas e felizes, de outro, não é tão forte como poderia ser. Talvez isso aconteça porque as condições fundamentais e as preocupações da existência humana não variam muito.

Fui forçado a refletir sobre esses problemas espinhosos ao ler, recentemente, a peça *Yerma*, de Federico García Lorca. Não sou um grande admirador da obra de Lorca, que me parece ora tão obscura que seu sentido fica além de qualquer entendimento discernível, ora profundamente comovente; além disso, na peça encontramos algumas incongruências que se me afiguram quase cômicas, como na ocasião em que Yerma oferece um copo de leite a seu marido camponês, Juan, para que ele se fortaleça antes de sair para trabalhar no campo.

Yerma, que significa "erma" e é o nome da protagonista da peça, contraíra com Juan um casamento arranjado. Ela anseia sobretudo por um filho, mas nunca concebe. Sua incapacidade de fazê-lo se torna para ela uma obsessão e, junto com a distância emocional e a indiferença de Juan pelo problema, acaba por arruinar sua vida.

Embora frio e distante, Juan é ciumento. Com efeito, o ciúme e uma problemática atenção à própria reputação parecem ser suas principais emoções. Ele acusa Yerma de sair em demasia e de dar margem a fofocas humilhantes entre os vizinhos. Diz-lhe ele: "Você sabe como acho que as coisas deveriam ser. Ovelhas no redil e mulheres em casa. Você sai demais. Já lhe disse isso antes". As coisas devem ser assim, ademais, porque, "para viver em paz, o homem deve estar com a cabeça tranquila". Por fim, ele traz suas irmãs para dentro de casa a fim de ficarem de olho em Yerma.

Não obstante a protagonista se sinta atraída – mesmo antes do casamento – por um homem chamado Victor, ela aceita que é questão de honra para a família não sucumbir à tentação. Victor também o aceita, e sabemos que, com isso, a única esperança de felicidade para Yerma se perde. No entanto, ambos têm em mente que há, na vida, objetivos maiores que a felicidade, que o destino pessoal dos dois não é a finalidade última de suas vidas.

Na cena final, Juan diz a Yerma que nunca quis um filho e que, não obstante, ele e ela poderiam viver felizes juntos. No entanto, a indiferença que ele demonstra pelo desejo mais profundo da esposa enfim a sobrepuja: quando ele tenta abraçá-la, ela o estrangula. As últimas palavras de Yerma na peça são: "Matei meu próprio filho! Matei meu próprio filho!". Com isso, quer dizer (creio eu) que, por mais que não ame Juan, ele era a única possibilidade de ela ter um bebê.

Para mim é impossível não recordar, quando da leitura de *Yerma* (peça que é muito mais do que um mero panfleto de realismo social), as jovens muçulmanas que tratei no hospital em que trabalhava.

Tenho a impressão de que, na peça de García Lorca, Yerma se encontra na cúspide de uma importante mudança cultural. O sentido todo de sua existência está na concepção de um filho; no primeiro ato, ela chega até mesmo a entoar canções para a criança que tanto deseja:

De onde vens, amor, meu menino?
Do que precisas, amor, meu menino?

Ela também aceita, sem refletir, que Juan deve ser o pai desse filho. Sua aceitação das regras da sociedade é quase plena: como dizem os sociólogos, ela as internalizou. Não obstante, ao contrário do que Juan lhe recomenda e do que talvez ela fizesse caso fosse religiosa à maneira espanhola tradicional, Yerma é incapaz de aceitar sua situação; ela é moderna o suficiente – ocidental o suficiente, poderíamos dizer – para julgar importantes seus próprios desejos. A tragédia vem de ela estar dividida entre aceitar e não aceitar os costumes e as ideias de sua época e lugar.

Muitas de minhas jovens pacientes muçulmanas se encontravam em situação semelhante: pertenciam o bastante à cultura de seus pais para desejarem ser filhas boas e obedientes, quiçá até submissas; por outro lado, também pertenciam suficientemente à cultura ocidental para julgar repulsivo aquilo que deveriam fazer ou ser por obediência. Como resultado, os pais acreditavam estar arranjando casamentos para as filhas, e as filhas, por sua vez, acreditavam estar sendo forçadas a casar.

Muitas vezes me surpreendeu que as mães das jovens não tomassem partido das filhas e se opusessem aos pais, que insistiam num matrimônio que haviam contraído sem consultar as meninas. Pelo contrário: as mães praticamente favoreciam os casamentos forçados (forçados, isto é, desde o ponto de vista das filhas) tanto quanto os pais.

Com efeito, quando as mães descobriam que suas filhas vinham se mostrando resistentes, com frequência tentavam fazer com que se sentissem culpadas, dizendo que a preocupação que tudo aquilo lhes causava as estava matando. Sofriam elas (as mães) de diabetes, de pressão alta; logo teriam um infarto e morreriam – e tudo por culpa de suas filhas. De fato, muitas vezes se jogavam no chão com as mãos sobre o peito, dizendo-se prestes a morrer, até que as filhas, culpadas, concordassem com tudo.

Sempre que conhecia alguma jovem que procurara escapar de um casamento forçado, perguntava-lhe se sua mãe já dissera estar morrendo após ouvir sua recusa. Todas riam e me perguntavam como eu sabia o que se passara em suas casas. Tratava-se de mero reconhecimento de padrões, respondia eu, uma vez que já havia escutado a mesma história inúmeras vezes.

Como explicar, porém, a cumplicidade dessas mães (em certas ocasiões, embora raras, de tal maneira que se tornavam cúmplices do assassinato da filha) num sistema que, a olhos estrangeiros, parece tão opressivo às mulheres? Será mesmo que todas as mulheres são irmãs em sua grande batalha contra os homens?

A resposta, creio eu, está em que essas mães cresceram num ambiente cultural muito diferente – e de tal maneira que sequer cogitavam a possibilidade de não fazer o que seus pais exigiam. Uma vez que não se pode lamentar o que não se pode conceber, as mães aceitavam sua sina com relativa tranquilidade, chegando mesmo a achar que tal sistema perduraria para sempre. (Trata-se de defeito humano, ademais, que os adultos, sabendo que grande parte de suas vidas já se foi e que não podem tomar rumo fundamentalmente distinto, não se alegrem em ver a geração seguinte tendo oportunidades que nunca se lhes haviam descortinado.)

A exemplo de Yerma, portanto, as jovens muçulmanas se encontravam no vértice de uma profunda mudança ou transformação cultural. Elas pertenciam, em parte, a uma cultura não individualista, na qual o constrangimento e o dever sociais são mais importantes do que a culpa e a felicidade privadas; ao mesmo tempo, entretanto, também integravam uma cultura individualista, em que a culpa e a felicidade privadas são mais importantes do que o constrangimento e o dever sociais. O conflito que existia dentro delas não era conciliável, e não creio que jamais tenha encontrado estado tão lastimável como o delas fora de uma guerra civil.

No caso da Espanha, é claro, o conflito foi decidido mais ou menos em favor de nossa cultura individualista. (Nos primeiros anos do governo Franco, as mulheres não podiam viajar sem a permissão de seus respectivos esposos.) Pode ser, é evidente, que a derrubada relativamente repentina e tardia de uma sociedade genuinamente patriarcal explique a taxa de natalidade um tanto baixa da Espanha – baixa até mesmo segundo os parâmetros europeus –, uma vez que a geração de filhos está profundamente associada, do ponto de vista psicológico, ao tipo de sociedade que Yerma conheceu e contra qual, em parte, se revoltou.

Todavia, o conflito perdura na população muçulmana da Grã-Bretanha – em grande medida (creio eu) porque o antigo sistema é constantemente reforçado por meio de casamentos contraídos no Paquistão. Assim, o conflito não se resolve de maneira nenhuma, mas é renovado. Tampouco restam dúvidas de que ele traz muitas recompensas aos jovens, por mais ocidentalizados que estes estejam noutros aspectos.

Se o antigo sistema era ruim – muito pior, do ponto de vista moral, do que o novo em qualquer sentido absoluto – não me parece ser a real questão. A verdadeira questão é: porventura pode ser ele conservado numa situação em que as pessoas não o aceitam inconscientemente como algo inevitável, como a única forma possível de viver?

A resposta é que ele provavelmente pode ser conservado por um período, mas somente mediante a força ou pela ameaça do uso da força, bem como às custas de um sofrimento considerável e evitável. Não é que a liberdade sempre conduza à felicidade – ela claramente não o faz. Antes, uma vez capazes de conceber alternativas ao caminho que lhes é ofertado como único, as pessoas se transformam para sempre, e negar a elas as oportunidades de que antes talvez jamais tomassem conhecimento (e, portanto, não existiam) equivale a infligir-lhes um sofrimento intolerável.

E, se evitar a imposição de um sofrimento terrível sobre as pessoas não é um valor universal, não sei que outro seria.

19. Uma estranha aliança

Antigamente diziam que não se deveria falar sobre sexo, religião ou política com gente fina. Pior para toda essa gente fina, pensava eu à época em que desfrutava do adolescente prazer das discussões travadas como um fim em si. Decerto há temas de que um jornalista deve se furtar caso deseje evitar reações iradas independentemente do que diga. De acordo com minha experiência, que reconheço limitada, esses temas são: arte moderna, síndrome da fadiga crônica e religião. De todas, porém, a religião é a pior.

Não escrevi muito sobre o tema, mas fui surpreendido pela veemência – para não falar na violência – das reações ao pouco que escrevi. Tal veemência vinha do fato de que, embora não seja religioso, também não sou mais o antirreligioso que fui quando, na infância e na adolescência, notei que Deus poderia não existir ou de fato não existia. Com efeito, posso notar uma série de vantagens, tanto do ponto de vista pessoal quanto social, numa visão religiosa de mundo. A utilidade das pretensões da religião não é indício de sua veracidade, é claro, não obstante essa utilidade provavelmente dependa da crença em sua veracidade.

Provavelmente, mas não com certeza. Gibbon nos diz que, em Roma, a observância religiosa, de natureza altamente sincrética, era assumida por gente que não aceitava a veracidade das crenças que lhe seriam subjacentes. As pessoas não abandonavam a observância em virtude do valor social da religião – noutras palavras, a verdade lhes era menos importante do que a coerência social. Antes de declararmos esses romanos hipócritas e mentirosos, deveríamos lembrar com que frequência, em prol da comodidade e da conveniência social, dizemos e falamos coisas que não são nem verdadeiras, nem nos oferecem conveniência alguma. Mostre-me alguém que é sincero o tempo todo e eu lhe mostrarei um grosseirão insuportável.

Espantado diante da estreiteza e da superficialidade da cultura moderna, bem como diante de seu desligamento das glórias passadas de nossa civilização, um holandês jovem e culto que conheço disse-me recentemente que iria converter-se ao catolicismo. Ele estava longe de ser crente, mas, com razão ou não, via a Igreja como o único bastião possível contra a onda de barbárie cultural que vem engolfando a maior parte da Europa.

Ele também me declarou que tocava a música de Bach (um dos feitos artísticos mais elevados de nossa civilização) no piano todo dia e que esperava fazê-lo até o momento de sua morte. Isso me fez achar que não excluía por completo a possibilidade da existência divina, uma vez que a música de Bach, por ele adorada, fora em grande medida inspirada pela crença em Deus, sendo inconcebível sem ela. O vínculo entre música e crença em Deus era antes psicológico do que lógico, mas forte ainda assim; e, como certa vez afirmou Pascal, o coração tem razões que a própria razão desconhece. No final das contas, isso quase sempre se aplica a todos nós.

Uma vez que aquele jovem holandês mostrava-se aberto à possibilidade da existência de Deus, insinuei eu que também era possível que a crença se seguisse à observância, e não o contrário. Fosse esse o caso, para ele eu só via vantagens. Parece-me que perceber um sentido ou propósito transcendente para a existência é fonte de grande conforto, e por vezes essa é uma grave lacuna na grande maioria dos jovens europeus.

Isso não é, nem de longe, o mesmo que querer viver sob uma teocracia, na qual a conformidade com observâncias religiosas exteriores é encorajada. Todavia, algumas das respostas que recebi a um artigo enviado recentemente para *The City Journal* – no qual sugeri que esses *best-sellers* assinados por ateus militantes, surgidos com a mesma repentinidade com que mudam as barras de saia no mundo da moda, não propunham nenhum argumento novo contra a existência de Deus (na realidade, você precisaria ser um filósofo muito bom para propor um argumento novo que a defendesse ou refutasse) e se valiam de uma historiografia da religião fundamentalmente falha e desonesta – foram tão veementes que se poderia ter a impressão de que eu sou um Torquemada ou um Khomeini, e não um mero escrevinhador expressando uma opinião que, no fundo, em nada mais consiste senão num apelo a certa compreensão mais sutil.

Não desejo repetir meus argumentos aqui. Antes, questiono por que aqueles livros – de autoria de Michel Onfray, Christopher Hitchens, Sam Harris, Richard Dawkins e Daniel Dennett – surgiram todos de repente e venderam tão bem, quando na verdade (talvez à exceção do livro de Daniel Dennett, que propõe uma explicação evolutiva da religião que me traz à mente a explicação dada por Marx, salvo o fato de referir-se à biologia ali onde Marx se referiu à economia) dizem tão pouco de novo.

As modas não são desconhecidas pelo mercado editorial, é claro. Com frequência, várias biografias de alguém relativamente obscuro e por muitos anos negligenciado vêm a público mais ou menos ao mesmo tempo, sem que tenha havido qualquer alinhamento entre as editoras – na realidade, tal alinhamento iria de encontro a seus respectivos interesses. Há pouco tempo, por exemplo, diversos livros foram publicados na Grã-Bretanha acerca da febre da tulipa na Holanda do século XVII; em seguida, vieram a público muitas obras sobre Eliza Lynch, a consorte irlandesa do ditador paraguaio Francisco Solano López, responsável por conduzir seu país naquela que possivelmente foi a guerra mais desastrosa da história do mundo. Há claramente uma tendência nos interesses de autores e editoras...

Ainda assim, suspeito de que seja necessário recorrer a algo mais do que a moda para explicarmos não somente o aparecimento, mas também o sucesso dos livros neoateus. As obras sobre a febre da tulipa e sobre Eliza Lynch não se tornaram *best-sellers*. Os livros de ateísmo, sim.

Permitam-me dizer, para que não seja acusado de utilizar argumentos *ad hominem*, que os motivos por trás do aparecimento e do sucesso desses títulos não são indícios nem da procedência nem da improcedência de seus argumentos, que devem ser avaliados por outros meios e a partir de outros alicerces. No entanto, isso não significa que o motivo de terem aparecido e vicejado agora, nas conjunturas atuais, seja algo sem importância ou interesse. Meus palpites não são passíveis de demonstração rigorosa, mas, se só pudéssemos pensar naquilo que é passível de demonstrações assim, nossas cabeças logo ficariam vazias.

Creio haver duas conjunturas – uma predominantemente americana e outra global – por trás do surgimento e do sucesso desses livros.

A ascensão do cristianismo evangélico como força política nos Estados Unidos suscitou a reação dos livres-pensadores da *intelligentsia*, que veem nesse crescimento o risco de uma teocracia. Se a ameaça é real e verdadeiramente temida, duvido muito; certamente a tradição política e a Constituição americanas têm força para impedir o surgimento de uma teocracia nos Estados Unidos. Todos os intelectuais, porém, adoram travar lutas contra bichos-papões imaginários: eu mesmo faço isso de vez em quando.

É bem verdade que os evangélicos possuem influência considerável, mas democracia é isso aí. Afinal, existe um monte deles pelo país e não é possível cassar seus direitos. Não há dúvidas de que desejam impor sua visão moral à nação, mas o mesmo acontece com todo mundo. Afirmar que a mulher tem direito ao aborto porque é dona de seu corpo não é postura menos moral do que dizer que matar um feto é eticamente igual a alvejar um homem a sangue-frio no meio da rua. Pessoalmente, acredito que ambas as posições estejam erradas e que, na medida em que for proposto nesses termos, o debate continuará sendo bruto e dará origem a muito ódio. No entanto, a influência política dos cristãos evangélicos numa democracia em que eles existem aos milhões é perfeitamente normal e não acarreta a consolidação de teocracia nenhuma. Além disso, vale lembrar que a carapeta do tempo traz consigo suas vinganças.

A segunda conjuntura, evidentemente, é a ascensão do islamismo como força global que ruma para um totalitarismo novo. Não cabe aqui discutir se o islamismo é ou não é uma religião intrinsecamente totalitária (embora valha a pena recordar quão poucos, há meros vinte anos, atentavam para ele enquanto potência política relevante). Suspeito de que a derrocada da União Soviética – a qual foi também responsável, é claro, pelo fim do *apartheid* na África do Sul – e a subsequente destruição do nacionalismo socialista como possível forma de salvar os países pobres ou desesperados (pobreza e desespero não são a mesma coisa) tenham estimulado a elevação do islamismo à condição de mais novo embusteiro utópico. Já existiam islâmicos antes da queda da União Soviética, é claro, mas eles só ofereciam uma solução falsa em meio a tantas outras. Após a queda, o islamismo encontrou todo o caminho livre para si – com exceção da democracia liberal, que é inerentemente bagunçada e não satisfaz os preguiçosos e impacientes.

O islamismo é uma ameaça real que se torna ainda pior em virtude da resposta covarde da maioria dos governantes ocidentais, incluindo o dos Estados Unidos. Desde a perspectiva europeia, a guerra do Iraque não passa de um espetáculo secundário se comparado à crise do cartum dinamarquês, que a longo prazo foi muito mais relevante para nossa civilização e para nosso estilo de vida. Ali, os governos britânico e americano fracassaram completamente e acabaram dando, na prática, uma mãozinha aos islâmicos.

Os neoateus estão certos quando veem no islamismo a ameaça da teocracia. No entanto, ao atacar toda e qualquer religião, acabam por se assemelhar ao governo francês, que proibiu não somente o uso de véus nas escolas, mas também o uso de qualquer adorno religioso, não obstante a utilização de uma Estrela de Davi ou de um crucifixo tivesse e tenha relevância social completamente diferente da do uso do véu. Em nome da não discriminação, o governo francês foi incapaz de discriminar adequadamente – e uma discriminação adequada é, ou deveria ser, praticamente tudo o que importa na vida. Se houvesse na França uma enorme quantidade de cristãos ou judeus que desejassem uma teocracia, que apresentassem um histórico recente de terrorismo e que intimidassem os outros em prol do uso de crucifixos e Estrelas de Davi, a proibição de tais adereços também estaria justificada. O uso do véu deveria ser permitido novamente quando o islamismo se tornasse apenas mais uma confissão privada entre tantas outras, destituído do significado político que hoje possui.

Ao atacar toda e qualquer religião sem discriminações, os autores ateus – sem o saber ou querer, estou certo – acabam por fortalecer o braço dos islâmicos. Quando defendem, por exemplo, que educar um filho segundo certa tradição religiosa – ainda que se trate do anglicanismo mais brando – é o mesmo que violar a criança (com o natural corolário de que a lei deveria proibi-lo: afinal, como uma lei poderia permitir a violação infantil?), alguns desses autores estão dando munição aos islâmicos, que poderão com justiça dizer a seus fiéis: "Viram só? É tudo ou nada. Se damos um centímetro que seja aos secularistas, eles pegam um metro. Por conseguinte, nenhum meio-termo com o secularismo é possível. Apeguem-se a nós".

O islamismo é um alvo que merece sê-lo, é claro, mas também um alvo que vem sendo bastante almejado (embora eu recomende com enorme veemência o livro Brother Tariq: The Doublespeak of Tariq Ramadan, de Caroline Fourest, publicado pela Encounter Books). Sugerir, no entanto, que todas as formas de religião são iguais, que são todas sanguinárias e perigosas, não é servir à causa da liberdade e da tolerância, mas fazer o jogo daquela gente mesma que deveríamos detestar; é dar-lhes de bandeja as ferramentas retóricas com as quais podem declarar, aos crédulos, que nossas liberdades não são genuínas e nossa tolerância é mero simulacro. É fazer o que, antes, eu julgaria impossível: deixar-lhes com a razão.

20. Petróleo em águas revoltas

Com muita frequência, lê-se que determinado país – o Congo, por exemplo – é pobre a despeito de seus recursos naturais abundantes. O tom com que o dizem costuma ser pesaroso e um pouco surpreso; o autor parece acreditar que os recursos naturais deveriam se desenvolver por conta própria e beneficiar as pessoas sem qualquer intervenção humana, simplesmente pulando do chão, por exemplo, e distribuindo-se a si mesmos com igualdade.

No entanto, sem sabedoria política, a abundância de recursos naturais costuma estar mais para maldição do que para bênção. Muitas das regiões mais prósperas e bem governadas do mundo não foram nem um pouco favorecidas pela natureza. O homem não alcança seu apogeu quando recebe ou almeja algo sem ter de dar nada em troca.

Eu percebi isso quando estive numa ilha chamada Nauru, localizada na região central do Pacífico. Ela tinha cerca de 16 quilômetros de circunferência e uma população que se resumia a aproximadamente quatro mil indígenas. Ainda assim, foi por certo período o país mais rico do mundo em renda *per capita*.

Ao longo de quase toda a sua história, os nauruanos viveram à base de peixe e coco, num estado a que os antropólogos deram o nome de "subsistência generosa". Todavia, seu território estava revestido de uma rocha de fosfato muito valorizada como fertilizante. Tomada pela Alemanha no final do século XIX, a ilha ficou sob domínio australiano, britânico e neozelandês durante a Primeira Guerra Mundial, tendo seu fosfato extraído pela British Phosphate Commission, uma fusão de interesses britânicos, australianos e neozelandeses.

Em 1968, os nauruanos conquistaram a independência e tomaram posse dos próprios recursos. Mais ou menos da noite para o dia, eles ficaram muitíssimo ricos, o que porém não resultou em algo de todo feliz. Os estrangeiros exploravam as minas e os nauruanos recebiam os lucros. Tudo não passava de um presente gratuito, não obstante alguns recebessem mais regalos do que outros, uma vez que a posse das terras e, portanto, os *royalties* do fosfato eram distribuídos de maneira desigual. Todos, porém, tinham casa, água, eletricidade e telefone de graça.

Essa não era uma receita para a diligência. Os nauruanos se tornaram fisicamente inativos e comiam de maneira abissal, numa média de cinco mil calorias por dia (chegou-se a encontrar quem desse conta de 14 mil). Eles gostavam de refrigerantes e bebiam caixas de Fanta com 24 latinhas; tomavam também Château d'Yquem. Em pouco tempo, cerca de metade da população já estava diabética.

Infelizmente, o fosfato se esgotou e deixou a terra devastada. Como era de se esperar, os nauruanos foram enganados por malandros e perderam, enquanto se destruía seu estilo de vida tradicional, todas as suas reservas financeiras. Tão grande tragédia jamais teria ocorrido não fosse pelo fosfato.

A Nigéria é outro país que visitei e que foi amaldiçoado pela presença de recursos naturais (o petróleo, no caso) ou, antes, pela incapacidade política de bem empregá-los. O que parecia sorte logo se revelou azar.

A exemplo da maioria dos países da África, a Nigéria tinha expressão geopolítica. Embora claramente desenvolvesse certa identidade própria, ela abriga um enorme contingente de grupos étnicos e linguísticos distintos. O petróleo, que logo se tornou seu principal produto de exportação, estava concentrado numa pequena região do país, ao contrário das pessoas.

A política nigeriana se tornou uma batalha pelo controle das receitas petrolíferas. A receita cambial gerada pelo petróleo possibilitou que o país importasse tudo com custo inferior àquele que teria caso produzisse por conta própria, incluindo os alimentos. Um ministro nigeriano certa vez declarou que o problema da Nigéria não estava em como conseguir dinheiro, mas em como gastá-lo. A agricultura nigeriana, outrora promissora, entrou em declínio e deu lugar a uma urbanização abominável.

Embora enormes, as receitas do petróleo nigeriano não bastariam para garantir um alto padrão de vida a todos nem mesmo se tivessem sido distribuídas igualmente, e não apropriadas pelas elites políticas e militares que lutavam por seu controle. Essa disputa constituía o cerne da vida pública no país.

Eu costumava visitar a Nigéria com certa regularidade, e ali conheci o escritor Ken Saro-Wiwa, que acabou sendo enforcado pelo então ditador do país, o general Abacha. Saro-Wiwa, responsável por um maravilhoso romance sobre a guerra civil nigeriana intitulado *Sozaboy*, vinha do Delta do Níger, de onde procedia também o petróleo. Ali, deu início a um movimento político que buscava obter receitas petrolíferas para sua tribo, a dos ogoni. Embora grande parte do petróleo viesse da Oganilândia, os ogoni quase não recebiam os benefícios financeiros que dele procediam. Enquanto isso, seus riachos, florestas e zonas de pesca eram amplamente destruídos por vazamentos.

Tratei com ele de seu movimento quando o visitei em Port Harcourt, maior cidade da região. Na ocasião, expus-lhe a pessimista crença em que logo aquilo resultaria em violência. Saro-Wiwa, porém, homem nada violento e dotado de um senso de humor maravilhoso, disse-me que a situação já era tão ruim que não poderia piorar. Infelizmente, acabou sendo eu a estar certo, e não apenas Saro-Wiwa perdeu a vida como também a violência se tornou endêmica. (É bem possível, obviamente, que isso viesse a acontecer mesmo sem sua iniciativa.) De todo modo, o petróleo não foi uma bênção para ninguém na Nigéria que não tenha colocado as mãos em grande parte da pilhagem.

Isso nos leva aos senhores Putin e Chávez, cujo prestígio depende das grandes reservas de petróleo e gás em seus respectivos países. Porventura a posição de ambos seria possível não fossem o petróleo e o gás? E não estão ambos levando seus países ao desastre?

É bem verdade que Chávez perdeu por uma margem ínfima o referendo que lhe conferiria presidência perpétua caso assim o desejasse – derrota pela qual veio a parabenizar seus oponentes. No entanto, o que de mais relevante ele disse após a derrota foi: "Por ora, não deu". Noutras palavras: se não conseguir de primeira, tente de novo e de novo. É da natureza dos regimes plebiscitários que sejam realizados plebiscitos até a população acertar a resposta que o líder ou a elite bem-pensante tem por correta; nesse caso, nenhum plebiscito ulterior se faz necessário – ao menos acerca do mesmo tema.

Chávez é um caudilho latino-americano cujas medidas populistas só se fazem possíveis graças às receitas do petróleo. Noutros aspectos, lembra-me o general Melgarejo, presidente boliviano do século XIX que certa vez afirmou: "Governarei a Bolívia pelo tempo que me aprouver e enforcarei, na árvore mais próxima, todo aquele que não o aprovar". Chávez também me traz à mente Rufino Barrios, ditador guatemalteco do século XIX que foi visto tirando a Constituição da Guatemala do bolso, dobrando-a em quatro, colocando-a numa cadeira e sentando-se em cima.

De todos os que esbanjam dinheiro de petróleo, Chávez é o mais exibicionista e extravagante, oferecendo, a um número enorme de pessoas, a ilusão de que tomarão parte numa riqueza imerecida que derreterá como a neve sob o sol da primavera. Chávez é resultado de uma união entre receita do petróleo e insensatez política, a derradeira torção de uma espiral perversa que, formada pela corrupção do passado e pelo ressentimento do presente, produz ainda mais corrupção e mais ressentimento. A Venezuela já experimentara bonanças petrolíferas antes e dissipara todo o dinheiro em projetos que não diferem por completo do projeto de Chávez, sem porém que o país ficasse melhor, quando do colapso do preço do petróleo, do que estaria se ele jamais tivesse subido. A tragédia (caso a perda de oportunidades constitua de fato tragédia) está se repetindo, embora agora haja a possibilidade de uma ditadura real.

Putin é uma figura muito mais séria e sinistra. No final das contas, vê-se em Chávez um bufão ridículo e exibicionista, como outrora foi o caso de Mussolini. Além disso, a Venezuela jamais poderá ameaçar a paz mundial de alguma maneira relevante. O caso da Rússia é diferente.

É bem verdade que as exportações da Rússia dependem do petróleo e do gás tanto quanto as de qualquer país insignificante; no entanto, isso não quer dizer que ela mesma seja insignificante. Foi sempre um equívoco ver na União Soviética um Alto Volta com mísseis: Alto Volta não produziu mísseis e jamais os poderia produzir, ao passo que a União Soviética o fez. A Rússia vem ressurgindo graças ao petróleo e ao gás, e essa não é uma boa-nova nem para a Rússia, nem para o resto do mundo.

As receitas do petróleo e do gás permitiram que o sr. Putin se afigurasse ao povo russo como resposta às desgraças econômicas que afetam cronicamente o país. Sua gente anda mais do que disposta a trocar um pouco de liberdade, de cujos benefícios jamais estiveram convictos, por um pouco de ordem. Sem o petróleo e o gás, porém, o histórico do sr. Putin teria se revelado muito distinto e não haveria como compensar seu autoritarismo. O que de melhor se pode dizer dele é que não desperdiçou por completo as cartas que o destino lhe deu. De todo modo, o petróleo e o gás tiveram lá seu papel na preservação da tradição autoritária russa – a qual, embora se possa adequar ao temperamento dos cidadãos, jamais lhes trouxe grande felicidade.

Tão grandes têm sido as receitas do petróleo e do gás – a Rússia ocupa, hoje, o terceiro lugar em reservas de moeda estrangeira no mundo – que o país se viu capaz de adotar uma política de "armas e manteiga". Não somente a Europa Ocidental depende por completo dos russos no que diz respeito ao abastecimento de gás – só a Alemanha, num total de 80% (e a Rússia já utilizou como arma a tentativa de reduzir o fornecimento a seus vizinhos mais fracos) – como também só a Rússia possui força militar relevante no continente europeu. A combinação de dinheiro no bolso, poderio militar e ressentimento pela derrota na Guerra Fria, associada às tradições políticas russas preexistentes, não é lá muito reconfortante.

Também não é como se o povo russo pudesse esperar grandes coisas disso tudo. O poder militar sempre pareceu mais importante aos regimes russos do que o bem-estar da população – o que talvez seja um efeito de longo prazo da invasão mongol. Se por alguma razão as exportações russas de petróleo e gás decaírem, já estará armado o cenário para um verdadeiro tumulto.

Em contrapartida, a Noruega empregou suas receitas petrolíferas com relativa sabedoria. Isso não quer dizer que os noruegueses formem uma nação sumamente feliz, que sorriam em regozijo sempre que caminham por Oslo; talvez por questões geográficas e climáticas, eles jamais se notabilizaram por sua alegria. No entanto, também não esbanjaram por aí o dinheiro do petróleo, preferindo investi-lo para o dia em que vier a faltar.

Os noruegueses não permitiram que o montante fosse investido na Noruega propriamente dita porque temiam desfigurar a economia local; tampouco estão utilizando os rendimentos que esse dinheiro produz. Noutras palavras, eles tiveram de viver como se o dinheiro do petróleo não existisse. Dada a sua visão puritana de mundo, não sei se um dia ficarão moralmente tranquilos vivendo dos dividendos que sua presciência e moderação lhes terão possibilitado; por alguma razão, tenho lá minhas dúvidas. Nesse caso, os noruegueses simplesmente continuarão a acumular bens como bons e velhos avarentos em seus departamentos de contabilidade, ao mesmo tempo que gastam certo quinhão de sua riqueza em causas ruins – no auxílio à África, por exemplo.

Tal avareza, no entanto, ao menos lhes possibilitará escolhas que o esbanjamento populista de Chávez jamais oferecerá aos venezuelanos. Seja como for, a questão é que a precaução e o bom senso dos noruegueses não foram criados pelo petróleo, mas precederam à chegada do dinheiro que ele traz. Eles tiveram origem numa cultura preexistente.

Esta é, segundo me parece, uma lição importante: não há no mundo uma fórmula única para o sucesso ou o fracasso, e o bom senso e a sabedoria vêm antes de dentro do que de fora. Nas circunstâncias atuais, a Venezuela seria tão incapaz de se comportar como a Noruega quanto a Noruega seria incapaz de se comportar como a Venezuela, não obstante ambas possuam reservas imensas de petróleo e gás. Caso Chávez fosse derrubado, não creio que o dinheiro do petróleo seria mais bem empregado, embora claramente o regime viesse a se tornar menos ditatorial; do mesmo modo, não é de se esperar que a Noruega se torne um antro de corrupção despreocupada e frívola caso a oposição seja elevada ao poder.

Eu hesito em citar Marx, mas acredito que ele teve razão ao afirmar que os homens, ao fazerem a própria história, não a faziam da maneira que lhes agradava. E isso é algo que os responsáveis pelas políticas externas deveriam ter sempre em mente.

21. Os prazeres do assassinato

Quando descreveu o assassinato de Benazir Bhutto como algo covarde, o presidente Bush escolheu exatamente a palavra errada. (Não foi ele o único a fazê-lo, mas foi decerto o mais importante.) Na realidade, aquele ato fora bastante corajoso, uma vez que assassinar alguém no meio de uma multidão imprevisível e que lhe é favorável requer imensa coragem, sobretudo quando você se explode em seguida apenas para assegurar seu sucesso. Não são muitos os que têm esse nível de coragem; eu certamente não tenho.

Os dois militantes islâmicos que tiveram uma ligação supostamente interceptada pelo serviço de segurança paquistanês e que, segundo este, foram os verdadeiros organizadores do assassinato acertaram ao chamar os dois responsáveis de "garotos valentes". Eles foram valentes mesmo; não sei como seria possível negar isso. Mesmo se a transcrição do telefonema for obra de ficção, seus autores compreenderam algo que o presidente Bush não compreendeu.

Por que então, nesse aspecto, o líder do Mundo Livre está errado e os militantes islâmicos (presumindo, por razões de argumentação, que a intercepção foi real), certos? Creio que isso se dê por conta de uma confusão acerca da natureza de certas virtudes, entre elas a valentia. Em geral toma-se a valentia como virtude, como algo que admiramos; por outro lado, o assassinato de Benazir Bhutto constituía algo desprezível, que deploramos. Por conseguinte, devemos negar a valentia dos assassinos e chamá-los de covardes: caso contrário, admitimos que são, ao menos sob certo aspecto, gente virtuosa. Afinal, o que é ser virtuoso senão exercer uma ou mais virtudes?

A realidade, no entanto, é que a coragem ou valentia não é uma virtude que independe das circunstâncias em que é exercida. A coragem que almeja um objetivo desprezível não é virtude nenhuma; antes, trata-se de seu oposto. A maioria das virtudes só é virtuosa quando praticada corretamente, ou seja, quando aspira a objetivos louváveis. Poucas são corretas em toda e qualquer circunstância.

Essa confusão não diz respeito apenas à retórica política; ela também penetra outras esferas da vida, como a crítica de arte. É comum escutarmos a palavra originalidade sendo empregada como termo elogioso a respeito de uma obra de arte, sem que se analise se a originalidade produziu algo que valha a pena por si só. No fundo, é fácil ser original; não há nada mais fácil do que pensar em algo que ninguém jamais fez – em meia hora deve ser possível elaborar uma lista de cem coisas assim. No entanto, muitas vezes há razões extremamente boas por trás do fato de ninguém as ter feito, sendo a principal o fato de que fazê-las não teria nenhum valor estético ou intelectual. Originalidade não é uma virtude por si só quando aplicada a obras de arte (ou a qualquer outra coisa), e não é de surpreender que uma obra de pouco valor, ou até de valor negativo, seja o resultado de uma busca da originalidade que carece de qualquer objetivo ulterior. Ninguém valorizaria uma teoria científica original se não houvesse evidência em seu favor (não obstante ela possa, ainda assim, nos levar à reflexão).

A maioria das virtudes depende das circunstâncias em que é exercida. Somente um kantiano rigoroso defenderia, por exemplo, que é moralmente obrigatório indicar a um assassino onde está sua vítima porque é preciso sempre dizer a verdade. (Certa feita, enquanto passeava com meu cachorro, um carro cheio de jovens se aproximou de mim. Achei que me perguntariam como chegar a alguma rua próxima, mas em vez disso o motorista indagou: "Com licença, meu amigo, você sabe para que lado ficam as prostitutas?". À época, as prostitutas, todas elas viciadas, não ficavam muito longe. Era certo ou errado dizer aos jovens onde encontrá-las? Optei pelo meio-termo e dei-lhes apenas orientações bem vagas.)

As virtudes que são praticadas independentemente das circunstâncias acabam por se tornar assustadoras. Muitas vezes (nem sempre, porém), uma valentia radical ou habitual resulta em imprudência, e o assassinato de Benazir Bhutto constitui exemplo de um caso em que isso não aconteceu. Aquela é indiferente ao perigo, ao passo que o homem-bomba não o foi; para ele, o único perigo estava em não conseguir morrer pela causa. Ele não era imprudente, mas determinado.

O exercício correto de quase todas as virtudes imagináveis depende do juízo moral. A honestidade, que geralmente é virtude, pode logo se converter no sádico prazer de articular verdades dolorosas apenas para causar sofrimento e angústia. A generosidade e a bondade, quando exageradas, humilham o receptor e perigam resvalar num exercício de poder sobre os outros. A prudência pode virar pusilanimidade e disfarce para a covardia e a passividade. A polidez, quando invariável e invariante, transforma-se em insinceridade – e assim por diante.

Tudo isso é muito claro, ao menos após uma breve reflexão. Todavia, costumamos nos esquecer disso no calor do momento, e quando não queremos atribuir a um inimigo certa qualidade que sob algumas circunstâncias é virtude, atribuímos-lhe o vício oposto, não obstante inexista evidência de que ele sofra de tal mal.

O oposto de valentia é covardia, obviamente. E aqui nos vemos diante de uma assimetria: se a valentia nem sempre é virtude, a covardia é sempre vício. Ao mesmo tempo, a ausência de uma valentia positiva não é covardia sempre – não dizemos que é covarde alguém que decidiu fugir a fim de retornar ao combate mais preparado; antes, denominamo-lo prudente. É claro: na prática, as motivações humanas costumam vir misturadas ou entremeadas. Um homem pode dizer que age por prudência quando, na verdade, deseja apenas salvar a própria pele – não para retornar ao combate noutra ocasião, e sim para tirar vantagem. Que isso aconteça com frequência, porém, não significa que a virtude da prudência, oposta como é ao aventureirismo, não exista.

Não nos basta, portanto, negar a um inimigo aquela qualidade que em certas circunstâncias é virtude. Não queremos que achem, afinal, que estamos sendo compassivos para com ele e, desse modo, tentamos dotá-lo do vício oposto – no caso dos assassinos de Bhutto, a covardia, ainda que os indícios não a demonstrem e, na realidade, apontem para outra direção.

É muito mais fácil conceber alguém que represente perfeitamente um vício do que alguém que represente perfeitamente uma virtude, e é por isso que na literatura os vilões costumam ser mais memoráveis e críveis do que os heróis. É muito mais fácil encontrar um defeito em Benazir Bhutto, por exemplo, do que algo positivo em seus assassinos. (Após sua morte, não demorou para que mencionassem que se tratava de alguém arrogante; que se julgava no direito de fazer tudo; que fora possivelmente corrupto, ou ao menos muito tolerante com a corrupção; que sua condição de democrata era questionável). Como vimos, a valentia dos assassinos não conta como virtude, e qualquer virtude menor que possam ter tido – tratar bem as mães, por exemplo, ou serem irmãos atenciosos – não tem valor nenhum se comparada ao mal que causaram.

Seria plenamente possível, creio eu, tratar aqueles que planejaram o assassinato como covardes, no sentido de que mandaram um ou dois jovens para uma morte quase certa que eles mesmos não arriscariam. Por outro lado, também seria fácil vislumbrar como justificariam algo assim para si mesmos: tal jovem era dispensável à causa, ao passo que eles, devido a suas experiências e habilidades, não; de todo modo, os jovens ou jovem em questão acabariam se beneficiando de seus atos. Além do mais, parece-me improvável que os planejadores fossem covardes: eu viajei um pouco por aquela região, e são poucos os covardes que lá vivem. Aqueles homens não são mais covardes do que os generais que não se expõem rotineiramente nas linhas de fogo.

Será que de fato importa que o assassinato de Benazir Bhutto seja descrito incorretamente pelo presidente e por outras figuras notáveis? Afinal, o que importa é o acontecimento propriamente dito. As palavras não passam de calculadores, como diz Hobbes; todavia, constituem a moeda dos tolos.

Nesse ponto, concordo com Confúcio: acho que as palavras importam. Se o que se diz não é o que se queria expressar, o cinismo acaba corroendo tudo.

Chamar o assassinato de covarde indica que falta clareza de pensamento não somente no que diz respeito ao acontecimento em si, mas também à virtude da coragem e, talvez, à virtude como um todo. E nós queremos que nossos líderes sejam perspicazes, que não deixem de entender aquilo por que eles e nós passamos. Nós certamente não estamos diante de um bando de covardes.

Muitas são as formas pelas quais o assassinato poderia ter sido bem caracterizado, sem que fosse preciso recorrer à única palavra que não era verdadeira. Obviamente, tratou-se de um ato de imensa brutalidade. Que tipo de gente acha que tem o direito de matar vinte pessoas de maneira mais ou menos aleatória durante um comício pacífico (a não ser que a mera presença no comício fosse justificativa suficiente para matá-las, caso em que milhares de pessoas, quiçá milhões, poderiam ser justamente mortas)? Os valentes não necessariamente pensam de forma boa e clara.

Talvez a clareza de espírito não seja o atributo humano mais comum, não obstante Descartes nos diga que todos ficamos satisfeitos com nossas faculdades racionais. O que aqueles manifestantes que, após o assassinato, quebraram vitrines e incendiaram automóveis julgavam conseguir com suas atividades? A que propósito acreditavam estar servindo?

Tendo comparecido a um ou outro protesto (como observador, venho logo acrescentar), devo dizer que eles estavam antes se divertindo do que servindo a alguma causa política. A indignação moral é um prazer em si – um dos poucos que não custa coisa alguma e um dos poucos que nunca desaponta. Entretanto, ele não é nada se comparado aos prazeres da destruição perpetrada por uma boa causa. Que prazer há que seja maior do que quebrar uma vidraça pelo bem do próprio país? Foi Bakunin, aristocrata e anarquista russo do século XIX, quem declarou que o ímpeto destrutivo é também um ímpeto criativo. Ele teria sido mais preciso se dissesse que se trata de um ímpeto prazeroso.

Quanto a mim, quando extravaso minha raiva (algo que tento fazer o mínimo possível, justamente por causa disso), escuto uma voz calma e fraca, localizada – fisicamente, ao que me parece – na parte de trás ou no interior da minha cabeça, a dizer: "Você bem que está gostando disso". E eu sei que essa voz calma e fraca está dizendo a verdade.

Não quero, de modo algum, dizer que a raiva jamais é justificada; em certas ocasiões, até a raiva mais extremada o é. Em muitos casos de raiva, porém, quiçá na maioria deles, nós na verdade estamos nos deleitando e extravasando de maneira desproporcional, uma vez que expressar a raiva é algo prazeroso por si só. Incendiar carros pela rua e quebrar vitrines certamente não constituem reação aceitável ao assassinato de Benazir Bhutto – trata-se, antes, de um pretexto para que o vândalo que se encontra à espreita dentro de cada homem civilizado dê as caras e se ponha em ação. O tinido do vidro, o crepitar das chamas: existem barulhos mais tranquilizantes ao ouvido humano, mesmo que apenas por um tempo?

Foi o prazer despercebido da indignação moral que matou Benazir Bhutto. A indignação moral é o único prazer permitido aos fanáticos religiosos, ao qual, porém, eles podem se entregar por inteiro. E, infelizmente, trata-se de um prazer inexaurível.

Acho que começo a ver, como por espelho e em enigma, por que o velho "Conhece-te a ti mesmo" dos gregos tinha importância tão fundamental.

22. Uma análise de custo-benefício da análise de custo-benefício

Não é preciso dizer, espero eu, que sou absolutamente contra o assassinato. Se fosse possível eliminar da Terra este que é o mais antigo e terrível dos crimes, eu decerto me regozijaria. Por que motivo, então, quando me pedem para preparar relatórios médico-legais sobre casos de homicídio (seja para a defesa, seja para a acusação), fico tão contente e ansioso por receber e ler toda a documentação? Por que isso acontece, quando sei muito bem que um mundo sem assassinatos seria muito melhor do que este em que vivemos?

A maioria dos assassinatos é tão somente sórdida, daquele gênero que Sherlock Holmes menosprezaria por não apresentar dificuldade nenhuma, ao menos do ponto de vista da identificação do perpetrador. Eles são levados a cabo em circunstâncias terríveis; constituem problemas, para utilizarmos a terminologia do detetive, que não pedem cachimbo nenhum. Não obstante, a maior parte contém aspectos contestáveis, muitas vezes de natureza médica – e, se algum aspecto puder ser contestado, os advogados o contestarão.

Agrada-me a disciplina que o procedimento judicial impõe. Não há nada como a possibilidade de ser interrogado por um advogado inteligente para fazer com que a pessoa tome muito cuidado com o que diz, sem nunca se afastar do que é estritamente defensável a partir das evidências disponíveis. É raro termos tantos limites na vida, e o que é incomum muitas vezes traz os encantos da novidade. O fato é que a meticulosidade tem seus prazeres e recompensas psicológicas.

Testemunhar com frequência se torna uma batalha de inteligências, o que é mais um motivo a explicar por que o julgo tão agradável. Ao longo dos anos, aprendi que a loquacidade no banco das testemunhas é desastrosa e que a taciturnidade é, de longe, a melhor estratégia. Quando alguém que está prestes a testemunhar pela primeira vez me pede conselhos, digo-lhe que se expresse da maneira mais monossilábica possível. Quanto mais se demorar falando, mais provável é que diga bobagem – e um comentário bobo influencia mais os jurados do que cem comentários sensatos.

Caso o advogado adversário assinale que você negligenciou algo, é preciso concordar de imediato, pois, em nove de cada dez ocasiões assim, mostrar-se de acordo tira dele a vantagem e faz você parecer, aos olhos do júri, alguém sensato e, é claro, alinhado à verdade.

Todavia, o real prazer que sinto ao tomar parte nesses casos vem de meu contato com os extremos da experiência e da emoção humanas, bem como daquilo que eles me ensinam acerca do coração do homem. Além disso, qualquer jantar fica mais animado se você contar anedotas sobre assassinos, e acho que jamais conheci quem não se interessasse pelo tema do assassinato (ou então as pessoas disfarçavam sua falta de interesse muito bem).

Se inexistisse assassinato – o que evidentemente seria algo bom – minha vida se tornaria bem menos rica do que é hoje. Não estou dizendo que não viria a encontrar uma fonte alternativa de interesse; é claro que eu o faria. O mundo tem tantas coisas interessantes que mil vidas não seriam capazes de exauri-las. No entanto, tendo refletido um pouco sobre o assassinato e relido o *Henrique IV* de Shakespeare, coloquei-me a pensar sobre a constituição um tanto peculiar do homem, segundo a qual um mundo sem problemas seria extremamente problemático. O céu na terra resultaria, no fundo, em inferno na terra.

Falstaff, como vocês decerto se recordam, é homem preguiçoso, covarde, ostentador, fornicador, aspirante a ladrão, parasita, glutão e beberrão. Não há nele muita virtude, sobre cuja possibilidade chega mesmo a lançar dúvidas: "Que é a honra?", pergunta, já respondendo: "Uma palavra. Que há nessa palavra 'honra'? Que honra é essa? Ar".

Ainda assim, longe de odiá-lo ou desprezá-lo, nutrimos por ele a mais profunda das afeições. Quando Falstaff diz: "Expulsai o rechonchudo Jack e havereis expulsado o mundo inteiro", não apenas sabemos o que ele quer dizer, mas também lhe damos consentimento. Trata-se da resposta perfeita ao puritano ou entusiasta moral que deseja um mundo perfeito, isento da mácula moral mais ínfima – para quem alguns pecadilhos não se distinguem do pecado mortal ou de uma maldade extrema.

Jaz aqui uma dificuldade. Queremos que o mundo seja grande e vasto o suficiente para que um Falstaff possa habitá-lo, mas não queremos um número muito grande deles. Não queremos que todos sejam um Falstaff e nunca o utilizaríamos como modelo para nossos filhos, dizendo-lhes que deveriam imitá-lo. Tomamos conhecimento de Falstaff quando já na casa dos cinquenta anos (alguém velho para os padrões elisabetanos), e não durante sua juventude, quando talvez fosse gravemente desconcertante e desagradável.

Muitas vezes ao longo da minha carreira, notei que pessoas tidas como repreensíveis segundo os critérios racionais acabam por dar contribuições positivas ao mundo. Lembro-me de um hospitalzinho muito alegre em que um dia trabalhei e no qual trabalhava um porteiro beberrão. Tratava-se de um homem preguiçoso, em quem não se podia confiar, e muitas vezes outras pessoas precisavam fazer o trabalho por ele. No entanto, longe de ser odiado ou menosprezado, todos o adoravam; de alguma maneira, ele contribuía para o espírito de equipe do hospital inteiro, cujos funcionários o carregavam nas costas com alegria (às vezes, literalmente). Desde o ponto de vista da administração racional, ele não deveria ter sido contratado; porém, a tentativa de eliminar todos os "personagens" do grupo de empregados – isto é, todas as pessoas ineficientes, cuja contribuição é ser quem são em vez de fazer o que fazem – costuma resultar numa equipe triste e desmoralizada.

Há pouco tempo, mostraram-me um videozinho sobre uma famosa família holandesa de nome Tokkie. Creio que, nos Estados Unidos, a família Tokkie seria chamada de *white trash*. Eles moravam numa habitação de interesse público e faziam da vida dos vizinhos um inferno. Eram barulhentos e sujos. Realizavam também muitos combates, que envolviam o uso de bastões de beisebol (na Holanda não se joga beisebol), espadas de samurai, coquetéis Molotov e pistolas – uma seleção de armas que dá a entender que a pobreza era o menor de seus problemas.

Por fim, eles foram despejados. Isso aconteceu pouco antes do Natal. A família entrou na enorme van que possuía e, com seu trailer, foi dirigindo até a Espanha para passar o feriado. Uma empresa de entretenimento teve a ideia de filmá-la durante a viagem, trajando o gorro do Papai Noel e cantando uma música de Natal. O marido e a mulher pareciam extremamente desleixados, a corporificação da união de cerveja e cigarros.

O problema estava em que o vídeo era irresistivelmente cômico. Por mais que eu tentasse não rir, não consegui me segurar. Terminava-se com a impressão de que um mundo em que a família Tokkie não existisse seria mais pobre, por mais feliz que pudéssemos ficar por não sermos seus vizinhos.

Foi Durkheim, o grande sociólogo francês, quem sugeriu que as sociedades precisavam dos criminosos, uma vez que sua existência exerce sobre elas um efeito unitivo. Afinal, é muito mais fácil se unir contra determinado inimigo do que em favor de algo. Criminosos são inimigos da sociedade contra os quais podemos nos unir não obstante nossa desunião a respeito de todo o resto. Pode-se obter grande consolo da condenação universal. Por conseguinte, o criminoso também contribui com algo para a sociedade, a exemplo do que faziam Falstaff e o porteiro beberrão de meu hospital.

É claro, nada disso nos diz com precisão quantos criminosos são necessários para a unificação da sociedade; talvez bastem apenas alguns e já tenhamos muitos. Mesmo que possuíssemos o mínimo necessário para gerar essa união, ainda nos sentiríamos prejudicados se fôssemos vítimas de algum crime; com efeito, por mais que seja possível que o crime em geral tenha certa função social, nenhum crime em particular a tem.

Nós queremos uma sociedade virtuosa, mas não tão virtuosa a ponto de fazer com que Ella Wheeler Wilcox seja a única poetisa que lhe seja relevante. Como todos sabem – ou ao menos deveriam saber –, a tentativa de implementar a virtude absoluta resulta numa maldade imensa.

Quando hoje leio os periódicos da área de medicina, tenho a impressão de que estou lendo o equivalente médico de Ella Wheeler

Wilcox. Eles só abordam o lado bom do senso comum (não se discute com um poema da Ella Wheeler Wilcox). Dizem-nos como nós – ou melhor, como eles, isto é, o público geral – devemos viver. Pouca gordura, uma boa dose de exercícios, nada de cigarro, uma quantidade moderada do tipo certo de vinho, consumido apenas como prevenção de ataques cardíacos e derrames... Em suma, toda atividade e todo comestível são tratados como remédio a ser tomado na dose certa.

Não é fácil argumentar contra essa tirania racionalista, assim como não é fácil responder a um puritano sem parecer que você é categoricamente a favor do pecado, e quanto mais, melhor. Não há dúvidas de que estudos sérios revelaram a quantidade de álcool necessária para alcançarmos o máximo de longevidade possível; se porventura não foram ainda conduzidos, isso acontecerá num futuro próximo. A ciência definirá precisamente o quanto de manteiga alguém pode consumir por semana. A epidemiologia irá atrás de todos os perigos que se escondem por trás de nossos hábitos. A isso, proibições e deveres imperativos se seguirão inevitavelmente. É natural, afinal, que os médicos venham a defender tudo quanto salva e prolonga a vida.

Li há pouco tempo uma maravilhosa contestação dessa visão de mundo, feita pelo grande sinólogo belga Simon Leys. Foi ele quem, durante a Revolução Cultural da China, debochou e censurou, com uma prosa tão perspicaz que suscitava gargalhadas a despeito de seu horroroso tema, a multidão de ocidentais que simpatizava com aquela pavorosa revolta contra a civilização. Foi também ele quem defendeu, ao longo daqueles anos de devastação, o refinamento imemorial da civilização chinesa contra a brutalidade do ataque que lhe era desferido em nome da pureza ideológica; defendeu ainda a inteligência e a decência contra a estupidez e a crueldade. Leys estava quase sozinho, e era preciso coragem para dizer coisas que posteriormente acabaram por tornar-se óbvias.

Leys é também um ensaísta maravilhoso e lacônico, escrevendo tanto em inglês quanto em francês. Num livro intitulado *Le Bonheur des Petits Poissons*, ele disserta sobre os prazeres do tabaco. Com meras cinco páginas de extensão, mas embebido dos mais importantes problemas a respeito da finalidade da existência humana, esse pequenino ensaio faz alusão a uma comovente carta em que Mozart diz pensar na morte todos os dias e declara que tais pensamentos são sua inspiração. Esse hábito explica tanto a infinita alegria quanto a infinita tristeza de sua música.

Assim, ao observar aquelas terríveis advertências que hoje vêm estampadas em pacotes de cigarro de todo o mundo, Leys se diz tentado a voltar a fumar por razões estritamente metafísicas. Ele não declara, é claro, que a morte prematura transformará todos nós em Mozarts; isso não é possível. Todavia, é bem provável que uma preocupação exagerada com os meios racionais de evitar a morte prematura impeça que um Mozart surja novamente – e isso, talvez, em todos os campos de atuação humana (conheço pessoas que sabem mais de música do que eu e que dizem que, no Ocidente, a música séria foi aniquilada de vez por Schönberg e seus seguidores, sem que haja qualquer possibilidade de ressurreição).

O que Leys está dizendo é que não devemos achar que os 36 anos de vida de Mozart tiveram metade do valor da vida de quem conquistou pouco e viveu até os 72. Noutras palavras, o valor de uma vida não deve ser estimado a partir de sua duração ou a partir de qualquer outro desses parâmetros mecânicos que os racionalistas adoram.

Como médico, portanto, lamento quando vocês fumam ou desobedecem ao que dita o bom senso, mas como homem eu me regozijo e me alegro pelo fato de serem vocês incalculáveis.

23. Uma doença para cada comprimido

Certa feita, conversei com um professor de destaque, alguém dotado de uma erudição imensa e até intimidadora (embora erudição não seja, é claro, o mesmo que talento), sobre o grau de autocompreensão humana. Afirmei que, não obstante nosso surpreendente progresso tecnológico, ela não havia aumentado em nenhum aspecto basilar e que, por isso mesmo, o mérito das neurociências é superestimado, a exemplo do que um dia ocorreu com a fisiognomonia, a frenologia, o darwinismo social e outras doutrinas.

Não era meu objetivo negar, é claro, os feitos concretíssimos da ciência; todavia, durante a maior parte do tempo e para a maioria das pessoas, esses feitos eram periféricos às questões e aos problemas centrais da existência humana. No que diz respeito às explicações darwinistas para a conduta do homem, elas me pareciam ter emprego e capacidade elucidativa muito limitados. Os darwinistas sempre davam um jeito – muitas vezes com uma engenhosidade imensa e admirável – de encaixar tudo o que acontecia em seu esquema explicativo, *ex post facto*; quando se tratava, porém, de oferecer um guia para nossa conduta futura, eram praticamente inúteis. Na melhor das hipóteses, o darwinismo teórico nos revelaria os limites do possível na conduta humana. O problema é que a maioria desses limites já era bem conhecida pelas pessoas de bom senso (as quais, é claro, talvez não sejam tão comuns).

O professor não ficou surpreso com nada disso; com efeito, dedicara ele boa parte da vida à disparatada tentativa de extrair raios solares de pepinos. O que o surpreendeu, porém, foi ouvir-me dizer que aguardava a autocompreensão integral do homem – no sentido de um conhecimento neurocientífico pleno da atividade mental – com pavor e receio, e não com expectativa e entusiasmo. (Não que eu achasse que esse dia estivesse próximo – ou mesmo que fosse possível, aliás.)

Ele quis saber o porquê de meu pavor. Respondi que um resultado quase certo disso seria o abuso de poder; então, pedi que imaginasse um instrumento de tal maneira sensível que conseguisse "ler" os pensamentos humanos e prevê-los. Porventura gostaria que ser submetido a tal instrumento? Porventura desejaria que outras pessoas, ou até mesmo apenas uma só, soubessem o que ele estava pensando o tempo inteiro? Isso certamente seria um inferno e não estaria de acordo com os relacionamentos humanos normais. Isso explica por que a vida não pode e não deve ser vivida com sinceridade e honestidade completas, qual se tratasse de um livro aberto; a dissimulação, a insinceridade e a hipocrisia são o que tornam a vida suportável para seres inseguros como os homens. A arte de viver é, em grande parte, a arte de saber quando falar e não falar o que se tem em mente. Voltaire declarou que, para ser entediante, basta dizer tudo; ele poderia muito bem ter acrescentado que essa é ainda uma forma certeira de se transformar num monstro.

Todavia, nós muitas vezes ouvimos dizer que a autocompreensão do homem enfim se aproxima. Sentimo-nos especialmente inclinados a acreditá-lo porque nossa ciência e tecnologia nos deram maravilhas mil, fazendo com que achemos que a autocompreensão resume-se a um aumento exponencial dos poderes tecnológicos semelhante àquele que se deu com os poderes do computador. O progresso no autoconhecimento é inevitável.

Em 1993, por exemplo, um psiquiatra chamado Peter Kramer publicou um *best-seller* que tem por título *Ouvindo o Prozac*. No livro, ele sugere que nossa compreensão científica da química cerebral avançara tanto – do que dava mostras o desenvolvimento de um inibidor da recaptação de serotonina denominado fluoxetina (o Prozac) – que em breve seríamos capazes de maquiar nossas personalidades e caracteres (há entre os dois uma diferença frequentemente negligenciada) do mesmo modo como os maquiadores modificam o rosto dos artistas no cinema e no teatro. O dr. Kramer citava casos de pessoas que haviam tomado Prozac e ficado excelentes. Pessoas tímidas e reservadas mostravam-se extrovertidas e exuberantes (pessoalmente, prefiro as tímidas e reservadas, mas esta já é outra questão). Sim: em pouco tempo seríamos tudo o que quiséssemos ser, e apenas engolindo um comprimido!

Isso sempre foi bobagem, é claro. Tratava-se, porém, daquele tipo de bobagem que as pessoas desejavam ouvir, dado ser demasiadamente humano querer que nossos problemas e ansiedades desapareçam com um estalar de dedos. Num passado não tão distante, afinal, as pessoas acreditavam na ideia de que, se o tesouro psicológico nelas enterrado fosse descoberto, isto é, se fossem descobertos os traumas reprimidos que suscitaram suas características e comportamentos indesejados – com a ajuda de um terapeuta tecnicamente competente, é claro –, tais características e comportamentos desapareceriam espontaneamente, sem qualquer esforço ou tumulto ulterior. Aquela pessoa verdadeira e bela que se esconde dentro de cada um surgiria qual uma borboleta surge do casulo, voando rumo ao sol da eterna felicidade.

Havia nisso tanta superstição quanto num feitiço mágico. A ideia de que o Prozac (e as drogas que ainda viriam) solucionaria todos os probleminhas da vida não era mais realista do que o seguinte trecho que encontrei em *Miscellanies upon the Following Subjects: Omens, Dreams, Apparitions, Voices, Impulses, Knockings, Blows Invisible, Prophesies etc.* [Miscelâneas a Respeito das Matérias Seguintes: Agouros, Sonhos, Aparições, Vozes, Impulsos, Batidas, Golpes Invisíveis, Profecias, etc.], escrito por John Aubrey e publicado em 1696 (a edição que tenho é a segunda, de 1721): "A fim de curar mordida de cachorro raivoso, escrevei estas palavras sobre o papel: 'Rebus Rebus Epitescum', e o entregue ao sujeito ou animal mordido, para que o coma num pão. Um cavalheiro de elevada estirpe, pessoa lúcida e séria, declarou ser tal receita infalível".

Desde o princípio, seus enaltecedores apresentaram o Prozac como um avanço fundamental, não obstante estivesse perfeitamente claro que não se tratava de nada do gênero. O Prozac não era mais eficaz do que os antidepressivos conhecidos desde o início dos anos 1960, mas seus efeitos colaterais eram diferentes e, para muitos (não todos, porém), mais toleráveis. A teoria neuroquímica que explicava sua limitadíssima superioridade sobre o placebo em casos sérios de depressão era, na melhor das hipóteses, rudimentar e redutora.

Infelizmente, o Prozac chegou ao mercado na mesma época em que o fez o produto de outra teoria ou atitude rudimentar e simplista: o *Manual Diagnóstico e Estatístico da Associação Americana de Psiquiatria*, que se tornou objeto de um espanto e de uma reverência supersticiosa quase universais. Aqui eu recorro ao brilhante *A Tristeza Perdida: Como a Psiquiatria Transformou a Depressão em Moda*, livro publicado pelos professores de sociologia Allan V. Horwitz e Jerome C. Wakefield. Ambos salientam o que deveria ser óbvio para qualquer um com o mínimo de conhecimento da natureza humana, a saber: que a depressão tal qual definida pelo manual acima é um estado de espírito humano completamente dissociado das circunstâncias reais em que ele foi experimentado. Para receber diagnóstico de depressão, bastava apresentar certo número de sintomas por certo período – duas semanas inteiras!

Se comparado ao que todos, inclusive os psiquiatras, defendiam no passado, tudo isso não representou somente um retrocesso naquilo que compreendíamos a respeito da vida do homem, mas também acabou por converter toda a raça humana em vítimas psiquiátricas. A Organização Mundial de Saúde afirmou recentemente que a depressão é a condição responsável pela segunda maior carga de doenças e invalidez, e para acreditar nisso precisamos suspender mais nossas faculdades críticas do que para acreditar que Peter Pan é real ou que o Papai Noel está agora na Lapônia se preparando para as próximas incursões por nossas chaminés.

Ora, se as pessoas estão deprimidas, segue-se que necessitam do Prozac ou de outra droga semelhante. E, uma vez que se pode definir o homem como a única criatura suscetível ao efeito placebo, é evidente que em muitos casos a droga funcionará – é tão inevitável que alguém venha a dizer: "Bem, funcionou comigo e isso basta" quanto o fora inevitável ao cavalheiro de elevada estirpe, pessoa lúcida e séria. Por outro lado, muito embora os efeitos positivos de tais drogas sejam em grande medida imaginários, muitos de seus efeitos colaterais mostram-se um tanto reais. De fato, que os efeitos colaterais sejam reais é precisamente o que convence as pessoas da veracidade de suas consequências terapêuticas, uma vez que a maioria dos homens acredita piamente que os remédios devem ser desagradáveis para ter eficácia.

Os efeitos benéficos de drogas como o Prozac foram excessivamente superestimados porque não houve publicação dos testes que revelavam sua ineficácia – em parte, porque resultados negativos não são interessantes, dramáticos ou empolgantes; e, em parte, porque assim fora deliberadamente decidido. Em todo caso, não há e nunca houve indícios de que o Prozac ataca positivamente a tristeza comum. E, se uma prescrição em massa vier a acontecer, porventura uma ação coletiva ficará para trás?

Será que de fato importa, porém, num sentido mais amplo, que a tanta gente se tenham prescrito drogas ineficazes no intuito de curar uma enfermidade que não existe? (Deixemos de lado o problema dos custos.) Como vimos, às vezes há questões mais importantes do que a honestidade e a consistência intelectual; e se de fato muitos se beneficiaram com um efeito placebo, por que devemos nos preocupar? Como o falecido Deng Xiaoping afirmou, não importa se um gato é branco ou preto, contanto que ele pegue os ratos.

Para citarmos outra figura notável, dessa vez Albert Einstein, nem tudo o que é mensurável é importante e nem tudo o que é importante é mensurável. Tenho para mim que há mal em enxergar a vida como um problema técnico a ser resolvido pela manipulação neuroquímica; trata-se de algo infundado, rudimentar, incivilizado e, no final das contas, também cruel. Trata-se de algo que induz nas pessoas certo tipo de cegueira premeditada, fazendo com que encarem suas decisões desastrosas como resultado de uma química desordenada, e não como fruto de uma reflexão e um caráter inadequados; elas então passam a achar que cabe aos outros – em especial, é claro, aos da área médica – reparar esses danos e impedir que voltem a ocorrer.

Embora se tenha presenciado, recentemente, o surgimento de uma onda de textos antirreligiosos, a visão cientificista do comportamento humano, segundo a qual tudo se resume a excesso ou carência de serotonina, representa um declínio de nosso entendimento quando comparada à visão dos melhores teólogos (e digo isso na condição de alguém que não tem religião). Quem me dera ganhar US$ 100 toda vez que ouço alguém dizendo a outrem que seu cérebro estivera quimicamente desequilibrado e, portanto, sua vida não lhe trazia satisfação.

A união do *Manual Diagnóstico e Estatístico* com a disponibilidade de tantos antidepressivos diferentes fez com que muitos médicos se convertessem em burocratas responsáveis por ticar itens de uma lista – caso haja pontuação suficiente, deve-se iniciar um tratamento com Prozac. O raciocínio, a tentativa de compreender o paciente com solidariedade – o que não é necessariamente o mesmo que concordar com sua visão das coisas – e a compaixão tornaram-se completamente redundantes. Uma vez que uma quantidade de sintomas inferior à exigida pela lista pode indicar depressão de menor gravidade, e uma vez que é melhor cortar a depressão pela raiz antes que ela se torne mais severa, quase todos os graus de insatisfação mencionados (e mesmo alguns não mencionados) acabam por ser tratados com tais comprimidos. Sobre os médicos de hoje, a infelicidade de seus pacientes tem o mesmo efeito que a campainha tivera sobre os cães de Pavlov.

Certa vez, o médico e escritor americano Oliver Wendell Holmes (cujo filho foi um famoso juiz e que não foi apenas a primeira pessoa a ministrar a anestesia, mas também um dos primeiros a notar a natureza infecciosa da infecção puerperal, disseminada pelos médicos) afirmou que, se toda a farmacopeia fosse lançada ao mar, os homens sairiam beneficiados, mas não os peixes. Não acho que isso ainda se aplique, mas, se todo o Prozac do mundo fosse lançado ao mar, duvido que o homem ficaria mais triste e os peixes, mais contentes.

Não que eu espere que a humanidade tenha aprendido algo a partir da lamentável história do Prozac. Num espaço de alguns anos – quiçá antes –, aparecerá quem diga ter encontrado a solução técnica para a insatisfação experimentada pelo homem ante a própria existência. Ele será levado a sério por um tempo e possivelmente ganhará uma fortuna. A ilusão e a desilusão brotam eternamente no coração humano.

24. Restos romanos

Costuma-se dizer que não sabemos nada a respeito das opiniões pessoais de Shakespeare. Em grande parte, isso se dá porque ele conseguiu expressar desde o interior, por assim dizer, todos os tipos humanos possíveis, e com tamanha genialidade, que é como se vivenciasse os pensamentos e emoções de todos em si mesmo e como seus. Do mesmo modo como não parece possível conhecer a verdadeira personalidade de um ator infinitamente versátil, uma vez que ele está sempre representando um papel, (supõe-se que) não podemos saber o que pensou alguém que conseguiu enxergar todas as questões a partir de todos os ângulos possíveis e que nunca se apresentou sob o próprio nome nem falou com a própria voz. Além disso, suas peças retratam problemas morais, mas não apregoam soluções. Shakespeare nunca vocifera; tampouco faz como um desses beberrões nas festas, puxando nossa camisa em busca de atenção.

Todavia, creio que talvez seja exagerada a incognoscibilidade das visões de Shakespeare. Podemos deduzir muito bem, por exemplo, que ele não nutria opiniões puritanas, mas também não era amoral. No que diz respeito à política, não era nem utópico, nem inteiramente cínico.

Ademais, uma vez que o efeito dramático de suas peças depende da plausibilidade do que é retratado, devemos supor, quando descreve a multidão (quase sempre, assemelhando-a mais ou menos a uma turba) como tola, instável e frenética, que para ele isso era, na pior das hipóteses, uma descrição plausível. Shakespeare não simpatizava com a tirania, mas jamais fez heroica a multidão.

Em sua última tragédia, *Coriolano*, ele perscruta a vida política de maneira tão impiedosa e objetiva quanto Maquiavel. Coriolano é um guerreiro patrício que serve Roma com valentia e bravura incomparáveis; porém, é também diabolicamente orgulhoso e desdenha por completo das classes baixas. Chega mesmo a culpá-las por cheirarem mal, o que me traz à mente tanto um ditado alemão – "Aqui está com cheiro de pobre" – quanto a observação de George Orwell segundo a qual acusar alguém de cheirar mal é o que de mais ofensivo se lhe pode dizer.

Infelizmente, após sua grande vitória em Coríolos (daí seu título honorífico), Coriolano concorre ao cargo de cônsul, um dos mais importantes de Roma. Para ser eleito, necessita da aprovação dos plebeus, e assim, qual nas eleições gerais de uma democracia ocidental, tem de humilhar-se diante deles por um curto período de tempo.

Altivo como é, até isso lhe parece difícil; com efeito, não obstante saibam muito bem que ele enfrentou diversas batalhas e se feriu diversas vezes, os plebeus desejam que lhes revele suas cicatrizes pessoalmente. Isso, é claro, está muito abaixo de sua dignidade, mas Coriolano consegue chegar a uma espécie de acordo com os plebeus – ao menos até que seus próprios representantes, os tribunos, os inflamem contra ele por meio de mentiras descaradas. Os representantes optam por fazê-lo porque enxergam, ali, uma maneira de aumentar o próprio poder, ao que Coriolano representa um obstáculo. Desse modo, conseguem exilá-lo de Roma.

Coriolano, no entanto, não aceita a expulsão de braços cruzados; como vingança, une-se às forças dos inimigos de Roma e logo a tem à sua mercê. Os plebeus, que sob a orientação de seus tribunos haviam pedido o banimento do guerreiro, agora culpam os mesmos tribunos pelos apuros romanos e procuram matá-los.

Coriolano foi bem recebido em campo inimigo, mas Tulo Aufídio, o líder dos volscos (o adversário), sente inveja de sua popularidade entre o povo. Antigo número um, ele é agora, indubitavelmente, o número dois.

Coriolano poupa Roma quando em condições de capturá-la e destruí-la apenas porque sua mãe assim lhe rogara; Tulo Aufídio, invejoso de seu poder, acusa-o de traição e manda matá-lo. O povo volsco, que outrora o adulara, converte-se instantaneamente numa turba assassina. Após mandar matá-lo, Tulo Aufídio enaltece-o na última fala da peça.

Creio estar sendo justo quando digo que ninguém saiu bem dessa. Coriolano, é claro, tem lá suas virtudes (ele é alguém assaz corajoso), mas ao mesmo tempo é teimosamente inflexível; além disso, desdenhar do povo somente porque se trata de gente comum, e não de nobres como ele, não é algo muito cativante ou inteligente. Para piorar, ele não parece ter vida interior, mas apenas um papel externo a desempenhar: o de guerreiro insensível, mais corajoso, forte e inflexível do que qualquer um. Como inúmeros políticos modernos, ele é desagradavelmente unidimensional. Não tem, como dizem, uma hinterlândia; não dá para imaginá-lo interessado por filosofia ou arte, nem mesmo tendo algum passatempo estranho e apaixonante, como o de colecionar coisas. Se não houvesse guerra a ser combatida, ele não teria motivo para existir – e ninguém gostaria de passar uma tarde em sua companhia tanto quanto ninguém deseja fazê-lo na companhia, digamos, da sra. Clinton.

Shakespeare, que soube descrever a vida interior das pessoas melhor do que qualquer outro, não cometeu deslize ao retratar Coriolano como um receptáculo vazio preenchido pela atividade; antes, está nos mostrando um tipo que me parece cada vez mais comum: alguém para quem a adulação pública, embora sempre sob suas condições, constitui uma espécie de armação que mantém ereto todo o edifício da personalidade e impede o ego de sucumbir.

Tulo Aufídio é aquele personagem assaz rotineiro do medíocre cuja ambição e brutalidade são maiores do que suas capacidades; trata-se de um tipo que agora parece dominar, se não o mundo, ao menos uma parte muito grande dele (e talvez isso sempre tenha acontecido).

A gente comum está longe de ser enaltecida por Shakespeare. Para ele, não existe essa de *vox populi, vox dei* – longe disso. A primeira cena da peça começa com a multidão; as instruções de palco dizem: "Entra um grupo de cidadãos amotinados, com bastões, varas e outras armas".[1] O Primeiro Cidadão se dirige à turba:

> Sabeis que Caio Márcio [Coriolano] é o principal inimigo do povo.[2]

Entusiasmada, a multidão diz que o sabe.

> Matemo-lo, portanto, [continua o Primeiro Cidadão] e teremos trigo pelo preço que bem entendermos.[3]

A ideia parece justa à multidão, que se mostra de acordo.

> A esse respeito, nem mais uma palavra. Passemos à ação. Vamos![4]

Em seguida, o Primeiro Cidadão enuncia o que se poderia denominar o primeiro princípio da economia socialista, sobre o qual Shakespeare (implicitamente, é claro) despeja seu escárnio:

> O que deixa fartos os dirigentes bastaria para aliviar-nos. Se nos cedessem apenas as sobras deles, que ainda estivessem em boas condições, poderíamos imaginar que eles nos aliviavam humanamente. Mas acham que somos por demais caros.[5]

Noutras palavras, o problema fundamental da economia é um problema de distribuição. Se fosse ele resolvido, tudo ficaria bem. Os redistribucionistas vós tereis sempre convosco.

Quanto aos tribunos, trata-se de demagogos arquetípicos, gente sem escrúpulos e cínica. Acreditam que seus eleitores, os plebeus, são qual o trigo pelo qual o vento sopra, curvando-se para onde segue a rajada mais recente. Eles também acreditam que o ódio é, de longe, o sentimento político

---

[1] William Shakespeare, *Coriolano*. In: *Teatro Completo: Tragédias*. Trad. Carlos Alberto Nunes. Rio de Janeiro, Agir, 2004, p. 381. (N.T.)

[2] Ibidem. (N.T.)

[3] Ibidem. (N.T.)

[4] Ibidem. (N.T.)

[5] Ibidem. (N.T.)

mais forte. O fato de Coriolano merecer bom tratamento de seu país por ter logrado célebre vitória não contentará o povo por muito tempo:

> Não o duvideis um só momento [diz Sicínio, um dos tribunos] o povo, que nós representamos, com seu velho e habitual ódio, ao menor pretexto há de esquecer seus títulos recentes...[6]

O outro tribuno, Bruto, sugere então que contem ao povo mentiras sobre Coriolano:

> Por isso relembremos aos do povo o ódio que Márcio votou sempre a todos e como, se pudesse, os transformara em animais de carga, silenciara seus defensores e cortara todas as suas liberdades, sobre tê-los em tal conceito quanto aos atos próprios do ser humano e o esforço produtivo que mais alma não chega a conceder-lhes do que aos próprios camelos de campanha, que alimentos só obtêm, quando carregam pesados fardos, e pancada a rodo, quando caem sob a carga.[7]

As mentiras são plausíveis; Coriolano de fato trata o povo com desprezo. No entanto, ao contrário do que os tribunos viriam a dizer, não é verdade que deseja implementar sua própria ditadura. Ao mesmo tempo, os tribunos, enquanto instigam o povo, fingem-se moderados e determinados a refrear a multidão.

Porventura a vida política mudou muito desde os dias de Shakespeare, ao menos tal qual vemo-la descrita em *Coriolano*? De fato, ela parece ter regressado para um tempo como aquele após um possível (e somente possível) interlúdio de um ou dois séculos.

Demagogos e heróis de guerra nós ainda temos entre nós; princípios discerníveis me parecem escassos. As multidões continuam exigindo dos candidatos que revelem suas feridas de guerra: quando "se expressou mal", a sra. Clinton estivera tentando demonstrar que também sabia o que era estar sob fogo cruzado. O desejo e a disposição de apresentar os outros

---

[6] Ibidem, p. 397. (N.T.)

[7] Ibidem, p. 398. (N.T.)

da pior forma possível, como argumento suficiente em si, ainda se encontram entre nós. Ao mesmo tempo, um homem de extrema consistência qual Coriolano ainda seria, como há quase 2.500 anos, triturado e cuspido pelo sistema político.

O fato é que Coriolano, não obstante seja honesto e apresente uma integridade inabalável, não é alguém encantador. Ao capturar Coríolos, ele se recusa a receber qualquer quinhão dos espólios, oferecendo-os inteiramente a seus soldados (mais tarde, os tribunos alegariam que os espólios nunca foram verdadeiramente destinados aos soldados, sugerindo, portanto, que Coriolano era, além de hipócrita, também materialmente ganancioso – duas mentiras). Até mesmo seus traços positivos nos dão calafrios: ele é um homem frio e sem nenhum senso de humor.

Noutras palavras, parece que a integridade, a exemplo de todas as outras qualidades morais, é melhor quando moderada. Evidentemente, abominamos por completo uma falta de escrúpulos como aquela demonstrada pelos tribunos: trata-se de algo desprezível, e nós queremos que nossos políticos sejam mais honestos que eles. No entanto, também não gostaríamos que nossos políticos possuíssem integridade tão inflexível quanto a de Coriolano.

Portanto, se tivéssemos de fazer uma descrição de cargo para políticos, incluindo todas as qualidades que exigimos deles, o que colocaríamos? Devem ser honestos, mas não honestos demais? Devem ter princípios, mas estar prontos para abandoná-los quando a ocasião o exigir? Devem ser sinceros, mas saber quando mentir e enganar? Devem amar o povo, mas não ser guiados por ele? Devem ser fortes, mas sem obstinação? E como encontramos gente assim?

Quem se dirá preparado para ficar de pé e dizer: "Sim, sou um homem honesto, mas não honesto demais"? Nós forçamos os candidatos a se apresentarem como modelo ideal de todas as virtudes, aderindo inflexivelmente a cada uma; e, quando eles se apresentam assim, seus inimigos tratam de examinar seus respectivos passados e demonstrar que não foram revelados aqueles episódios desonrosos que fazem ricas todas as vidas humanas.

No fundo, trata-se de uma cartilha megalomaníaca, e apenas paquidermes humanos, aqueles com as peles mais grossas, precisam se candidatar. Não sei quanto aos outros, mas uma das razões por que nunca me candidatei a cargos altos vem de que não quero que minha vida seja minuciosamente examinada por pessoas que discordam das minhas visões – muito embora, no que diz respeito às vidas humanas, a minha só tenha sido medianamente ruim. Eu teria de desejar demais o poder para correr o risco de ver minhas piores ações expostas ao público, não obstante minhas piores ações não tenham sido tão terríveis assim.

Porventura haverá alguma lição que possamos tirar de *Coriolano*, isto é, alguma lição passível de ser resumida numa ou duas linhas? Eu sempre fico nervoso ao tentar resumir uma obra literária em uma moral de duas linhas; afinal, se o propósito de uma obra pode ser bem sintetizado assim, qual o objetivo da obra completa?

Bem, *Coriolano* nos ensina que a política é algo irremediavelmente sujo e que ela se suja ainda mais graças a uma obstinação incorruptível, de um lado, e à absoluta falta de escrúpulos, do outro. Muitas vezes, esses extremos travam relação dialética entre si; portanto, não eleja ninguém que careça de senso de humor ou, ao menos, de ironia.

Mas qual dos candidatos possui senso de humor?

25. A Áustria e o mal

O caso de Josef Fritzl suscitou reprimendas vigorosas – ou mesmo entusiasmadas e jubilosas – a respeito do caráter nacional austríaco. Não havia de ser coincidência, diziam os acusadores, que um caso tão extraordinário tenha se dado na Áustria, terra de *Die Fledermaus*,[1] das *Mozartkugeln*[2] e da *Gemütlichkeit*.[3]

Fritzl, um engenheiro eletrônico aposentado de 73 anos, encarcerou por 24 anos sua filha, Elisabeth, num porão de sua casa construído especialmente para isso; ali, estuprou-a repetidas vezes e teve com ela sete filhos, todos nascidos sem nenhuma assistência médica. Um morreu muito jovem. Três deles, com idades de 5, 18 e 19 anos, nunca haviam deixado o porão na vida, tendo na televisão seu único contato com o mundo exterior (eis provavelmente o único benefício da televisão para a humanidade).

Os outros três filhos foram deixados à porta da casa do *Herr Fritzl* – qual os abandonados de outrora eram entregues aos orfanatos – pelo próprio *Herr Fritzl*, acompanhados de um bilhete escrito à mão por Elisabeth (a moça supostamente deixara a casa dos pais há muito tempo): nele lia-se

---

[1] *O Morcego*, opereta cômica composta por Johann Strauss. (N. T.)

[2] Famoso bombom em forma de bola fabricado em Salzburg. (N. T.)

[3] Palavra alemã que expressa a ideia de tranquilidade, conforto e aconchego. (N. T.)

que, tendo ela já dois filhos, não conseguiria cuidar de mais nenhum, e portanto pedia a seus pais que os criassem.

Caso a filha mais velha a nascer no porão não fosse acometida por uma doença misteriosa, que exigia atendimento hospitalar – ela foi entregue ao hospital inconsciente, com um bilhete preso ao corpo em que lhe eram pedidos cuidados –, e caso não fosse visitada pelo Herr Fritzl e por sua filha, que se passava por sua esposa, tal situação poderia ter continuado indefinidamente, ao menos até que Herr Fritzl morresse.

A polícia austríaca logo se convenceu de que a Frau Fritzl – quer dizer, a verdadeira Frau Friztl – nada sabia do que vinha acontecendo, bem como os vizinhos ou os moradores de Amstetten, a próspera cidadezinha onde tudo isso ocorrera (a Áustria é próspera acima de qualquer outra coisa).

Era inevitável, creio eu, que fosse interpretado como metáfora viva da postura da Áustria ante seu próprio passado o fato de tanto a Frau Fritzl quanto os habitantes da cidade ignorarem o mal praticado debaixo de seus olhos, por assim dizer, ou no meio daquela vida plácida, organizada e confortável. Com efeito, no fundo ninguém acredita que a Frau Fritzl e o povo de Amstetten desconheciam o que vinha acontecendo ali há tanto tempo. Não. Eles tanto sabiam quanto não sabiam – ou então escolhiam não saber, o que significa ter certo grau de conhecimento a respeito do fato. Tal ignorância (caso se possa dar-lhe tal nome) do Herr Fritzl e seu porão era, portanto, culpável.

Caso de fato exista, essa ambiguidade ou (para sermos menos generosos) desonestidade replica de maneira simbólica a atitude da Áustria dos anos 1930 e 1940. Na versão oficial, a Áustria foi vítima da agressão nazista; na realidade, foi uma entusiasmada partícipe de seus crimes. Porém, quaisquer que tenham sido os crimes cometidos pelos cidadãos austríacos ao longo da guerra, eles os haviam perpetrado como alemães: reagiam apenas à *force majeure*; o Estado austríaco não tinha envolvimento nenhum.

As suspeitas com relação à Áustria estão arraigadas – e por bons motivos. Todo mundo acha (embora não se possa nem prová-lo, nem desmenti-lo) que Kurt Waldheim, outrora secretário-geral das Nações Unidas, foi eleito presidente do país não a despeito de seu passado nazista, e sim em virtude dele. Dizem os austríacos que insistiram em votar nele por se ressentirem da hipócrita reação do mundo exterior à sua candidatura: potências como Estados Unidos, União Soviética, Reino Unido e França, com seus recursos articulados de inteligência, decerto sabiam do passado nazista de Waldheim quando o aceitaram como secretário-geral; por que então os austríacos não o poderiam aceitar como presidente? Mais uma vez, os austríacos conseguiram se colocar como a parte lesada da história.

Até mesmo a proibição austríaca da negação do Holocausto – motivo pelo qual o historiador britânico David Irving, defensor dos nazistas, teve de ficar preso (erroneamente, creio eu) até se retratar, ou pelo menos até fingir que o fazia – é ambígua. Por um lado, é claro, trata-se do reconhecimento da monstruosidade moral perpetrada pelos nazistas e da responsabilidade que tiveram os austríacos então; por outro, contudo, também dá a entender uma profunda desconfiança do povo austríaco, que se pudesse talvez viesse a abjurar o antinazismo (receio este que deve ter motivado quem elaborou a lei).

É evidente: houve austríacos que nutriram completa aversão por seus compatriotas. Thomas Bernhard, maior escritor austríaco do pós-guerra, acrescentou a seu testamento uma cláusula famosa, sobre a qual vale a pena refletir. Determinou ele que, após a sua morte, enquanto ainda fossem válidos seus direitos autorais, nada do que escrevera, incluindo suas peças, poderia ser publicado ou encenado:

> dentro das fronteiras do Estado austríaco, independentemente de como tal Estado se descreva. Enfatizo de maneira categórica que não desejo ter relação com o Estado austríaco e me resguardo, no que tange à minha pessoa e ao meu trabalho, não somente contra toda e qualquer interferência, mas também contra toda e qualquer aproximação da parte do Estado austríaco que diga respeito à minha pessoa e ao meu trabalho, por toda a eternidade.

"Por toda a eternidade": trata-se de uma restrição fortíssima, que dá a entender que a alma austríaca – ou como se prefira chamá-la – está de tal maneira maculada pelo seu pecado (ou pecados) original que se tornou irrecuperável e irremediavelmente má. Para piorar, o austríaco Elfriede Jellinek, recente vencedor do Prêmio Nobel de Literatura, não parece ter opinião mais elevada da Áustria do que Bernhard.

Sejam justas ou injustas as especulações, não me parece correto julgar, complacentemente, que horrores como aqueles do caso Fritzl só podem acontecer em países diferentes daquele em que se vive. Já tive a oportunidade de ver muitas maldades humanas, em muitos países distintos, para saber que a maldade não se limita a certas fronteiras distintas. Certa vez, por exemplo, a polícia me veio consultar acerca de um caso, ocorrido no Reino Unido, que à sua maneira mostrava-se tão terrível quanto o da Áustria.

Um casal montara uma câmara de tortura sexual dentro do casebre em que morava, localizado numa cidade igualmente pequena e, não fosse pelo incidente, banal. Ali, os dois penduraram os próprios filhos no teto, nus e de cabeça para baixo, para estuprá-los diante de uma câmera que registrava tudo. Era o homem quem filmava, enquanto a mulher, sem roupa, batia nas crianças e as violava. Os dois passaram anos vendendo os vídeos desses incidentes chocantes, sem que os vizinhos e as autoridades tivessem conhecimento; seu lucro foi enorme. Para proteger a sócia, o homem alegou que lhe dera opiáceos para que fizesse sua vontade. Perguntaram-me se isso fazia algum sentido do ponto de vista farmacológico. É claro que não.

Não me parece possível determinar se tudo isso foi pior do que o caso Fritzl. Mesmo se o fosse, no entanto, eu relutaria em fazê-lo, pois muitas vezes os homens justificam a própria maldade alegando que ela ao menos não é tão grave quanto uma outra qualquer que poderiam mencionar. Não se deve encorajar esse tipo de raciocínio. Todavia, é impossível não pensar em casos assim.

Recentemente, um jornalista que conheço me perguntou por que isso acontece, por que o mal fascina de uma forma que o bem raramente consegue alcançar. A essa pergunta, não tenho a resposta definitiva. Porventura se trata de interesse mórbido? Talvez, mas é também inevitável a criaturas de constituição como a nossa. Você poderia muito bem aprovar uma lei que proibisse a fofoca como invectiva contra nosso interesse pelos recantos mais remotos da conduta humana.

Embora creia que a maioria das pessoas é capaz do mal em determinadas circunstâncias, não acredito que muitas (em proporção à população) tendam a se comportar como Fritzl ou o casal. Não é a satisfação pela ação de outrem, portanto, o que explica nosso fascínio pela maldade em estado extremo.

Penso que casos assim acabam por destacar nossas tentativas contínuas, mas sempre frustradas, de entender a nós mesmos e nosso lugar na natureza. É estranho que essa natureza nos tenha dotado de um desejo que (para mim) jamais pode ser satisfatoriamente consumado.

A meu ver, a única forma de vida honesta é aquela em que nutrimos o sentimento do mistério. Não se trata, apenas, de que nenhuma explicação específica me satisfaz, mas de que não consigo imaginar uma explicação plenamente satisfatória de nós mesmos. (Caso fosse ela possível, no entanto, eu também recearia uma explicação assim, uma vez que conferiria enorme poder a quem a possuísse. Além disso, será que esse alguém, ao utilizá-la, entenderia tanto suas motivações quanto seu comportamento? Por definição, teria de compreendê-los; necessitaria, portanto, de uma teoria de todo coerente, de todo consistente e verdadeiramente ética, algo que ninguém jamais descobriu ainda.)

Um caso como o de Fritzl nos coloca diante de uma questão que assume a seguinte forma: "Em que momento vemo-nos capazes de dizer a nós mesmos: 'Ah, agora nós entendemos – ou melhor, agora nós de fato entendemos – porque ele se comportou assim'?". O quanto precisamos saber a respeito de sua genética, de sua juventude, de sua anatomia e química neurológicas, de sua posição social e herança cultural, para afirmarmos que não há para nós nenhum mistério ulterior?

Parece-me que a resposta é óbvia. Jamais alcançaremos esse momento. Nossa autocompreensão continuará limitada, em grande medida, às periferias de nossas vidas. Seremos capazes de toda sorte de milagre tecnológico – faremos o cego enxergar, o surdo escutar, etc. –, mas nunca entenderemos de fato nossa subjetividade; tampouco seremos capazes de vinculá-la conceitualmente ao fundamento físico de nosso ser. Quando disse a Rosencrantz e Guildenstern que não lhes seria tão fácil "penetrar no coração do meu segredo", Hamlet no fundo falou em nome de toda a humanidade. Todos nós somos misteriosos não somente para os outros, mas também para nós mesmos – e continuaremos assim.

Por conta disso, nossa capacidade de controlar os acontecimentos sempre será assaz limitada. Os que alegam que a autocompreensão humana cresceu maravilhosamente nos últimos tempos e que sua busca está quase terminando têm se mostrado notavelmente incapazes de prever o futuro ou de nos dizer como devemos viver. As explicações que dão para a conduta humana são todas *ex post facto* e não oferecem qualquer orientação quanto ao que devemos fazer em seguida (ao contrário, por exemplo, da ciência médica, que por vezes nos diz como agir quando padecemos desta ou daquela enfermidade).

Decerto haverá, na Áustria, bastante atividade oficial após o caso Fritzl: primeiro virão as recriminações; depois, as propostas que devem assegurar que nada disso virá a se repetir (tudo o que acontece no mundo moderno é oportunidade para aumentar a interferência burocrática na vida das pessoas). Basta que os bons procedimentos sejam implementados para que nada de incômodo venha a ocorrer novamente e interrompa nossa ilusão de controle.

À luz do que sei sobre a infinita variedade da autodestruição humana – por si só expressão da ânsia dostoievskiana por apartar-se da ditadura do bom senso –, devo dizer que os perturbadores da paz sempre conseguirão despistar aqueles que a mantêm. A sabedoria política consiste em saber o que é previsível e o que é imprevisível, o que é controlável e o que é incontrolável, bem como todas as gradações intermediárias. Se você desperdiça seu tempo achando que tudo é previsível e controlável, acabará por ignorar o que há para ser visto.

26. Os tormentos da memória

Quando sofremos ou nos sentimos infelizes (o que não é necessariamente a mesma coisa, é claro), instam-nos que devemos pensar nos que estão em situação pior. Isso deveria nos trazer alívio e consolo, mas raramente é essa a consequência. O máximo que sentimos é culpa por nos chatearmos com coisas tão mesquinhas quando há outros em apuros muito piores do que os nossos; e isso, por sua vez, nos deixa ainda mais arrasados. Além disso, há aí uma curiosa assimetria moral: se a ideia de que sempre há pessoas em situações piores deve ser edificante, a ideia de que sempre há pessoas em situações melhores não o é. Na verdade, o que ocorre é o contrário: um poderoso estímulo ao ressentimento, a mais longeva, gratificante e daninha das emoções humanas.

Quando crianças, muitos de nós ouvíamos que deveríamos comer tudo o que estava no prato porque havia, no mundo, muita gente que passava fome e ficaria contente com o que desperdiçamos. Confesso que, desde muito cedo, desconcertou-me essa linha de raciocínio moral; eu não entendia como os famintos da África poderiam se beneficiar quando eu botasse minha comida goela abaixo. Uma vez, porém, que o lar não é um parlamento, eu mais ou menos fazia o que me ordenavam.

Muitas vezes se diz que a juventude é um período generoso, repleto de pena e compaixão. Eu discordo: creio que se trata, principalmente, de um período de autocomiseração, no qual se tende a imaginar que os problemas do amadurecimento são os maiores do mundo. Por exemplo, 1968 em Paris: consistiu tudo em autocomiseração, e não em fazer do mundo um lugar melhor. Pelas fotografias, é possível perceber que os estudantes revoltados eram jovens mimados e narcisistas, posando cuidadosamente para os fotógrafos.

Na França, em comemoração aos quarenta anos de 1968, temos presenciado uma explosão de livros dedicados ao assunto; um deles, de modo particular, me chamou a atenção e me enfureceu: trazia cartazes e caricaturas feitos pelos estudantes partícipes. Ao abri-lo, vi uma caricatura de De Gaulle; seu rosto era uma máscara que escondia sua verdadeira face: a de Hitler. Fechei o livro com força, enojado. Que bando de pretensiosos, aqueles *soixante-huitards*!

Pouco tempo depois, tive aula de fisiologia com uma mulher chamada Gerta Vrbova, que no futuro se tornaria professora titular. Ela tinha renome em sua área (a fisiologia neuromuscular) e era reconhecida mundialmente – embora, é claro, você pudesse caminhar um tempão por aí sem encontrar quem conhecesse algo de sua disciplina (ou mesmo da existência daquela mulher).

Lamento dizer que não fui um aluno muito bom: não levava jeito para aquilo e, para ser honesto, também não fui muito conscencioso. Hoje, gostaria de ter sido mais atento, mas à época eu só tinha ciência intelectual, e não emocional, de que a flecha do tempo só voa numa direção. Ainda achava que minha vida seria tão longa que haveria tempo para tudo e estava certo de que nenhuma omissão de minha parte teria consequências duradouras ou irrecuperáveis.

Todos no departamento sabiam que a dra. Vrbova sofrera muito durante a guerra, mas ela jamais falava sobre isso. Muito pelo contrário: seu trabalho lhe parecia bem mais importante do que seu passado. Quase todos éramos excessivamente jovens, imaturos e mimados para perceber o quão profundo fora o sofrimento pelo qual ela passara. Por essa razão, foi com grande interesse que recentemente, e por acaso, me deparei com sua autobiografia, intitulada *Trust and Deceit*. Seu texto tem início com uma comovente explicação do porquê ela o escrevera (em 2006):

Gostaria de explicar por que sinto agora a necessidade de extrair da memória pessoas, lugares e acontecimentos que estiveram enterrados ali durante meio século. "Esquecê-las", afinal, foi o que me ajudou a levar uma vida comum, consolidar minha carreira como cientista e criar meus filhos sem, espero eu, grandes prejuízos.

Todavia, o fardo do meu passado, as lembranças de minha amada família, que morreu nas câmaras de gás da Alemanha nazista, e a história da minha própria sobrevivência agora me assombram e exigem registro, de modo que fiquem irremediavelmente perdidas.

Dra. Vrbova nasceu na Eslováquia, filha de pais judeus burgueses. Falava alemão em casa e eslovaco na escola. Seu pai era um homem de negócios que dependia da bondade fundamental de seus vizinhos e concidadãos e que confiava na proteção da lei, recusando-se a imigrar a despeito de prenunciarem-se os problemas – até que ficou tarde demais. (Um dos seus empregados, que sempre tratara bem, assumiu seu negócio sem nenhum escrúpulo tão logo surgiu-lhe a oportunidade, como resultado da legislação antissemita. Evidentemente, ele botou a empresa abaixo, a exemplo do que fizeram os novos donos africanos quando Idi Amin confiscou os negócios que os indianos possuíam em Uganda.)

A família da dra. Vrbova fugiu para Budapeste por causa do regime relativamente moderado do almirante Horthy. Horthy, porém, foi substituído por Hitler porque não era antissemita o suficiente, e o regime posterior tornou-se bem mais assassino. Na última vez em que a dra. Vrbova viu seu pai, ele lhe disse: "Perdoe-me por ter sempre tomado decisões erradas e a colocado em perigo. A sua mãe queria que emigrássemos, mas eu confiava demais nos meus concidadãos..." Com digna pungência, escreve a dra. Vrbova, à época com dezessete anos: "Por alguma razão, eu sabia que aquela era a última vez em que o veria". E foi.

Ela e a mãe foram presas pela Gestapo, mas no sexto dia de interrogatório a dra. Verbova conseguiu fugir ao pular de uma janela quando o guarda deu as costas. Queria que a mãe a acompanhasse, mas esta não quis correr o risco de fugir e ficou para trás; na realidade, ela não queria mais viver e foi deportada para Auschwitz, onde o gás a matou.

Na condição de foragida, a dra. Vrbova conheceu alguns jovens em retirada. Um deles apaixonou-se por ela e queria levá-la para a cama, mas ela não se sentiu atraída e recusou. Nenhum dos dois tivera relações sexuais antes; ele foi assassinado no dia seguinte, e ela passou o resto da vida profundamente triste por não lhe ter proporcionado aquele momento de êxtase antes de sua morte.

Trilhar uma carreira notável depois dessas experiências (e de muitas outras que omiti); achar que ainda valia a pena viver; lidar placidamente com estudantes mimados de classe média, que não haviam vivenciado nada remotamente comparável a tudo o que ela sofrera aos dezessete anos e cuja ideia de conflito e sofrimento consistia em não poder ficar·na rua após as dez da noite – tudo isso era admirável.

Foi seu esquecimento – algo que em muito se distingue da amnésia – o que tornou isso possível. Por esquecimento, refiro-me à decisão de jogar essas coisas terrivelmente dolorosas para o fundo da memória. Ela deve ter compreendido que remoê-las seria inútil se quisesse levar uma vida tolerável; que, se ela não se fizesse esquecidiça dessa maneira, jamais viria a sorrir ou a apreciar qualquer outra coisa novamente. Agora, porém, que se aproximava do fim de sua vida, as coisas eram diferentes:

> Devo àqueles que não sobreviveram ao Holocausto, bem como aos que podem se beneficiar de minha experiência, o relato de como observo certos acontecimentos dados na Europa durante aqueles anos terríveis, quando uma sociedade altamente sofisticada perpetrou os crimes mais horrendos da história.

Não foi somente porque a dra. Vrbova me instruíra (ou melhor: tentara me instruir) que achei seu livro tão comovente. Minha mãe faleceu em 2005, aos 85 anos. Ela trocara a Alemanha nazista pela Inglaterra em 1939. Seu pai foi um médico que, a exemplo do pai da dra. Vrbova, também não soube ler os sinais. Major do exército alemão na Primeira Guerra Mundial, tratava-se de um patriota germânico que conquistara duas cruzes de ferro.

Após a morte da minha mãe, encontrei um depósito de cartas de seu pai, algumas enviadas da Alemanha nazista e o resto (após julho de 1939), de Xangai, aonde ele conseguiu chegar com a esposa e a filha mais velha.

O idioma em que as cartas foram escritas muda abruptamente do alemão para o inglês em 4 de setembro de 1939.

As cartas da Alemanha descrevem, sem quaisquer comentários, suas idas a todas as embaixadas e consulados em busca de um visto. (Surpreendeu-me, por exemplo, saber que havia um consulado haitiano na Alemanha nazista.) Nenhum país sul-americano quis aceitá-lo; por fim, a China o fez.

Em 1942, de Xangai, ele escreveu:

> Temos um belo dia de primavera e o sol brilha forte. Todavia, nenhum sol é forte o suficiente para penetrar as nuvens escuras que recobrem o planeta inteiro.

Minha mãe tinha 21 anos à época.

Em 1945, ela recebeu uma carta da irmã, que lhe perguntava em que língua desejava as lápides dos pais: em alemão ou inglês?

Havia também outro depósito de cartas, ainda atadas com fita vermelha. Consistiam em missivas de seu primeiro noivo, um piloto de guerra da Força Aérea Real. Entre elas, encontrava-se um telegrama do Departamento de Guerra dizendo que ele desaparecera na defesa de Malta; após intervalo de algumas semanas, outra declarava que o tomavam como morto. Também encontrei uma carta de amor enviada de Malta, escrita no mesmo dia em que ele desapareceu, e uma mensagem do seu comandante, que relatava, como testemunha ocular, como sua aeronave fora abatida.

Muitas outras coisas descobri ainda com essas cartas. Soube, por exemplo, que ao chegar na Inglaterra minha mãe prestara serviços domésticos para sobreviver financeiramente. Há também outras coisas dolorosas demais para serem reveladas.

Ora, até a sua morte, minha mãe falou pouquíssimo sobre seu passado. Suas lembranças morreram junto com ela. Referia-se ao período da infância que transcorrera antes de 30 de janeiro de 1933 – quando era uma garotinha burguesa em crescimento –, mas um branco completo se seguia (à exceção da ocasião em que viu Hitler no estádio, durante as Olímpiadas de 1936) até o momento em que colocara o pé na Inglaterra. Tinha-se a impressão de que ela havia gostado da guerra.

Era-me desconhecida grande parte do sofrimento da minha mãe. É claro, muitos sofreram bem mais do que ela – ela nunca viu a parte de dentro de um campo de concentração, por exemplo. No entanto, não tornar a ver os pais, emigrar sem amigos e dinheiro, aos dezessete anos, para outro país, perder o noivo na guerra... Isso é o suficiente para qualquer ser humano.

Ela lidou com tudo isso em silêncio. Quando, ao fim de sua vida, o prefeito de Berlim a convidou para retornar à cidade, ela aceitou, para a minha surpresa. Então, perscrutou um mapa da cidade e me foi apontando onde havia morado e chegado. Quando ali chegou, as ruas estavam lá, mas ela nada reconheceu; as bombas haviam colocado tudo abaixo.

Eu me ofereci para acompanhá-la, mas minha mãe quis ir sozinha. Está é uma verdade fora de moda nestes tempos de blá-blá-blá psicológico e de inteligência emocional, mas um problema partilhado é, muitas vezes, um problema dobrado. Ela quis levar tudo o que tinha visto e sofrido para o túmulo, uma vez que era da opinião pessimista de que o homem jamais aprende – ao menos não a partir da experiência dos outros. Não estou inteiramente de acordo com isso e queria que minha mãe tivesse falado mais; ela, porém, havia conquistado seu direito ao silêncio.

27. Do mal e da empatia

Há muito que o diagnóstico clínico da histeria vem sendo criticado por médicos e outras pessoas que creem não ter ele valor elucidativo ou descritivo. Essa gente sugere que a palavra seja abandonada, mas o termo, como já assinalaram alguns, tende a sobreviver a seus obituaristas. De alguma forma, não podemos hoje viver sem ele; embora supostamente careça de sentido, trata-se de um termo útil.

O mesmo se aplica ao termo "mal". Embora muitos filósofos e muitas outras pessoas nos digam que ele não tem sentido quando examinado com atenção, não devendo portanto ser utilizado, constatamos que é impossível eliminá-lo de nossos pensamentos ou de nosso vocabulário.

Obviamente, esta dificuldade não prova sua validade por si só; até cerca de 1700, as pessoas talvez dissessem o mesmo a respeito da palavra "bruxaria". A indispensabilidade do termo "mal", portanto, poderia muito bem ser historicamente contingente, e não um reflexo da natureza do mundo. Nutro, ademais, certa simpatia por aqueles que julgam a palavra inútil – e até mesmo prejudicial – por ser utilizada como explicação daquilo que censuramos fortemente quando, na verdade, trata-se apenas de uma descrição nova e abreviada. Eis um raciocínio que não é nada incomum: sabemos que João é mau porque se comporta desta e daquela maneira, e ele se comporta desta e daquela maneira porque é mau.

Temos um simulacro de explicação que nos satisfaz, mas que na verdade não explica nada; uma vez satisfeitos, porém, nada mais buscamos.

Uma vez que eu, tanto como médico quanto como jornalista, tive muito de lidar com o lado mais sombrio da vida, o mal (tanto o conceito como os atos a que ele é aplicado) me interessou muito. Talvez meu interesse chegasse mesmo a ser mórbido – nesse caso, porém, trata-se de uma desordem mórbida que compartilho com grande parte da humanidade, como logo demonstrará uma rápida análise do que trazem os jornais ou as livrarias. Os livros e periódicos (dizem-me) são meios que agonizam entre os jovens, mas o escrutínio dos jogos de computador insinuará que o fascínio pelo mal perdura. Uma alta porcentagem deles traz uma compreensão implicitamente maniqueísta do mundo.

Portanto, as explicações do mal, ou ainda as tentativas de dar fim a ele (à palavra e ao conceito, digo; a realidade que lhe subjaz é, infelizmente, ainda mais intratável), me interessam, e muitas vezes compro livros que se dizem dedicados a isso. Minha última aquisição a se mostrar incapaz de esclarecer o que penso sobre o assunto foi *Zero Degrees of Empathy* [Zero Grau de Empatia], de Simon Baron-Cohen.

Baron-Cohen é um psicólogo de renome, um dos maiores especialistas do mundo em autismo, doença do desenvolvimento em que as crianças não aprendem a interagir de maneira normal com a sociedade porque carecem (em sua forma mais extrema) da capacidade de distinguir objetos de seres conscientes. Não desejo desrespeitá-lo de modo algum quando digo que seu esforço para abolir, de nossos pensamentos, tanto o termo "mal" quanto seu conceito não me convence: não se deve culpar um homem por não resolver satisfatoriamente o que os outros foram incapazes de solucionar.

Permitam-me apresentar sua teoria da maneira mais sucinta – e honesta, espero eu – que consigo. Ele diz que devemos substituir a palavra "mal" por "carente de empatia". As pessoas que praticam o mal não têm empatia por aqueles contra quem o fazem. Ou elas não conseguem entender os efeitos do que fazem sobre os outros, ou, caso o compreendam, simplesmente não estão nem aí.

De onde vem essa falta de empatia? O professor Baron-Cohen nos diz que, a exemplo de muitas outras características humanas, a capacidade de sentir empatia varia ao longo de uma distribuição normal: nas extremidades estão as pessoas dotadas de capacidades excepcionais de empatia – não ligo muito para a psicoterapeuta que ele descreve como alguém dessa laia: ela antes me deixa um pouco constrangido – ou de capacidade nenhuma. Quem não possui capacidade nenhuma de empatia é, na melhor das hipóteses, um narcisista completo ou, na pior, um psicopata. (Por questões de brevidade, deixo de fora de sua descrição aqueles que sofrem de autismo ou da Síndrome de Asperger.) A maioria das pessoas, obviamente, encontra-se entre os extremos, de modo que pode demonstrar ausência de empatia sob determinadas circunstâncias e em durações temporais diferentes. Não creio que muitos leitores discordem disso.

Baron-Cohen nos diz então que a empatia possui, ou é causada por, determinadas reações no cérebro e que tais reações podem resultar defeituosas por diferentes motivos, tanto genéticos quanto ambientais. A ausência de empatia passa de pais para filhos, como bem demonstram os índices de concordância entre gêmeos – idênticos e não idênticos – e os estudos sobre o tema da adoção, segundo os quais as crianças adotadas se assemelham mais a seus pais biológicos do que àqueles adotivos. No entanto, certas experiências, dadas sobretudo no início da vida, podem causar danos permanentes às regiões do cérebro responsáveis pela empatia, bem como certos processos patológicos como lesões e doenças (tumores cerebrais, demências frontotemporais, etc.).

Creio que sua teoria poderia muito bem servir como água para o moinho dos antifeministas, uma vez que Baron-Cohen tem grande apreço pela ideia de que as primeiras experiências de amor e segurança são vitais para o desenvolvimento das reações empáticas. A maneira mais fácil de proporcionar às crianças esta experiência precoce e vital de amor e segurança é, de longe, assegurar que as mães destinem grande atenção a seus filhos. A maioria das outras maneiras fracassaram miseravelmente – fracassaram em massa, quiçá até em todos os casos. Essa, porém, é apenas uma observação marginal.

Ora, Baron-Cohen agora acredita que resolveu mais ou menos o problema. Há ainda detalhes em aberto, é claro: nem tudo o que diz respeito aos circuitos neurais da empatia é conhecido, tampouco cada um dos genes que contribuem para sua expressão. Fatores ambientais que conduzem à psicopatia ainda devem ser elucidados, embora alguns já nos sejam conhecidos; *grosso modo*, porém, ou em linhas gerais, nós agora compreendemos o mal, que consiste num estado neuropsicológico ou num traço de falta de empatia. O mal foi deslocado – elevado, poder-se-ia dizer – do reino sombrio da metafísica aos planaltos ensolarados da ciência, onde tudo é progresso e luz.

Tenho lá minhas reservas. Em primeiro lugar, Baron-Cohen às vezes comete o mesmo erro que, segundo ele, cometem aqueles que utilizam o termo "mal": tornar o *explanandum* idêntico à *explanans*. Por exemplo, ele descreve como debateu com um psiquiatra o caso de uma mulher que, para se vingar de seu ex-marido, de cuja nova namorada tinha ciúmes, esfaqueara até a morte seus dois filhos. O psiquiatra considerou-a normal, isenta de qualquer desordem médica identificável; para Baron-Cohen, porém, isso era ridículo. Por definição, disse ele, à época do crime ela provavelmente sofria de falta de empatia, não obstante agora já a tivesse recuperado: não fosse isso, ela não teria praticado seu ato.

Ora, o que é dito aqui está obviamente suscetível à mesma objeção que ele opôs ao conceito de mal: sabemos que a mulher carecia de empatia por conta do que ela fez e ela fez o que fez por conta de sua falta de empatia. Se o conceito de mal nada explica, (ao menos) aqui a falta de empatia também não o faz.

Porventura a teoria de Baron-Cohen é capaz de esclarecer os surtos em massa do mal, como aqueles ocorridos, por exemplo, na Rússia de Lênin, na Alemanha de Hitler, no Camboja de Pol Pot ou na Ruanda posterior a Habyarimana? Creio que a resposta seja *não*.

Caso os relatos que temos sejam dignos de crédito, em Ruanda, por exemplo, milhares de pessoas perfeitamente normais, sem quaisquer tendências psicopatas aparentes, empunharam facões e outros instrumentos e mataram seus vizinhos, desfrutando então de seus bens e banqueteando-se com seus alimentos enquanto celebravam o que haviam feito.

O que diria Baron-Cohen sobre isso (ele não utiliza o exemplo em seu livro)? Bem, ele diria que, em determinadas circunstâncias (medo, histeria em massa, o que for), alguns circuitos cerebrais sobrecarregam outros – aqueles, por exemplo, que se mostram fundamentais para a expressão da empatia. Lembrem-se de que as pessoas se encontram num *continuum* de empatia: à medida que as circunstâncias se tornam mais e mais terríveis, uma porcentagem cada vez maior da população vai perdendo sua capacidade para ela.

Nós, porém, já sabemos disso pela mera observação dos acontecimentos; por conseguinte, quando lemos Baron-Cohen, não experimentamos a emoção do esclarecimento, aquele momento de descoberta em que sentimos que, de agora em diante, compreendemos o que antes nos fora obscuro. No fundo, Baron-Cohen está apenas redescrevendo, em termos levemente diferentes, algo que já conhecíamos.

Há um problema metafísico mais profundo que não se esvai. Trata-se do problema que William James tratou tão brilhantemente numa das primeiras Gifford Lectures que ministrou na Universidade de Edimburgo e que foram publicadas como *As Variedades da Experiência Religiosa*. Seu título é "Religião e Neurologia".

Ao tratar das pessoas com um grau extraordinariamente alto de empatia, Baron-Cohen cita o caso de um monge budista que "passara a idade adulta aprendendo a controlar tanto sua reação à dor que ele mesmo sentia quanto sua reação à dor dos outros". Esse monge foi submetido a um mapeamento cerebral enquanto se sentava em posições desconfortáveis e controlava, mediante a meditação, suas próprias reações. O mapeamento cerebral sugeriu que seus "circuitos de empatia" estavam então "hiperativos" – o que imagino significar uma atividade superior à média.

Ora, Baron-Cohen não sabe ao certo – e com razão, penso eu – se este estado mental pode ser descrito como um estado superempático. Eis o que diz ele (que não possui um estilo elegante, mas é sempre claro):

> Em primeiro lugar, embora seja essa uma habilidade útil no campo de batalha ou nos esportes de competição, não está claro se a capacidade de suprimir as próprias sensações de dor é necessária para a superempatia. Depois, se você suprime a reação emocional *adequada* [os grifos são do original] à dor de outrem, como denominá-la empática? Não importa o que o monge estivesse fazendo – e tratava-se

de algo claramente anormal: isso não consiste em algo que se encaixe em minha definição de empatia.

Afirmam-se duas coisas aqui. A primeira e menos importante sugere que os supostos circuitos empáticos são ativados por um estado diferente da empatia. A neurologia, portanto, é muito mais complexa do que então éramos levados a crer. Isso, porém, não é fatal para Baron-Cohen, uma vez que ele não seria tolo o bastante para insinuar que, só porque certas áreas do cérebro se iluminam ao serem mapeadas durante certas tarefas – quando se imagina, por exemplo, uma pessoa ferida –, agora sabemos tudo o que há a ser conhecido acerca da neurologia da compaixão ou da empatia. Há sempre investigações ulteriores a ser feitas.

Todavia, a palavra "adequada", que vem grifada na passagem acima, mostra-se fatal: cabe a quem ou ao quê definir o que constitui uma reação emocional adequada? Porventura uma varredura ulterior do cérebro a revelaria a nós? Porventura será um acontecimento natural a fazê-lo? Acho que poderíamos contemplar mapeamentos cerebrais até ficarmos com os rostos vermelhos, azuis ou verdes que não lograríamos resposta. O que julgamos adequado será anterior a tudo aquilo que viermos a descobrir. É bem verdade que poderíamos substituir, se assim o desejarmos, o termo mal por essa falta de reação emocional adequada, mas com isso não teremos aumentado nosso nível de entendimento.

Sempre que leio sobre cientistas que dizem ter elevado a autopercepção humana num plano metafísico, e não somente em casos individuais, penso nas palavras que Hamlet dirige a Guildenstern:

> Ora vede que coisa desprezível fazeis de mim. Pretendíeis que eu fosse um instrumento em que poderíeis tocar à vontade, por presumirdes que conhecíeis minhas chaves. Tínheis a intenção de penetrar no coração do meu segredo, para experimentar toda a escala dos meus sentimentos, da nota mais grave à mais aguda. No entanto, apesar de conter este instrumento bastante música e de ser dotado de excelente voz, não conseguis fazê-lo falar. Com a breca! Imaginais, então, que eu sou mais fácil de tocar do que esta flauta?

> Dai-me o nome do instrumento que quiserdes; conquanto vos seja fácil escalavrar-me, jamais me fareis produzir som.[1]

Baron-Cohen decerto não é o primeiro a acreditar ter penetrado no coração do segredo metafísico do Homem (por que a empatia, afinal, haveria de diferir de qualquer outra qualidade?). Moleschott, por exemplo, há muito nos disse que o cérebro secreta o pensamento do mesmo modo como o fígado secreta a bile. (Na realidade, o cérebro também secreta uma boa quantidade de bile – metaforicamente falando, é claro.) Receio achar que há ainda muito a ser penetrado: com efeito, creio que isso nunca terá termo. É esse o coração de nosso mistério.

---
[1] William Shakespeare, *Hamlet*. In: *Teatro Completo: Tragédias*. Trad. Carlos Alberto Nunes. Rio de Janeiro, Agir, 2008, p. 578-79. (N.T.)

28. Da morte e transfiguração

Uma das vantagens de repetir os próprios pensamentos (ou alguns deles, para sermos mais exatos) em público está em que você frequentemente inicia uma amistosa correspondência com pessoas interessantes. É evidente: você também se expõe a esquisitões e pedantes, estes últimos sempre prontos para atacar o menor erro gramatical ou factual daquilo que ficou registrado. Eles, que nunca publicaram uma só palavra, parecem ler apenas pelo prazer de encontrar algo que lhes permita repreender os autores. (Eles se defenderiam, é claro, citando o doutor Johnson, que defendeu que poderia criticar uma mesa quem nunca fabricou uma.)

Na realidade, eu mesmo estou ciente das tentações do pedantismo: como ocasional resenhista de livros, nada me dá mais prazer do que identificar um erro – e quanto menor e mais oculto, melhor. Se o menciono ou não em minha resenha depende de minha postura com relação à obra como um todo. Se concordo com ela ou a aprovo, em geral o ignoro; se, porém, acho que o livro se equivoca de maneira grave ou repreensível, sinto-me profundamente tentado a enfatizar o deslize para além de sua importância intrínseca, como forma de chamar a atenção para as deficiências do autor. Apenas um apego residual à justiça e o medo de que os leitores me tomem por pedante me constrangem.

Os pedantes do mundo, porém, têm lá um propósito útil: eles fomentam o respeito aos fatos entre aqueles que, de outra forma, talvez se sentissem inclinados a tratá-los de maneira leviana. (Porventura esta última frase contém algum fato? – pergunto-me eu. Até mesmo pensar sobre os pedantes nos faz refletir sobre o que escrevemos.) Os esquisitões, porém, constituem algo completamente diferente: não há nada a ser dito em seu favor.

Eu comecei a escrever numa época – da qual hoje mal consigo me lembrar, embora abarque a maior parte de minha existência terrena – em que não havia internet, uma época em que os esquisitões não tinham como lhe enviar e-mails. Em vez disso, eles mandavam cartas, sendo muitas vezes possível inferir a loucura de seu conteúdo apenas por meio dos envelopes. Boa parte dos esquisitões do mundo, por exemplo (ao menos do tipo que me escrevia), é extremamente parcimoniosa e recicla os envelopes, cobrindo o nome e o endereço do destinatário original com caneta hidrográfica preta e preenchendo-os mais uma vez com cores pouco comuns, sendo a violeta a predileta. Não bastasse isso, tentavam também poupar os envelopes – ou o planeta? – cortando-os em dois e colando-os com fita adesiva.

Não sei ao certo se o acesso à internet fez crescer o número de esquisitões ou se ele apenas aumentou a facilidade com que podem se expressar. Escrever uma carta requer um grau de determinação – e até mesmo de planejamento – que o envio de um e-mail não exige. Uma vez que a maioria das características humanas resulta mais acentuada quando é expressa do que quando tem sua expressão negada (ao contrário do modelo hidráulico de autoexpressão que ficou em voga por um tempo), é possível supor que a internet aumentou a preponderância dos esquisitões na sociedade.

Mas o que dizer do outro tipo de correspondentes? Há dois ou três anos, eu comecei a receber cartas de um médico da Califórnia que já estava na casa dos oitenta e que ainda clinicava em meio período (sua especialidade não exigia grande esforço físico). Tratava-se de um homem claramente erudito e espirituoso – uma espécie de classicista, na verdade, uma vez que muitas vezes citava (de maneira completamente conveniente, devo dizer) os poetas latinos. Ele escrevia sobre tudo – muitas vezes sobre tolices modernas que ele dissecava não com amargura, mas com um relaxamento imparcial, uma vez que experimentara muitas tolices em sua época e sabia que a vida continuava, geralmente com prazer, a despeito delas. Eu ansiava por suas cartas.

Há dois anos, recebi outra missiva dele, infelizmente a última que hei de receber. Tratava-se, de certa forma, de uma carta do além-túmulo. Ele a redigiu para que a viúva a enviasse a todos os seus amigos quando de sua morte, a qual se deu de maneira repentina e (espero eu) sem sofrimento.

Aquela era uma carta admirável, mais uma vez permeada pelo poeta Horácio (em geral, tudo o que vale dizer sobre a vida já foi dito: o problema – e a salvação dos escritores – é que nos esquecemos). Ele falava serenamente sobre sua despedida do mundo, sem nutrir qualquer ira ante o apagar das luzes. Aquele homem tivera uma vida longa e interessante e não desejava que se prolongasse eternamente, para além da idade em que poderia oferecer alguma contribuição. O esquecimento não lhe causava medo.

Veio-me então à cabeça a morte de David Hume, que também se fora com uma serenidade completa – uma serenidade que quase poderíamos dizer deleitosa. Naturalmente, o doutor Johnson achou tratar-se de pura afetação, uma vez que ninguém morre assim; e, por mais admirável que fosse, o doutor Johnson talvez tenha se equivocado nessa ocasião. A humanidade é vasta o suficiente para abarcar algumas almas não patológicas que encaram a morte sem temor.

O médico da Califórnia afirmava, em sua carta, que deixaria seu corpo para a ciência, ou ao menos para estudantes de medicina dissecá-lo (o que não é bem a mesma coisa, é evidente). Então, declarava algo com o qual eu me via incapaz de concordar, por mais que o admirasse e respeitasse. Dizia ele que seu corpo não era mais digno de consideração ou veneração do que uma costeleta de porco podre.

Eu adoraria retomar esse assunto com ele. Tenho a impressão de que é necessário reverenciar de alguma forma os restos humanos, o que (admito) me soa estranho porque não sou alguém religioso e não creio, por mais que gostaria de fazê-lo, numa alma imortal.

Como o médico muito bem sabia, os estudantes de medicina nem sempre tratam os corpos de quem dissecam com veneração ou respeito: pelo contrário, dão-lhes apelidos e chegam a brincar com suas partes. Isso parecia agradá-lo, qual se tratasse de um sinal de racionalidade. O homem é um ser físico-químico e nada mais; e, quando a física e a química sucumbem, nada mais (ou melhor, ninguém) resta a ser venerado ou respeitado.

Embora eu não acredite que o homem um dia se tornará capaz de explicar-se em termos puramente físico-químicos, e embora acredite que o mistério da consciência continuará a nos iludir – não obstante os filósofos cientistas que estão sempre se precipitando –, não se segue que, a meu ver, o homem seja algo mais do que um ser físico-químico, de tal maneira que sua alma virá a deixar seu corpo do mesmo modo como uma borboleta deixa uma crisálida. Noutras palavras, não acredito em vida após a morte, ao contrário (por exemplo) de alguns desses adolescentes que cometem suicídio por imaginarem que, de alguma forma etérea, presenciarão seus respectivos funerais e observarão de luto aqueles que não lhes deram atenção suficiente ao longo de suas vidas.

Ainda assim, também não consigo concordar com a visão que trata os corpos humanos como costeletas de porco podres. Ao relembrar quando eu mesmo me encontrava, ainda estudante de medicina, à mesa de dissecação, penso que nossa irreverência na verdade constituía uma forma invertida de reverência. Comprova-o o fato de os estudantes de medicina serem tradicionalmente levados à sala de dissecação quando de sua chegada, como uma espécie de rito de passagem.

Os médicos, é evidente, têm de se envolver na vida de seus pacientes e ser compassivos. Ao mesmo tempo, contudo, também precisam ser objetivos e imparciais. (É por isso que existiram tantos escritores-médicos de qualidade.) Eles não podem sucumbir diante de toda e qualquer tragédia com que se depararem; caso contrário, suas carreiras não durariam mais do que uma ou duas semanas. Qual é o distanciamento que precisa ser alcançado?

Quando dissecam um corpo humano, os estudantes de medicina têm de superar uma forte repulsa inicial contra aquilo que, segundo os outros e segundo o que eles mesmos sabem, precisam fazer. A pressão social que os força a ter sangue-frio é enorme; a irreverência dos estudantes de medicina (exceto no caso dos poucos que são psicopatas) não passa da tentativa de persuadir a si mesmos de que, ao quebrarem um tabu, não estão cometendo mal nenhum. Sua falta de respeito é um respeito invertido.

De igual maneira, abala-nos a mutilação de corpos após uma batalha. Trata-se de algo que nos parece mais selvagem do que aquela matança em combate que, infelizmente, às vezes é justificada ou necessária. Nós não esperamos que os mutiladores venham a se comportar bem noutras circunstâncias; se você conhecesse alguém que tenha se comportado dessa maneira, instintivamente permaneceria à distância, não obstante não fizesse o mesmo diante de um homem que simplesmente tivesse alvejado outro em combate.

É claro, existiram povos primitivos (se é que ainda é permitido empregar o termo primitivo para descrever alguém) que exageravam a mutilação dos inimigos mortos em batalha. Esse, no entanto, é também um modo de demonstrar que o corpo humano não é somente uma costeleta de porco podre, que sua importância é muito maior. Você não se não dá o trabalho de mutilar algo que considera insignificante.

Se eu achar que o homem nada mais é do que um ser físico-químico, ou ao menos que não há fundamento sólido para dizer que ele assim o seja, por que acredito que seus restos inanimados devem ser tratados com reverência? A resposta evidencia por que a racionalidade basta para a vida humana.

Nós precisamos viver como se certas coisas fossem sagradas; caso contrário, tornamo-nos selvagens ou, antes, seres sem limites. Por exemplo, não podemos (ou ao menos não devemos) tolerar a necrofilia simplesmente porque ninguém é prejudicado por ela, porque o corpo em que é praticada é inanimado e não possui nem interesses, nem desejos, não sendo portanto o tipo de ser que poderia dar ou recusar consentimento.

Os limites exatos do sagrado são sempre controversos, mas não podemos viver sem termos ciência dele – e isso mesmo quando sabemos que a sacralidade não é um traço natural, que ela simplesmente não está "aí" como certas características da natureza (o peso e a densidade, por exemplo), que não é inerente a nada, que a impomos ao mundo de uma forma que não aplicamos a outras qualidades. E isso é parte da razão a explicar por que uma atitude puramente científica com relação à vida é ao mesmo tempo indesejável e impossível.

Muitas vezes, infelizmente, as pessoas tentaram adotar uma postura impossível ante a vida. O simples fato de certa postura ser impossível não significa que a tentativa não tenha lá suas consequências – muito pelo contrário. A meu ver, as tentativas de dessacralizar a vida humana em nome da racionalidade resultaram nos mais terríveis dos crimes.

Se estou certo, também encontramos o porquê de a arte que tenta ser conscientemente transgressiva ou quebrar tabus raras vezes ser boa, seja no plano moral, seja no plano estético: porque o impulso de quebrar tabus pelo simples fato de serem tabus, independentemente de quais sejam, é terrível. Com efeito, não exageraríamos em denominá-lo mau. Isso não significa que os tabus não devam ser quebrados sob circunstância nenhuma, e sim que isso deve ser feito por razões outras além do fato de serem tabus.

O doutor Johnson sabia disso: na biografia que dedicou a Swift, ele afirmou que o homem que obedecia às convenções era mais moral do que aquele que as violava, a menos que fosse superior. Noutras palavras, as convenções podem estar erradas, mas não podemos viver sem elas. Somente por um bom motivo deveriam elas ser violadas.

Não desejo ser desrespeitoso quando digo que a carta que meu respeitadíssimo correspondente enviou do além-túmulo continha algo que julgo profundamente equivocado. Ele era o tipo de homem que acolheria de bom grado um debate sobre o assunto e que, a meu ver, estava aberto à discussão mesmo em sua idade avançada. Este é, de fato, um grande ato de louvor a alguém.

29. O triunfo do mal

Ao longo de minha vida, só fui preso três vezes, o que – como certa vez um orgulhoso carcereiro afirmou ao me explicar que, em quarenta anos de carreira, só fora agredido três vezes por prisioneiros – não é de todo mal, não acham?

Na primeira vez em que fui preso, estava atuando como espião sul-africano numa pequena cidade do Gabão, na África Ocidental. Eu soube de imediato, é claro, que o policial que me prendeu não achava que eu era tal agente, mas não era todo dia que um homem tão eminentemente chantageável chegava àquele fim de mundo.

Para a minha sorte, ele tinha um profundo respeito pela profissão médica, e tão logo descobriu que eu era médico, deu a volta na cadeira em que eu estava sentado e, ali em sua guarita, disse com admiração, como um enorme elogio: *"Vous avez beaucoup de papier dans la tête"* (Você tem um monte de papel na cabeça).

Também para minha sorte, ele precisava de uma receita para tratar sua doença venérea, e em troca disso me libertou. Cogitei prescrever-lhe algo que o fizesse passar mal: colocar policiais corruptos da África Ocidental na geladeira por um tempo não constituía maldade em sentido hipocrático. A caridade, porém, se apoderou de mim: aquele homem provavelmente não era pago há meses, e se entender com as pessoas como ele fizera comigo era sua única fonte de renda.

Minha segunda prisão ocorreu na fronteira entre Honduras e El Salvador, do lado hondurenho. Eu dirigia uma picape que comprara na Guatemala e estava a caminho da Nicarágua sandinista. Trazia comigo um monte de livros comprados em San Salvador, numa livraria chamada La Catedral del Libro, e os guardas da fronteira de Honduras imediatamente concluíram que eu deveria ser uma pessoa perigosíssima.

Embora à época se costumasse dizer que El Salvador era uma ditadura cruel, La Catedral del Libro possuía tão grande variedade de livros que dificilmente encontraríamos maior variedade caso o país fosse a mais pura das democracias liberais. Livros de marxistas simpáticos à guerrilha vinham ao lado da *Mi Lucha (Mein Kampf)* de Adolf Hitler e de (lembro-me disso muito bem, pois jamais havia escutado algo assim antes) *Cafeomancia*, a arte de predizer o futuro a partir do café.

De todo modo, entregaram-me a um guarda armado que foi instruído a me acompanhar até a fronteira da Nicarágua: eu estava sob prisão automobilística, por assim dizer. Evidentemente, meu aspecto lhe foi tão aterrorizante que o homem caiu no sono de imediato, com sua arma cutucando intermitentemente minhas costelas. Ele jamais tomou conhecimento da ironia que vinha do fato de as autoridades hondurenhas terem detido praticamente o único intelectual estrangeiro, em toda a península da América Central, que se opunha à guerrilha. Uma vez que parei para almoçar, teria sido rude não pagar também o almoço do guarda, não obstante a justiça natural insinuasse, ao menos para mim, que o correto seria o contrário.

Minha terceira vez foi a única em que acabei preso sob algo que se assemelhasse à ira. Tratava-se de minha segunda visita à Albânia, a primeira após a queda do comunismo. O governo do cardiologista anticomunista Sali Berisha estava no poder, muito embora faltasse pouco para que fosse derrubado. Um protesto de comunistas contra o governo foi realizado na manhã da minha partida e a polícia se meteu no meio da multidão – que não era muito grande – com cassetetes. Obviamente, pouco tempo antes eles provavelmente agrediam os anticomunistas que tivessem a ousadia de protestar. A multidão se dispersou e correu na direção de um dos poucos hotéis de Tirana.

Eu saí correndo para tirar fotos do que se passava e logo me encontrei sob as garras de ferro de um policial. Ele parecia um levantador de peso, e jamais voltei a sentir tamanha força. Ignorando os protestos de menino mimado que lhe dirigia, isto é, que eu tinha um avião para pegar (o que era verdade) e, portanto, não tinha tempo para ser preso, ele me jogou na traseira da picape policial. Ainda que o policial compreendesse inglês, não creio que teria pegado leve apenas porque a Austrian Airlines não esperava ninguém.

Outros três espectadores foram lançados na picape comigo, um dos quais calhou ser um intelectual albanês que falava um inglês de qualidade. A grade estava trancada, e assim, sob sirenes estridentes, fomos conduzidos por ruas não muito abarrotadas até a delegacia.

Retiraram-nos da viatura e recebi uma pancada de cassetete nas costas para que não perdesse tempo tentando fugir. Então, fomos todos encarcerados numa pequena cela caiada. Dali, podíamos ouvir a polícia noutra cela batendo em alguém, cujos gritos animalescos de dor rasgavam o ar. Aquele era um som horrível, mas não me surpreendeu. Já imaginava ser aquilo o tipo de coisa que acontecia nas delegacias balcânicas – e talvez não apenas nelas.

Os albaneses de nossa cela começaram a gritar e prantear. Evidentemente, achavam que seriam os próximos a receber aquele tratamento. Em consideração a mim, o intelectual bradou: "Democracia albanesa! Democracia albanesa!". Porque batiam nas trancas da porta de aço, eu decidi intervir.

– Veja bem – falei para o intelectual albanês –, agora não é hora de ser albanês. Vocês têm de se tornar britânicos. Fiquem quietos, mantenham a calma e não chamem a atenção. Caso contrário, vamos todos apanhar.

Para minha surpresa e alívio, funcionou. Eles ficaram tão espantados com aquele estrangeiro ridículo que acabaram sem fôlego. Ficaram em silêncio.

Felizmente para mim, alguns dos amigos com quem eu havia jantado na noite anterior, na companhia de um importante funcionário do governo, viram-me ser preso e pediram que o funcionário interviesse. E assim ele fez, rapidamente.

Após menos de meia hora de prisão, durante a qual ouvimos em silêncio uma série de gritos humanos, a porta da cela se abriu e um oficial, desta vez com toda a consideração e até mesmo certo servilismo, acenou para que eu saísse. Claramente ele percebera que ele e seus homens haviam cometido um erro ao me prender – um erro potencialmente sério, uma vez que eu poderia escrever, em publicações britânicas e americanas, um artigo condenatório sobre a situação dos direitos humanos na Albânia.

O policial pôs a mão sobre o coração, inclinou-se ligeiramente e assumiu um semblante de extrema bajulação. O jogo tinha claramente virado, e agora eu estava em posição – ou ao menos era assim que ele claramente pensava – de arruinar sua carreira. Deixei o cárcere e fui conduzido de volta ao hotel como se fosse um dignitário visitante. Peguei o avião. Francis Drake certa vez afirmou que tivera tempo de terminar sua partida de boliche e derrotar os espanhóis; eu tive tempo de ser preso na Albânia e pegar o voo da Austrian Airlines.

No momento de minha soltura, eu havia enfrentado um grave dilema. E quanto aos outros prisioneiros? Agora que a carapeta do tempo havia trazido suas vinganças, eu deveria usar de minha posição e rejeitar a soltura até que também eles fossem libertados. Afinal, eles só haviam feito o mesmo que eu fizera, isto é, assistido à manifestação. Eu não sabia nada sobre eles, mas certamente não desejava que recebessem o tratamento dispensado na delegacia.

Após ser liberado, quis me certificar, antes de deixar a Albânia, de que representações acerca de meus companheiros de detenção seriam levadas ao mandachuva, e de fato os três foram soltos em seguida – e sem qualquer imprevisto, creio eu. Todavia, ainda não conseguia tirar da cabeça que, embora aceitar a libertação fosse a coisa mais sensata a fazer, uma vez que fora da cela eu poderia ser mais útil a meus companheiros do que lá dentro, eu havia aceitado aquilo pelas razões erradas, em razão de uma mistura de alívio egoísta e covardia. É bem verdade que só tive uma fração de segundo para tomar qualquer decisão, mas na única ocasião em me foi exigida e permitida uma postura, eu fracassei.

Desde então, passei a achar um pouco mais difícil afirmar como me comportaria se tivesse de viver sob uma tirania perversa. Meu comportamento na cela de Tirana talvez tenha sido sensato, mas não foi heroico. Eu não sou feito do mesmo material de um Soljenítsin, por exemplo. Sou apegado demais à minha existência ordinária e tenho muito medo do que de pior podem fazer comigo.

Evidentemente, como se comportar sob uma ditadura perversa foi algo que grande parte da população da Europa no século XX teve de decidir. Na França, para tomarmos apenas um exemplo, milhões tiveram de resolver se continuariam vivendo da melhor maneira possível, se adeririam à resistência ou se tirariam proveito da nova situação para progredir na vida. Mesmo nos dias de hoje, são controversos os negociantes que atuaram no mercado negro durante a Ocupação: foram eles predadores impiedosos, preocupados apenas com o próprio bem? Porventura foram arruinando de maneira silenciosa e gradativa os ocupantes, que estavam tentando tirar da França o máximo de excedentes econômicos possível (algo que o desvio de bens para o mercado negro reduzia, melhorando assim a sorte de grande parte dos franceses comuns)? Ou será que estavam ajudando os ocupantes ao tornarem todo o sistema viável, o que não seria possível sem o mercado negro? Seriam talvez tudo isso junto?

Trata-se de um dos males das ditaduras o fato de tentarem envolver todos em seu sistema por meio da espionagem, da concessão de privilégios, etc. Porém, não são apenas as ditaduras que agem assim: também o fazem as burocracias modernas, mesmo em Estados liberais democráticos. Por exemplo, no sistema de saúde estatal dos britânicos (e nenhum governo moderno carece por completo de hospitais públicos), os médicos são compulsoriamente avaliados por um colega sob a ordem e o planejamento da administração, sem porém haver qualquer indício de que isso melhore de alguma forma sua atuação profissional. Sua finalidade não é melhorar o desempenho, mas destruir a independência.

O fato mesmo de tomar parte num processo que todos reconhecem inútil é prejudicial, uma vez que aqueles que o fazem estão "somente acatando ordens" para garantir a própria paz e tranquilidade e para o bem de suas respectivas carreiras; noutras palavras, só em participar já se perde um pouco da própria integridade.

Uma das perguntas *pro forma* é articulada de forma bastante astuta – e de tal maneira que chego de fato a admirar sua astúcia (a qual julgo antes instintiva do que consciente, uma vez que os burocratas, por mais que acreditem em formulários e procedimentos, operam e trabalham por instinto quando se trata de ampliar os seus próprios poderes). Eis a pergunta: "Há reservas acerca de sua probidade?".

Na primeira vez em que ela me foi feita, afirmei que só a responderia se o interrogador me respondesse duas perguntas. A primeira era que tipo de pessoa responderia a uma indagação como aquela; a segunda, que tipo de pessoa a formularia. Meu avaliador entendeu imediatamente o que eu havia dito e deu uma gargalhada nervosa. Declarou que se tratava de uma grande bobagem e que ninguém daria a mínima para aquilo. Então eu questionei que tipo de pessoa participava sem protestar de processos que eram ainda piores do que uma mera perda de tempo.

Não é sempre que enfrentamos dilemas morais tão agudos como aquele que enfrentei na cela albanesa. Mais frequente é que nossa integridade moral vá sendo corroída pouco a pouco, até que não reste nada mais. David Hume declarou que raramente perdemos a liberdade toda de uma vez, mas não é apenas a liberdade o que raramente perdemos assim.

Isso nos ajuda a explicar por que a gestão profissional de instituições públicas é tão perigosa e corruptora. É de uma gestão amadora (mas não amadorística, é claro) que necessitamos.

30. Nem credor nem devedor sejas

Um dia após minha chegada a Nova York, o Lehman Brothers, banco de investimento na ativa havia 158 anos, faliu. Poucos dias depois, quando de minha partida, o Merrill Lynch havia se submetido a uma venda forçada e o governo americano, tendo de escolher entre um pânico financeiro apocalíptico e o poço sem fundo, optou pelo poço sem fundo e socorreu (e assumiu) a enorme seguradora AIG.

Quando retornei à Grã-Bretanha, terra em que resido seis meses ao ano, descobri que um dos maiores bancos do país, o Halifax Bank of Scotland, fora assumido pelo Lloyds Bank a fim de impedir uma sangria indigna e potencialmente catastrófica da HBOS, que, de outra forma, teria ocorrido quase com certeza. Parecia que minha chegada aos países trazia maus prenúncios a seus respectivos mercados financeiros e, portanto, decidi ficar parado por um tempo, no caso de realmente haver ali alguma relação causal.

Esquadrinhando a opinião de amigos e conhecidos a respeito do que significava toda essa turbulência financeira, comecei a me sentir como uma das ações dessas empresas vulneráveis cujo valor oscilava descontroladamente na bolsa, sempre de acordo com o boato mais recente, um dia antes de ela sucumbir por completo ou ser recuperada por uma medida qualquer. Diziam alguns que, na pior das hipóteses, a crise era apenas um epifenômeno e a economia real, aquela que assava pães e fabricava porcas e parafusos, continuaria inalterada. Outros declaravam que se tratava do começo do fim; que deveríamos passar o resto de nossas vidas lutando para pagar as contas, levando com dificuldade uma vida modesta; que jamais nos sentiríamos seguros e prósperos novamente. Eu oscilei entre a complacência e o terror até finalmente me refugiar na ideia – em mim inculcada, graças um escrevinhador que conhecia, durante o último episódio de pânico financeiro – de que, durante as recessões e depressões, a demanda por jornalismo e outras formas de escrita cresce em vez de diminuir, uma vez que a leitura é uma forma relativamente barata de entretenimento. O pensamento positivo logo alcança a condição de verdade, e portanto concluí, com base no que não passava de um *obiter dictum*, que de todo modo eu ficaria bem. Essa conclusão, obviamente, não levava em consideração a epidemia de analfabetismo que a educação fomentava e que se espalhara desde o último pânico.

Não sendo de modo algum um mago das finanças – meu caso de amor com o dinheiro não foi até agora correspondido –, eu não conseguia deixar de pensar que aquele episódio, embora possa ter duração curta e limitada, bem como consequências pequenas, possuía uma dimensão cultural importante. Tudo o que acontece nos diz algo sobre a maneira como vivemos no momento, mesmo quando o que se passa não seja algo de todo inédito (todo banqueiro, todo corretor e todo gestor de fundos de cobertura deveriam ler, marcar e internalizar o *Memorando de Extraordinários Engodos Populares e a Loucura das Multidões*, publicado por Charles Mackay em 1841 e, desde então, nunca esgotado – o que, em si só, já é um forte indício de que a maioria da humanidade é incapaz de aprender a partir da experiência dos outros).

É claro, a avaliação do quanto os acontecimentos são culturalmente relevantes depende do que se entende, com razão ou não, por suas causas. No que se segue, portanto, estou recorrendo a meu entendimento, sem dúvida bastante esquemático, do tumulto causado no mercado anglo--americano. É justo, portanto, que eu articule meu entendimento antes de tecer minhas principais observações. Se o meu entendimento estiver fundamentalmente errado, minhas outras observações serão nulas e vazias.

Grandes quantidades de dinheiro resultam em crédito fácil, que por sua vez inflaciona o valor de bens, como a moradia. Isso, ademais, faz com que as casas, cujos preços parecem crescer sem qualquer esforço, qual bom suflê, se convertam em garantia para empréstimos concedidos a quem, de outra forma, não os conseguiria.

Os bancos e as caixas hipotecárias, cuja função é, afinal de contas, emprestar dinheiro, não esquadrinharam rigorosamente o histórico biográfico de seus mutuários. Com efeito, os que vendiam as hipotecas muitas vezes tinham pouquíssimo vínculo com quem tomava emprestado o dinheiro: o aumento dos preços retificaria qualquer risco inerente à ignorância ou à fraude.

Instrumentos financeiros foram elaborados para esconder a perigosíssima natureza desta forma de reciclar dinheiro. Lembro-me de, alguns anos atrás, ter recebido de alguém que estava longe de ser burro um pequeno tutorial que explicava como algumas pessoas matematicamente agraciadas de Wall Street haviam encontrado uma fórmula capaz de eliminar, com sucesso, todos os riscos da concessão de empréstimos vultosos a quem jamais havia demonstrado qualquer propensão à providência ou à probidade. Não acreditei naquilo, mas, por não ser homem matematicamente agraciado, me vi na mesma posição em que se encontrara Diderot quando, segundo a lenda, Euler lhe apresentou uma fórmula matemática que supostamente demonstrava a existência de Deus. Diderot nada teve a responder porque não sabia matemática; do mesmo modo, também eu conservei para mim o que achava sobre o empréstimo de dinheiro para gente que não tinha capacidade, quanto mais propensão, de pagá-lo.

No entanto, os instrumentos criados eram tão intrincados e distantes da realidade que aqueles que lhes deram crédito ignoravam seus fundamentos. Eles acreditavam neles do mesmo modo como os camponeses costumavam crer nas Virgens milagrosas.

Ora, esquemas de pirâmide desse tipo funcionam esplendidamente durante um tempo, e aqueles que caem fora antes de seu desfecho, ou obtêm o bastante antes de seu colapso, fazem fortuna. É por isso, é claro, que eles se repetem ao longo da história: muitos perdem no final, mas nesse meio-tempo alguns ganham – e astronomicamente. A humanidade é um rebanho a ser tosquiado, e felizmente a lã sempre volta a crescer.

Examinemos, agora, algumas das implicações culturais do que aconteceu. Umas poucas palavras parecem resumi-lo: improvidência e improbidade. Por parte de quem, porém? E em que proporção, com quais consequências?

O açougueiro e o padeiro, de cuja benevolência, segundo a famosa frase de Adam Smith, não esperamos a qualidade de nossa carne e nosso pão, se mantêm na linha graças ao vínculo claro e estreito que existe entre sua conduta e seu lucro. Noutras palavras, seu interesse próprio assegura a providência e a probidade; partindo do princípio de que não gozam de nenhum monopólio natural ou artificial, eles abandonariam em pouquíssimo tempo suas atividades caso vendessem carne de porco com cisticercose e pão adulterado como se fossem o que de melhor o dinheiro poderia comprar.

Todavia, o vínculo entre virtudes como a providência e a probidade, de um lado, e a recompensa, do outro, ficou um pouco mitigado (e é preciso admiti-lo) no mundo moderno do capitalismo. São tantos os estágios entre a matéria-prima e o produto final, ou entre quem inicia o processo produtivo e o consumidor derradeiro, que abundam ocasiões para que os vícios correspondentes à providência e à probidade operem e floresçam, ao menos por tempo suficiente para que seus detentores forrem seus ninhos com penas de ouro. Isso, é claro, torna a providência e a probidade ainda mais desejáveis.

Não acho que haja dúvidas de que os bancos, ao menos em meu país, têm sido improvidentes e ímprobos. Se me permitem passar da abstração à anedota, narrarei experiências que tive ao longo dos anos com meu próprio banco e que ilustram não somente uma mudança em sua atitude com relação ao crédito, mas também uma mudança em nossa cultura.

Pouco depois de abrir, quarenta anos atrás, uma conta com eles, recebi do gerente uma carta que, com certa rudeza, me chamava a atenção para o fato de minha conta ter ficado quase cinco dólares no vermelho; ele estava certo de que eu retificaria a situação até o fim da semana. Quarenta anos depois, quando mais uma vez fiquei no vermelho, o gerente me telefonou – o lema do banco é "Não ligue para a gente: nós ligaremos para você" – para dizer que queria me ver. Na verdade, ele disse que viria à minha casa.

Caramba, pensei eu: agora estou em apuros. Quando ele chegou, afirmei que estava prestes a cobrir a quantia que estava no negativo. O gerente pareceu ficar extremamente desapontado.

– Então você não quer pegar nada emprestado? – disse. – Eu vim até aqui para lhe oferecer mais.

Aquela fora uma viagem em vão, obviamente.

Pouco tempo depois, fui ao banco na expectativa de pegar um empréstimo para comprar uma casa enquanto vendia a outra. Em cinco minutos, foi-me oferecida uma quantia que eu jamais havia manejado, algo muito superior ao que eu precisava. Embora fosse menor que o valor dos bens que eu enumerava em meu nome, o banco não fez absolutamente nenhum esforço para verificar que eu de fato os possuía.

Com um enorme empréstimo pendente, eu continuei a receber, praticamente a cada mês, ofertas de um empréstimo ulterior de cinquenta mil, sem que para tanto me fizessem qualquer pergunta e bastando apenas um telefonema – e isso no caso de eu querer para mim algum agrado ou alguma extravagância (mas peça agora, antes que no mês que vem lhe seja oferecida precisamente a mesma coisa!). O principal exemplo de agrado ou extravagância de que eu poderia gozar era uma vida inteira de férias.

Duas considerações me fizeram negar todas as ofertas desse gênero. Em primeiro lugar, eu estaria mais interessado em passar uma vida inteira observando guerras civis do que refestelado no luxo – e, embora seja às vezes caro chegar às guerras civis, elas nos proporcionam poucas oportunidades sibaríticas (não obstante houvesse surpreendente disponibilidade de champanhe *rosé* durante a guerra civil da Libéria, mesmo sendo difícil relaxar).

A segunda consideração vinha de uma crença levemente puritana – consequência, sem dúvida, de eu ter nascido só poucos anos após o fim da Segunda Guerra Mundial – em que, se não pudesse pagar de imediato uma vida inteira de férias, você também não poderia levar uma vida inteira de férias. A gente não se afunda em dívidas somente para assegurar um punhado de prazeres transitórios, como passar algumas semanas à sombra de palmeiras, às margens de uma piscina iluminada sob o pôr do sol tropical, enquanto se é servido por lacaios obsequiosos e, sem dúvida alguma, também ressentidos.

Mesmo se levasse em conta as mudanças por que passei nos últimos quarenta anos, a irresponsabilidade do banco (e de outras instituições financeiras) me parecia — se ignorados os acontecimentos da história — espantosa. Porém, não tenho dúvidas de que muita gente (milhões de pessoas, na verdade) cedia aos encantos do crédito fácil, desse "esbanje agora e só pague depois".

Interessante para mim, portanto, não é o problema da tolice ou desonestidade das instituições financeiras, e sim da tolice ou desonestidade da população. Em que momento o povo passou a acreditar que era possível (para citarmos o *slogan* de um cartão de crédito lançado na Grã-Bretanha durante os anos 1970) "subtrair a espera do desejo"?

Procuremos imaginar como é estar na pele de um mutuário *subprime*, ou mesmo na de qualquer mutuário que dá um passo maior que as pernas e se endivida por qualquer mesquinharia, no intuito de buscar aquilo que claramente só lhe trará certos momentos de satisfação que logo darão lugar a uma busca ainda mais fervorosa por novos momentos de satisfação.

Ao ir atrás daquele vultoso empréstimo, eu — que ao longo de toda a vida jamais exagerei minhas oportunidades econômicas ou me comportei com a sabedoria e a visão de um esquilo, acreditando, aos vinte anos, que jamais sobreviveria à minha incrível idade atual — levei em consideração certas eventualidades: por exemplo, se conseguiria quitar a dívida caso não vendesse minha outra casa; se haveria outros meios de pagar o empréstimo; o que aconteceria se as taxas de juro crescessem e minha renda diminuísse, etc., etc. Essas reflexões não me pareciam terrivelmente difíceis — na realidade, elas me soavam um tanto óbvias, quase coextensivas à decisão de procurar o empréstimo e, decerto, à assinatura do acordo. Porém, tenho agora a impressão de que milhões de pessoas, tanto no meu país quanto alhures, não pensaram em nada disso, o que de fato é algo bastante triste. Elas devem ter achado que receberiam algo sem dar nada em troca; os mais sofisticados provavelmente perceberam que, por não terem bens a declarar, nada tinham a perder. Todavia, não estou convicto de que improbidade em massa seja muito melhor do que improvidência em massa (questão essa que seria bem interessante para um trabalho de final de semestre).

Seja como for, todas essas pessoas são eleitores em cujas mãos se encontra o futuro de seus países, ao menos na medida em que a escolha entre dois candidatos faz diferença para a direção que os países tomam. Ao que parece, o futuro depende dos desonestos e improvidentes. Isso não é de todo reconfortante (ao menos em teoria) até que pensemos no comportamento da classe de que os candidatos costumam vir. É preciso um ladrão para eleger outro; e, neste imperfeito mundo sublunar, isso talvez seja o que de melhor podemos almejar. De todo modo, prefiro isso ao irrestrito reino dos homens honestos.

31. Sobre a bibliofilia e a biblioclastia

Em 1936, George Orwell publicou um pequeno ensaio intitulado "Memórias de Livraria". Ali, recordava a época em que trabalhou como assistente num sebo – época que só é feliz quando contemplada pelas lentes embaçadoras da nostalgia. Talvez se possa definir ironia como o desgosto evocado na tranquilidade, e o ensaio de Orwell decerto está repleto de ironia. Ele se alegrava por ter vivido aquela experiência, sem dúvida, mas alegrava-o mais que ela tivesse terminado.

Pouco mudou nos 75 anos que transcorreram desde a experiência de Orwell como livreiro. No mundo inteiro, os sebos ainda tendem a ser lugares insuficientemente aquecidos – diz Orwell que isso se dá não somente porque os proprietários temem a condensação nas janelas, mas também porque os lucros são baixos e os gastos com aquecimento ficariam elevados. Há um frio peculiar, diferente de qualquer outro, a ser experimentado entre as pilhas de livros de segunda mão.

Orwell afirma que, nos sebos, a parte de cima dos livros é o lugar "em que cada varejeira prefere morrer" – e esta preferência, de natureza biológica, em nada mudou nesse ínterim. A poeira dos livros velhos e o "doce aroma do papel em decomposição" ainda acometem com algo peculiarmente asfixiante a parte de trás de nossas gargantas. Além disso, os sebos ainda são um dos poucos lugares públicos fechados em que alguém pode passar horas sem ninguém suspeitar de qualquer motivação ulterior.

Orwell não tem em grande conta os clientes, que lhe pareciam estranhos e, em geral, dotados de transtornos psicológicos. Como frequentador de longa data de sebos, devo dizer que esta é uma atitude muito característica dos livreiros em sua relação com os consumidores, a quem costumam tratar com grande desprezo. Tal desprezo advém não somente do caráter dos compradores de livros, mas também de seus gostos. Conheci um livreiro – um comunista partidário de Enver Hoxha – que se frustrava e irritava constantemente porque as senhoras negras da região de sua loja sempre solicitavam Bíblias em vez da literatura revolucionária que elas, as mais oprimidas de todas, deveriam ler. Outro dono de livraria que conheci odiava de tal maneira seus clientes que às vezes botava Schönberg com o volume nas alturas para espantá-los de sua loja. Tratava-se de uma técnica muito eficaz.

Nem tudo, porém, permaneceu igual desde a época de Orwell. Ele diz que todos se dariam bem se tivessem um sebo, mas isso não procede mais. O número dessas livrarias vem decaindo muito rápido – há pouco tempo, estive numa cidade litorânea da Inglaterra em que houvera, uma década antes, dez sebos; naquela ocasião, o último estava para fechar em uma semana.

Dois desdobramentos resultaram no declínio do sebo. O primeiro, obviamente, foi a internet. A internet é tão maravilhosa quanto terrível. Permite, por exemplo, que os pacientes aprendam muito sobre suas doenças, e se tiverem discernimento podem até chegar a salvar a própria vida. Todavia, é provável que as informações ou opiniões médicas encontradas ali tenham matado muito mais gente do que salvado: o fato de Thabo Mbeki, presidente recentemente deposto da África do Sul, ter lido uma página que o convenceu de que a Aids não era causada por vírus e de que o tratamento do HIV com medicamentos era prejudicial resultou em incontáveis perdas prematuras; para compensá-las, a internet precisará de anos de vidas salvas.

No que diz respeito aos livros, a internet é um maravilhoso instrumento de busca de obras particularmente necessárias ou desejadas: se porventura (e por alguma razão obscura) estiver em busca da edição de 1490 do *Tractatus de Venenis*, de Pietro D'Abano, você poderá encontrá-la numa página que diz listar 110 milhões de livros. Basta dizer que você não a acharia nem se passasse vidas inteiras vasculhando livrarias de todo o mundo à moda antiga.

O prazer dos sebos, entretanto, não está apenas em encontrar o que você quer: está também em folhear muitos volumes e encontrar algo que você nunca soube que existia, que o fascina e, portanto, amplia seus horizontes de maneira completamente imprevista, ajudando-o a fazer as associações mais inesperadas.

Segundo o dono de uma livraria que venho frequentando há quarenta anos (e que me parecia pertencer a uma geração anterior quando o conheci, mas agora me dá a impressão de ter precisamente a mesma idade que eu), folhear livros à maneira e com o objetivo que acabei de descrever é coisa do passado. Os jovens não o fazem mais como à época em que ele ingressou no ramo. Antes, eles adotam uma atitude puramente instrumental e utilitária em relação às livrarias: entram, perguntam se ele possui este ou aquele título e, caso não o tenha, eles vão embora imediatamente, em geral com um descontentamento visível no rosto: afinal, para que serve uma livraria que não possui naquele exato momento o título que eles desejam?

Há ainda outros prazeres da imaginação de que se abstêm aqueles que não folheiam livros. Quando comecei a comprar livros em sebos, eu evitava aqueles em que havia anotações, e até hoje há compradores que tratam marcas nos livros como defeito. (Orwell afirma que trabalhar numa livraria lhe mostrou como são poucas as pessoas verdadeiramente versadas nos livros e como os "esnobes da primeira edição" são muito mais comuns do que os amantes da literatura. Imagino que esses esnobes estejam para a literatura como os viciados na alta-fidelidade estão para a música.) No entanto, fui mudando de ideia ao longo dos anos, e chego mesmo a preferir, hoje, aqueles livros que possuem alguma forma de anotação.

Gosto de exemplares com inscrições do autor – sobretudo quando vêm com alguma mensagem na dedicatória – e dos exemplares de associação, isto é, aqueles exemplares que trazem inscrições de alguma figura famosa que possui relação, intelectual ou não, com o conteúdo da obra. Meus amigos racionalistas consideram esse meu gosto bizarro e surpreendente: afinal, dizem, o valor de um livro está preponderantemente em seu conteúdo; apenas depois (quem sabe?) é que vem seu encanto estético enquanto artefato físico. Tanto quanto não há motivo racional para que achemos que comer a carne de um inimigo morto nos fará absorver algo de seu poder, não há motivo racional a explicar por que, em trazer inscrito o nome de uma pessoa célebre (ou ao menos rastreável), um livro se torna mais valioso, interessante ou belo.

Isso talvez seja verdade em certo sentido filosófico abstrato, mas gerações e gerações de bibliófilos não acreditaram. Tomemos um pequeno exemplo de minha coleção diminuta e insignificante: a terceira edição das *Confissões de um Comedor de Ópio*, de De Quincey (quando ainda era publicada anonimamente, em 1823), que outrora pertenceu a Edgell Rickword.

Rickword (1898-1982) foi um *littérateur* que escreveu livros sobre Rimbaud e Gillray, e foi um influente crítico em sua época. Na década de 1930, tornou-se comunista. Serviu na Primeira Guerra Mundial, durante a qual perdeu um olho, foi altamente condecorado e tornou-se um poeta de guerra de segundo escalão. Alguns de seus versos eram memoráveis e comoventes:

> Um homem, meu chapa, eu conheci
> que ia enegrecendo a cada dia,
> com a borla, as moscas não atingia,
> nem branco ele ficava ao ouvir zunir
> cada granada; querendo-o desperto,
> coisas avulsas de Donne muito eu li...

Ou ainda:

> Em úmidas trincheiras, de homens escutava,
> Em choque e tristes, coisas sãs e coisas vivas;
> E assim amei-os por aquela teimosia
> De mais rir quando a polia da Morte chiava...

Sem querer ser grosseiro, não simpatizo nem um pouco com as crenças políticas tardias de Rickword. Todavia, alguém que sofreu como ele e ainda assim iniciou uma carreira literária longa e diversificada, tendo inclusive escrito os versos que acima citei, não poderia ser um homem desprezível. Valorizar, portanto, as posses valiosas de alguém assim é prestar honras ao espírito humano.

Mesmo quando não estão atrelados a nenhuma pessoa conhecida, os livros possuem um não sei quê quase sagrado; basta imaginar alguém rasgando cada uma das páginas de um desses romances baratos e ruins de aeroporto para que isso se torne claro. Se víssemos alguém fazendo isso, sentiríamos um calafrio e o tomaríamos por bárbaro, sem que importasse a natureza da obra. O horror suscitado pela queima de livros independe da qualidade dos títulos queimados.

Um dos livros que mais valorizo é um pequeno clássico de que jamais teria ouvido falar se não vasculhasse tantas livrarias. Trata-se de *The Enemies of Books* [Os Inimigos dos Livros], de William Blades, publicado pela primeira vez em 1880. Seu frontispício traz uma gravura de John Bagford, descrito como "sapateiro e biblioclasta"; outra imagem maravilhosa é a de uma furtiva arrumadeira que vai alimentando uma fogueira com as páginas da Bíblia de Caxton. Os inimigos dos livros são dispostos, em cada capítulo, segundo uma grande cadeia de seres: primeiro vêm forças inanimadas como o fogo e a água, passando então a animais inferiores como as traças e outros insetos; no ápice da biblioclastia, onde se encontram os destruidores conscientes, vêm os encadernadores e colecionadores. (John Bagford arrancou as páginas iniciais de centenas de livros raros e juntou-as num único volume, que hoje se encontra na British Library.)

Ora, William Blades foi um homem civilizado que adorava livros e que sabia que ninguém jamais de fato os possuía: era-se apenas um curador. Blades foi um tipógrafo eloquente sobre o assunto:

> Se encarada da maneira correta, a posse de qualquer livro antigo equivale a uma custódia sagrada, a qual um proprietário ou guardião consciencioso cogitaria ignorar tanto quanto um pai cogitaria negligenciar seu filho. Um livro antigo, seja qual for seu tema ou suas virtudes interiores, é na verdade um quinhão da história nacional...

"Não somente da história nacional", poder-se-ia acrescentar, "mas também da história de toda a humanidade". Nas palavras de Blades: "Não invejo em homem nenhum aquela ausência de sentimentos que leva certas pessoas a descuidarem os registros de seus ancestrais (...)".

As dedicatórias, mesmo quando lavradas por anônimos, acabam por nos lembrar de que somos necessariamente parte de algo maior e mais grandioso; também são, é claro, indícios de mortalidade, uma vez que costumam pertencer a gente que hoje está morta, mas que as redigiu com o mesmo desprezo pela morte com que vivemos o nosso presente. No entanto, há outras reflexões e sentimentos que elas suscitam.

Em meu exemplar de *The Condemned Playground* [O Pátio Condenado], lançado pelo crítico Cyril Connolly em 1945, há uma inscrição bem curta. Trata-se de uma letra sofisticada, do tipo que raramente encontramos hoje – uma comparação de dedicatórias revela o quão grosseira se tornou a caligrafia nos últimos cinquenta anos. Meu palpite é o de que a inscrição foi feita por uma jovem com menos de trinta anos. Suas palavras eram escassas e, a meu ver, dotadas de grande pungência: "A meu querido esposo, Natal 1945".

Por que tais palavras me pareceram tão pungentes? Porque acredito que, embora sejam simples e não pudessem ser mais diretas, ninguém as utilizaria numa dedicatória hoje em dia. De todo modo, eu jamais voltei a encontrar num livro uma inscrição tão vulneravelmente terna. Deu-se isso menos pela mudança da linguagem do que pela mudança de nossas sensibilidades. A despeito de nosso psicologismo barato e do infinito blá-blá-blá sobre nós mesmos, estamos menos propensos a nos abrir para os outros, mesmo para aqueles que nos são mais próximos. O poder nos é mais importante do que o amor.

Há pouco tempo, encontrei num romance de Rex Warner, intitulado *Why Was I Killed?* [Por que Fui Assassinado?], outra inscrição pungente. Warner foi um classicista e romancista que se notabilizou graças ao distópico *The Aerodrome* [Aeródromo]. Meu exemplar de *Why Was I Killed?*, impresso em 1946, três anos após a primeira edição, contém a seguinte inscrição, também numa caligrafia sofisticada:

> Comprado em Portmadoc e lido durante as férias em Portmerion
> 10.x.1947

Abaixo há outra, numa letra completamente inalterada, datada de 30 anos e 9 dias mais tarde:

> Último livro lido por Barbara durante a doença que culminou em sua morte. Ela gostou demais do livro.
> 19.x.1977

Eu li a obra em outubro de 2007, trinta anos mais tarde. Há cerca de doze meses, venho escrevendo em todos os livros que leio, numa indubitável tentativa de sobreviver à minha própria morte.

32. Os prazeres da perfídia

Jamais existiu senhor feudal que exigisse mais do tempo ou da produção de seu servo do que o Estado britânico exige hoje de seus súditos: se o fizesse, suscitaria uma revolta camponesa de imediato.

Se nas regiões superpovoadas da Nigéria a regra é comer tudo o que se move, de modo que já não há hoje praticamente nenhum animal a ser caçado, na Grã-Bretanha taxar o que se move é a regra. Ainda que não esteja diretamente empregado pelo governo britânico, você gasta quase metade do seu tempo de trabalho trabalhando para ele. É isto o que os jornais franceses – cuja preguiçosa falta de curiosidade e informação a respeito da Grã-Bretanha se assemelha à dos jornais britânicos a respeito da França – denominam "liberalismo selvagem".

Assim como no feudalismo o senhor deveria oferecer proteção a seus vassalos em troca do trabalho ou do produto que ofereciam, também se espera que o Estado proteja (e eduque, cure, segure e divirta, entre outras coisas) seus dependentes. Outros países, é claro, não diferem muito da Grã-Bretanha em seus princípios, não obstante seus estados feudais talvez sejam, na prática, um pouco mais eficientes e menos corruptos do ponto de vista moral e intelectual.

Não é de surpreender que uma mudança tão grande na organização social viesse a produzir uma enorme mudança nos costumes e na cultura geral da sociedade (embora também seja possível, é claro, que essa relação causal, caso exista, também corra na direção contrária, a uma maneira que se poderia declarar dialética). O quão grande foi essa mudança é algo que se identifica tanto em coisas pequenas quanto nas grandes.

Há pouco tempo, num brechó beneficente (na Inglaterra, até mesmo a organização desses brechós é moral e intelectualmente corrupta – mas essa é outra história), encontrei um fino livrinho intitulado *Como me Expressarei? – Um Redator de Cartas para Homens e Mulheres acerca de Temas Domésticos e Profissionais*. A edição fora publicada em agosto de 1943, no auge da guerra, quando o extermínio andava a todo o vapor. É curioso imaginar que, enquanto pessoas morriam em câmaras de gás num lado da Europa, outras se preocupavam em como escrever para uma duquesa viúva qualquer. Desde então, é claro (e não sem alguma relação), a vulgaridade, por ser democraticamente alcançável por todos, tornou-se virtude, e a delicadeza, uma espécie de traição do eu.

O pequeno volume tinha como autor Ronald M. Pelham. Aquela não era sua primeira edição, que viera a público em 1901, quando o autor foi descrito como "Homem da Aristocracia". Disso deduzo (talvez equivocadamente – e não se trata de algo importante o suficiente para que eu o confirme) que o autor pertenceu à família dos condes de Chichester. O oitavo conde foi morto aos 22 anos em 1944, quando em serviço ativo.

O subtítulo da primeira edição era ligeiramente mais curto e elegante do que a da segunda: *Um Redator de Cartas para Homens e Mulheres acerca de Todos os Assuntos*. Qual convém a uma época otimista, em que a civilização parecia avançar, a primeira edição teve produção um tanto elegante, sendo dotada de uma capa verde na qual foi impressa, em vermelho e preto, a imagem de uma linda jovem sentada a uma mesa; buscando inspiração para o que viria a escrever, ela trazia uma caneta levemente pressionada sobre o lábio inferior e o olhar perdido à distância. O preço do livro era o equivalente a míseros 28 centavos.

Infelizmente, como também era de se esperar, a edição de 1943 recebeu um projeto e uma produção utilitarista, ostentando uma capa amarela clara e um papel inferior. Acredito que tenha saído uma nova edição depois da guerra, em 1949. Ao todo, o livro vendeu dezenas de milhares de cópias, sendo muito mais popular do que muitos tratados que pretendiam a simpatia das massas.

Entre 1901 e 1943, seu conteúdo variou pouco. As linhas que abriam a primeira edição foram cortadas na segunda:

> Saber o que dizer e como fazê-lo são dois pontos importantíssimos da arte de redigir cartas – os dois mais importantes, na verdade. Todavia, há muitos outros a serem observados, e por razão de sua observância ou negligência muitas vezes se julga o escritor, sua mente, seus gostos e sua preparação.

A edição de 1943 tem início com o segundo parágrafo da anterior:

> Tudo o que diz respeito a uma carta deve ser o mais esmerado, simples e deleitável possível. Utilize um papel bom e desadornado – branco ou creme revelam sempre bom gosto – e tinta preta.

Segue-se então um conselho sobre a caligrafia:

> Todos os floreios e volteios devem ser evitados com rigor, pois são vulgares e sem sentido.

De maneira um tanto irônica, as palavras "floreios e volteios" foram impressas em negrito na primeira edição, mas não na posterior; talvez o uso do negrito como forma de dar ênfase não seja vulgar e sem sentido em livros de instrução.

O que há de interessante neste começo é o fato de se destinar a pessoas que desejam criar uma boa impressão nos outros, desejo que possui seus lados bons e seus lados ruins – como a maioria dos desejos humanos. Por um lado, pode levar a um excesso de refinamento, ao esnobismo que se fundamenta na etiqueta e à ansiedade social. Ele pode ser de tal maneira opressivo que acaba por sufocar outros desejos e desideratos humanos.

Por outro lado, trata-se de algo cujo cumprimento requer esforço, disciplina e autocontrole. Ele não pede que simplesmente se faça o que é mais fácil, que se tome o caminho de menor resistência, em todas as ocasiões possíveis. Trata-se, antes, de um estímulo ao respeito próprio, além de levar em consideração os outros. Para causar uma boa impressão, afinal, você tem de se colocar no lugar de outrem.

Um conselho dado no início do livro se refere ao modo de escrever para quem é superior e inferior do ponto de vista social. O mero fato de que é possível escrever sobre as pessoas assim causa espanto. No entanto, fico pensando se essa forma de falar, escrever e pensar não seria mais honesta (e, de certa forma, mais civilizada e psicologicamente equilibrada) do que a atual mentira de que não existem criaturas superiores e inferiores. Pude observar que, na prática, os igualitários mais fervorosos muitas vezes só o são quando se trata de quem se encontra acima deles na pirâmide social; ninguém está acima deles, mas sua conduta muitas vezes nos faz achar que eles não têm dificuldades para conceber e tratar as pessoas como inferiores. Com a destruição da ideia da *noblesse oblige*, o comportamento ante os inferiores torna-se mais rude e desagradável. A mentira de que crê na igualdade em qualquer outro sentido que não o da religião ou da abstração da paridade diante da lei conduz o indivíduo diretamente à dissonância cognitiva.

Seja como for, desde o ponto de vista da história social, é interessante notar que, ainda em 1943 (e talvez até 1949), um livro popular, lido e provavelmente consultado por milhares, foi publicado de maneira tão natural e usou, como algo corriqueiro, o conceito de superioridade e inferioridade, sem que disso resultassem (presumo eu) uivos de um escárnio indignado.

Se há certa honestidade nisso – um reconhecimento, em forma branda, daquilo que o pioneiro cientista político Robert Michels denominou "a lei de ferro da oligarquia" –, não se deve achar que o autor desse guia recomende franqueza completa quando da redação de cartas. Pelo contrário: ele quase poderia ser tomado como a personificação mesma da *perfide Albion*. A todo momento, mesmo ao expressar respostas desagradáveis ou indesejadas, ele nunca eleva o tom de voz e sempre leva em consideração os sentimentos, de modo a articular as coisas da maneira mais emoliente possível.

O autor, por exemplo, conduz os homens e as mulheres pelos ardilosos baixios dos compromissos longos, breves e rompidos. Desde a perspectiva de 2011, há nisso algo quase pitoresco – um aroma de patchuli, talvez, ou ainda a presença de capas para poltronas ornadas com franjas de renda. Os homens e as mulheres praticam uma complexa dança ao redor um do outro (tema de um terrível punhado de literatura); quem não abriria hoje um sorriso ao ler como um cavalheiro deveria escrever uma carta "censurando sua noiva por ser namoradeira".

> Estou certo de que, em seu caso, tudo nasceu apenas do amor pela diversão e da exuberância de nossos espíritos; no entanto, se lhe é fonte de prazer flertar com outros homens para divertir-se às custas de meus sentimentos, fico profundamente desapontado com você.

O livro também aconselha quanto ao modo de responder a tal censura (a qual é tida como justificada):

> Suas palavras me feriram profundamente, pois, como você bem diz, nenhuma mulher que se respeite gosta de ser denominada namoradeira, o que não sou.

Ela conclui:

> Tendo feito meu pedido de desculpas, estou desejosa de fazê-lo retirar suas duras palavras.

Por mais que possamos abrir um sorriso diante de tamanha ingenuidade, há aí uma subjacente sofisticação. Ela está errada; no entanto, ao tratar a justificada reprovação dele como rispidez, possibilita-lhe participar da culpa, restaurando assim certa igualdade. Não se trata de algo lógico, mas é sensato, pois, como diz La Rochefoucauld, nós jamais perdoamos aqueles contra os quais erramos.

Poder-se-ia dizer que há nessas relações humanas certa tepidez, algo de água com açúcar, que acaba perpetuado por esse modo tão educado. Ao escrever para seu querido Horace a fim de "declarar sua mudança de sentimentos", Jessica Weir diz:

> Semana após semana adiei a redação desta carta, em parte por causa da dor que sei que lhe provocará e, em parte, na esperança de que o tempo viesse a dar fim à necessidade de escrevê-la, uma vez que

seu objetivo é lhe comunicar que sou incapaz de sentir por você o profundo amor que uma mulher deve nutrir pelo homem com quem pretende casar.

Horace Masterson escreve em resposta:

> Foi honesto e corajoso de sua parte escrever-me de maneira tão direta, e no fundo tenho ciência de que você fez o que é melhor (...) Eu lhe restituo a liberdade apenas por desejo seu.

Não creio que seja exagerado afirmar que tal sensibilidade esteja a certa distância daquela expressa (por exemplo) pelo *rap*. Em alguns aspectos, é menos honesta do que a declaração de que Jessica Weir não passa, digamos, de uma piranha traidora igual a todas as outras; no entanto, parece-me mais civilizada.

Há também a lei de conservação da desonestidade. Se os homens não forem desonestos de uma forma, serão desonestos de outra. Em geral, não temos de escolher entre a mentira e a verdade, e sim entre desonestidades referentes a coisas diversas. Eis, como exemplo, a "proposta de um viúvo a uma viúva".

> A partir de minha amizade com a senhora e do grande prazer que experimento por meio dela, a solidão de minha vida e a antecipação de um futuro ainda mais solitário me soam insuportáveis.

Talvez esse não seja um retorno a Romeu e Julieta, mas é sensato. Percebe-se que o viúvo, o sr. Robert Rodd (tão grande é a corrupção moderna que logo pensamos em sadomasoquismo[1]), pode não ser a pessoa mais atraente do mundo, mas talvez a sra. Barbara Marlowe também não o seja.

A resposta favorável não é um panegírico ao êxtase romântico:

> Que eu possa fazer algo para iluminar sua vida e converter seu lar num lar verdadeiro me é motivo de grande alegria, e não há de ser minha culpa caso eu venha a fracassar.

---

[1] *Rod*, em inglês, pode significar, entre outras coisas, "vara" ou o açoite por ela aplicado como castigo. (N.T.)

> Acredite em mim,
> Atenciosamente.

A resposta desfavorável, embora educada, consegue ainda ser firme e clara, sem apelação:

> Embora valorize imensamente tanto sua dedicação quanto os elogios que me dedica, devo dizer-lhe com honestidade que, não obstante valorize demasiadamente o senhor e sua amizade, não nutro a intensidade de afeto que o senhor deseja...

Devo dizer que não gostaria de ser o sr. Rodd no momento em que encontrasse a sra. Marlowe pela primeira vez após ter recebido a missiva de recusa; fico vermelho só em imaginá-lo.

Em geral, *Como me Expressarei?* reflete um mundo social que é, em alguns aspectos, mais sofisticado do que o nosso e, noutros, mais interessante também. Para que jamais fiquemos entediados, precisamos saber como traçar distinções sutis, e o livro – inconscientemente, sem dúvida – o faz. Na realidade, ele reconhece a necessidade de fazê-lo:

> Àquelas com quem tem relações de amizade, a palavra "Minha" pode ser empregada como em "Minha cara senhora...".

33. É tudo culpa sua

Como homem, é claro, eu não faço fofoca. No entanto, agora que estou aposentado, às vezes converso com meus antigos colegas sobre outros antigos colegas, por razões puramente científicas.

Ora, acontece que outro dia eu estava tendo uma discussão científica dessa natureza quando o nome de um conhecido em comum veio à tona. Meu interlocutor declarou não gostar dele – declarou, na verdade, que não se falavam. Quis saber o porquê.

– Alguns anos atrás – disse-me –, nós tivemos uma discussão.

– Pelo quê? – perguntei.

Meu interlocutor franziu o cenho. Tendo refletido um pouco, admitiu que não mais se lembrava. Ainda assim, isso não lhe parecia razão suficiente para que retomasse as relações. Ele continuou a acalentar o próprio ressentimento sem remoer, em sua cabeça, as razões que o haviam motivado. Era como o sorriso do gato de Cheshire, que não ia embora mesmo após o restante do felino já ter desaparecido.

De uma forma ou de outra, dediquei muito de minha vida ao estudo do ressentimento – em mim e nos outros. Duvido que tenha havido ser humano que por toda a vida esteve totalmente isento dele. Muito pelo contrário: conheço muitos que passaram a vida inteira alimentando-o.

Jamais fui exemplo neste caso, e é provável que ainda não o seja. Durante grande parte de minha juventude, achei que uma infância infeliz como a que eu tivera me autorizava a falhar e servia como desculpa para meus inúmeros tipos de fracassos e incompetências. Mesmo hoje, quando diante deles, meu primeiro impulso é o de culpar minha infância e, portanto, também meus pais. Tenho então de recordar a mim mesmo que cerca de 85% de minha existência já se foi e que não é honroso (entre outras coisas) continuar a me referir ao que aconteceu ou não aconteceu mais de meio século atrás – e sempre num espírito de autojustificação e só.

O dr. Johnson lança mão de uma expressão que julgo importante neste contexto: "Aquele que atenta aos movimentos do próprio espírito...". Fazer isso com honestidade, sem qualquer defesa especial e sem nenhum aparato conceitual que obscureça a clareza das conclusões possíveis, pode revelar muito não apenas sobre cada um de nós, mas também – presumindo que os outros não nos são de todo diferentes – sobre o universo humano.

Descobri que valia a pena examinar tanto as vantagens e desvantagens que lucrei graças ao exercício de meu ressentimento quanto o porquê de precisarmos nos proteger contra ele, uma vez que o ressentimento, assemelhando-se a uma doença epidêmica contra a qual não se possui imunidade, provavelmente reaparecerá a qualquer instante.

Em primeiro lugar, é preciso dizer que, na prática, razões não são causas e causas não são razões. Sei que uma grande literatura filosófica se debruçou sobre a identidade parcial ou não de uma e de outra, mas não tenho nem tempo, nem capacidade, nem paciência (em virtude do caráter que meus pais me legaram) para repensá-la. Além disso, essa conclusão não interessa muito para o objetivo que tenho em mente.

Quando examino meus fracassos e incompetências – fracassos e incompetências de tal gênero que me vejo assaz envergonhado ou constrangido de admiti-los em público, embora muitas vezes a própria vida me tenha forçado a isso –, eu os justifico fazendo referência à minha infância: à negligência de meus pais, por exemplo. Como explicação inicial, esta até que estava correta: uma criancinha não tem como saber por conta própria aquilo que deve aprender e aquilo que deve reprimir em si.

Todavia, uma das alegrias e tristezas de ser homem vem de que ele, ao contrário, digamos, de uma ameba, cria-se a si mesmo. Um contratempo percebido e compreendido quase sempre é capaz de ser superado – se não por completo, ao menos em parte – mediante um esforço consciente. Homem nenhum pode dizer que foi violento com uma mulher porque vira seu pai fazendo o mesmo quando sabe que é errado bater numa moça (para o alívio de vocês, essa não é uma das minhas falhas).

Por conseguinte, eu poderia ter aprendido muitas das coisas que meus pais não me ensinaram mas deveriam tê-lo feito. Tive tempo bastante para isso, mas não inclinação ou persistência, infelizmente. Talvez a culpa inicial tenha sido deles, mas a subsequente foi minha, não há dúvidas.

De todo modo, desperdicei muitos anos (décadas inteiras, na verdade) com o ressentimento. Homem nenhum é tão determinista a ponto de não jogar certa culpa moral sobre seus pais – e assim acontecia comigo. Nunca me ocorreu – posso dizer, com toda a honestidade, que isso não passou pela minha cabeça nem um segundo sequer em todos esses anos – que minha pobre e finada mãe experimentara dificuldades mil vezes piores do que as minhas e, portanto, se havia alguém que deveria ser desculpado, esse alguém era ela. O ressentimento é fundamentalmente egoísta.

Todavia, ele tem lá suas recompensas. Elas são azedas, mas, como o paladar das frutas, também o paladar das recompensas pode caminhar para a extremidade azeda do espectro que contém, do outro lado, o doce.

O que primeiro se deve observar acerca do ressentimento é que ele nunca nos decepciona, uma vez que tem a poderosa capacidade de estimular a imaginação (de maneira igualmente azeda). Se, por exemplo, alguém aponta para um ressentido as razões pelas quais não deveria se ressentir, ele imediatamente apresenta motivos pelos quais deveria fazê--lo. Tenho notado que, quando alguém diz "Tudo bem, mas...", não há por que continuar a elencar razões, provas ou argumentos que demonstrem que aquela pessoa deve mudar de ideia sobre o assunto em questão. Por mais que a pessoa careça de imaginação em todas as outras circunstâncias, sua imaginação é infinitamente fértil quando se trata de proteger seu ponto de vista original daqueles que desejam convencê--la do contrário. Ela age instantaneamente, na velocidade da luz. "Tudo bem, mas..." – e então a racionalização subsequente sai da boca do ressentido com maior velocidade do que aquela com que o motorista da Cidade do México buzina ao ver o semáforo sair do vermelho.

Desse modo, consolida-se a sustentabilidade – e, portanto, a previsibilidade – do ressentimento. Quando você está ressentido, mudança nenhuma o assusta porque nenhuma mudança haverá. Tampouco é preciso temer ou encarar o desconhecido, uma vez que foi tudo decidido com antecedência. Você não corre o risco, por exemplo, de descobrir que sua incapacidade não tem origem naquilo que julgava originá-la, e sim em sua... incapacidade. Desta forma, o ressentimento lhe permite sonhar com tudo o que haveria alcançado se as coisas tivessem saído diferentes (melhores, é claro, pois ninguém sonha com o pouco que teria alcançado caso as coisas se saíssem piores).

No entanto, a verdadeira recompensa do ressentimento está em que ele muda as polaridades do sucesso e do fracasso, ou ao menos do valor de ambos. O fato de eu ser um fracasso em determinado aspecto revela que sou não apenas mais sensível do que um bem-sucedido qualquer no aspecto em questão, mas também moralmente superior. Para se tornar um sucesso, ele não teve de lidar com tudo com que eu lidei para me tornar um fracasso. Eu sou de fato melhor do que ele – se ao menos o mundo o reconhecesse!

Naturalmente, o mundo não o reconhece – antes, teima em recusar-lhe qualquer atenção. No fundo, contudo, isso não importa porque serve como alicerce para... sim, mais ressentimento. Vejam vocês: aquele golpe que me foi infligido e que fez de mim quem eu sou hoje – isto é, um fracasso – nada mais é do que parte de um padrão persistente e recorrente. Meu ressentimento original pode se tornar um metarressentimento quando o mundo se recusa a reconhecer a retidão de minhas queixas.

Espero já estar claro que sei de tudo isso por experiência própria, e não por terceiros. Isso quer dizer que muitas das falhas e deficiências que um dia atribuí aos meus pais eram na verdade fruto de meu ressentimento. Ao dizê-lo, é claro, não quero fazer de meu ressentimento uma entidade que existe independentemente de meu comportamento consciente; caso contrário, começarei a me ressentir de meu ressentimento e a procurar os motivos por que deveria ficar tão ressentido – meus genes, por exemplo, ou mesmo qualquer outra coisa.

O ressentimento, portanto, é um labirinto; e, se me permitem recorrer a uma mescla de metáforas clássicas, é preciso cortar o seu nó górdio. Isso só pode ser feito por uma pessoa conscientemente decidida a fazê-lo e que perceba que seu ressentimento não só é inútil (embora aprazível), mas também prejudicial. E isso é verdadeiro mesmo quando algumas das coisas de que nos ressentimos possuem ou possuíram existência objetiva e devem ser tratadas como injustiças.

Ora, tenho por opinião – que em parte deriva da atenção dada aos movimentos de meu próprio espírito – que o ressentimento é a emoção ou o modo de sentir e pensar que predomina em nossa época. Quando, se porventura existirem, os futuros historiadores vierem a caracterizar nossa era, não a chamarão de era da bomba atômica ou era dos derivativos financeiros; tampouco a denominarão era dos financiamentos integrais. Antes, nosso período será conhecido como a Era do Ressentimento. Afinal, estão todos em estado de alerta, atentos àquelas causas de vitimização que se encontram de tal maneira arraigadas que não somente fogem ao seu controle, mas também a qualquer possibilidade de reparação – ao menos até que haja uma revolução completa das realidades humanas.

Se o aumento do ressentimento culminou na atribuição de heroicidade à vítima ou se o que ocorreu foi o contrário, não sei dizer; é provável que a relação entre ambos os fatores seja aquela que nós, que tivemos pais comunistas, chamamos dialética.

No entanto, estou certo (embora não consiga prová-lo, mais uma vez, em virtude das deficiências de caráter que herdei de meus pais) de que outra causa de ressentimento está na difusão do ensino superior, sobretudo em áreas como a sociologia, a psicologia e qualquer outra a que se possa atrelar a palavra "estudos". Com efeito, parece-me que todas poderiam ser proveitosamente fundidas numa única e grande faculdade, a ser denominada Faculdade dos Estudos do Ressentimento. Não há dúvidas nem de que se trataria da maior faculdade de qualquer universidade que se preze, nem de que facilmente arcaria com os próprios gastos. Professores de ressentimento lecionariam subdivisões de suas respectivas disciplinas, como a arte da racionalização, o exagero retórico, a preservação da falta de perspectiva, a supressão do senso de ironia ou do senso de humor, etc. É claro: os requisitos para ingresso seriam mínimos. Tudo o que você precisaria fazer seria criticar seus pais num exame público, e dificilmente há, hoje em dia, jovem incapaz de fazer isso.

Sobre a entrada da faculdade não virá escrito o "Conhece-te a ti mesmo" que serviu como lema da Academia, e sim "Fala sobre ti mesmo", "Nada reveles", "Lembra-te de que há sempre alguém em situação melhor que a tua" e, sobretudo, "Não farás distinção entre desigualdade e injustiça".

E quanto aos graduados da instituição? O que lhes acontecerá depois? O melhor será mergulhar direto no desemprego; contudo, se porventura encontrarem trabalho, este deverá ser muito inferior às capacidades que haverão desenvolvido caso tenham sido estudantes diligentes. Assim, poderão ingressar com segurança numa carreira de jubilosa – satisfatória? – aflição.

Outro ponto incrível a respeito do ressentimento vem de que ele possui uma fonte potencialmente infinita. O ressentimento não é um jogo de soma zero. De que A se ressente de B não se segue que B não possa se ressentir tanto quanto (ou mesmo mais) de A. Tampouco as condições objetivas podem afetar a oferta. Um bilionário pode se ressentir do mesmo modo como um pobre – e vice-versa, é claro.

Atente para os movimentos de seu próprio espírito e você verá que é assim mesmo que acontece.

34. O belo e os feras

Recentemente, na Suécia, uma controvérsia se desdobrou a respeito de um artigo que o filósofo Roger Scruton publicara na revista *Axess*. Segundo ele, a arte do Ocidente já não tinha nenhum conteúdo espiritual, e religioso menos ainda; com efeito, ela passara a ter medo do belo, do qual se afastava como um cavalo se afasta de um obstáculo que lhe é alto demais. Como resultado, vemos um empobrecimento terrível de nossa arte.

A mesma revista havia publicado, pouco antes, um artigo sobre arte islâmica em que seu autor a afirmava inseparável das ideias e crenças religiosas que incorporava. Essa passou sem chamar atenção; ninguém saiu por aí escrevendo com raiva: "Pior para a arte islâmica".

No entanto, a sugestão do professor Scruton, segundo a qual a arte ocidental empobrecera como resultado de um radical repúdio a qualquer coisa que venha a transcender a existência humana, optando antes pela efemeridade do presente, irritou e enfureceu os críticos de arte profissionais da Suécia – o que, na realidade, aconteceria com os críticos de arte de qualquer país do Ocidente. Eles reagiram com a fúria dos que são acusados com razão, uma vez que é a casta profissional dos *cognoscenti* que vem aplaudindo consistentemente a banalização da arte e seu relegamento à condição de especulação financeira, na melhor das hipóteses, ou de jogo feito para crianças se exibirem diante dos adultos, na pior.

Recentemente, em Versalhes, vimos um bom exemplo da arte como especulação financeira e jogo imbecil. Ali, algumas esculturas de Jeff Koons foram expostas. Eu mesmo não sou um grande fã de Versalhes: acho-o pomposo e exagerado, o que não é contrabalançado por sua perfeição formal. Não obstante, ninguém pode deixar de reconhecer sua magnificência e sua incompatibilidade com a exposição dos artefatos baratos e infantis de Koons (digo barato em sentido moral, é claro, e não financeiro). Em Versalhes, é impossível, mesmo que você não seja igualitarista, deixar de pensar na imensa exploração dos camponeses que sua construção exigiu. Expor ali Koons, cujo trabalho é conhecido como piada (e uma piada que não é particularmente boa) repetida sem parar, não passa de um insulto final à memória daqueles cujos anos de labuta tornaram Versalhes possível. O mínimo que se pode fazer em sua memória é usar Versalhes para algo que valha a pena.

A mera exibição da obra num local como Versalhes serve para manter seu valor (monetário) em alta e poupar aqueles que foram tolos o suficiente para investir nela da vergonha de não apenas carecerem de bom gosto, mas também não possuírem – o que é ainda pior se consideradas as circunstâncias – nenhuma perspicácia financeira. Em âmbito nenhum a fábula de Hans Christian Andersen sobre as roupas novas do imperador é mais relevante do que no âmbito da arte contemporânea – ou, para usarmos outras palavras, em nenhuma outra área comercial existem tantos Bernie Madoffs.

Contudo, poder-se-ia dizer que Jeff Koons foi ao menos original. Ninguém jamais fizera esculturas como as suas antes, e após dois milênios de empreendimentos artísticos ser original não é um feito desprezível. Pode-se reconhecer seu trabalho em qualquer lugar; de fato, trata-se de uma obra bastante inconfundível. No entanto, o mesmo também se aplica ao logotipo da Coca-cola e ao rosto de Hitler: ser inconfundível não é, por si só, um critério pelo qual convém julgar a arte. O principal interesse da obra de Koons é sociológico, e não artístico: como é que um dia a acharam meritória?

É aqui que o argumento de Scruton se torna esclarecedor. O tema do artista moderno bem-sucedido é ele mesmo, mas não de uma maneira genuinamente introspectiva, capaz de nos revelar algo a respeito da condição humana; trata-se, antes, de um ego que deseja se distinguir dos outros egos da forma mais nítida e ruidosa possível. Qual Oscar Wilde na alfândega de Nova York, ele nada tem a declarar senão a própria genialidade – a qual, se ele tiver sorte, levá-lo-á à fama e à fortuna. De todas as disciplinas artísticas dos dias de hoje, a autopropaganda é de longe a mais importante.

Isso se reflete na educação a que os estudantes de arte são hoje submetidos. Eles raramente recebem algum treinamento formal em, digamos, desenho ou pintura.

Com efeito, após conversar com vários estudantes da área, tem-se a impressão de que as escolas de arte atuais parecem jardins da infância para jovens adultos, onde a brincadeira é mais importante do que o trabalho. A falta de formação técnica fica dolorosamente óbvia nas mostras que os estudantes organizam. Muitos deles têm boas ideias, mas não conseguem executá-las bem por falta de capacidade técnica. De fato, sua incompetência técnica é pesarosamente explícita.

Também é muito impressionante o fato de pouquíssimos estudantes de arte demonstrarem interesse ou conhecimento da arte praticada no passado. Porventura, pergunto-lhes, vocês costumam visitar galerias?

Não, respondem eles, um pouco desconcertados ante a mera insinuação dessa possibilidade, como se eu a levantasse para inibir suas criatividades ou apoiar o plágio.

Quanto à história da arte, eles aprendem e conhecem muito pouco. Tudo isso é parte do programa que visa desligá-los radicalmente do passado, convertê-los em moléculas à deriva no imenso vácuo da arte.

É bem verdade que às vezes eles aprendem um pouquinho de história da arte. Tive, com uma aluna da área que foi minha paciente, o que para mim se afigurou uma conversa memorável. Ela estava no segundo ano e me disse que uma das coisas de que mais gostava na instituição era história da arte. Perguntei o que lecionavam ali.

– No primeiro ano – disse ela – foi arte africana. Agora, no segundo, está sendo arte ocidental.

Perguntei-lhe que aspecto específico da arte ocidental eles estavam estudando.

– Roy Liechtenstein.

Do mesmo modo como uma sátira resultaria impossível, também um comentário seria supérfluo. O objetivo não é tanto criticar quanto compreender – compreender como e por que essa terrível superficialidade triunfou de tal maneira em quase todo o Ocidente.

Uma questão assim não pode ser respondida de maneira definitiva; todavia, gostaria de chamar a atenção para dois erros que contribuíram para o triunfo da superficialidade. O primeiro vem da sobrevalorização da originalidade como virtude artística por si só; o segundo, da falsa analogia que frequentemente se faz entre arte e ciência no que diz respeito ao progresso.

Permitam-me abordar primeiro o segundo ponto. É comum ouvirmos falar de arte "de ponta"; com efeito, o termo mais antigo, *avant garde*, é da mesma laia. Subentende-se, a partir disso, que há progresso nas artes tanto quanto há na ciência, de modo que aquilo que surge depois deve, em algum sentido, ser melhor do que aquilo que viera antes. A arte possui alguma espécie de destino, e os artistas mais novos estariam mais avançados no caminho do que os antigos.

Na ciência, o progresso é um fato (exceto para os céticos epistemológicos mais radicais, nenhum dos quais, porém, ficaria totalmente indiferente caso seu cirurgião preferisse usar, em vez das atuais, técnicas cirúrgicas da década de 1830). O bacteriologista mais medíocre sabe hoje muito mais do que Louis Pasteur ou Robert Koch, por exemplo; o físico mais medíocre sabe muito mais do que Isaac Newton. Isso acontece porque o conhecimento científico é cumulativo. Ao mesmo tempo, ninguém sugeriria que os quadros de Rothko são melhores do que os de Chardin, digamos, por ele ter vivido bem depois deste; tampouco alguém sugeriria que os de Chardin são melhores do que os de Velásquez por esse mesmo motivo.

Professores e críticos de arte empregam essa falsa analogia com a ciência para negar a importância da tradição na produção artística. Eles não percebem que o progresso da ciência depende por completo da tradição. Não se trata apenas de que a maioria dos cientistas competentes conhece bastante a história de suas disciplinas, mas de que os próprios problemas que se propõem a resolver, seus universos mentais inteiros, foram por eles herdados. Cientista nenhum precisa descobrir tudo de novo sozinho –

nenhuma mente, por mais grandiosa que seja, deve recomeçar do zero. A tradição é precondição para o progresso, e não sua antítese ou inimiga.

Como a arte não progride, o papel que a tradição desempenha nela é muito diferente. Todavia, esperar que os artistas sejam capazes de forjar, *ex nihilo*, uma reação meritória ao mundo e ao que dele experimentam é tão pouco realista quanto esperar que todo colegial descubra sozinho as leis de Newton. Para os teóricos modernos da educação artística, a genialidade se assemelha às moscas dos que defendiam a geração espontânea no período pré-pausteriano, quando se acreditava que elas nasciam da matéria em decomposição segundo uma espécie de alquimia espontânea, e não dos ovos postos por moscas mais antigas. A arte de valor surge a partir de outra arte; nem a repete (o que seria impossível mesmo se desejado ou desejável), nem a ignora por completo.

Há, nesta nova ideologia da arte, um paradoxo acerca da originalidade. Ela é tão superestimada quanto considerada de fácil aquisição.

Em certo sentido, tudo o que os seres humanos fazem é original; com efeito, mesmo que eles queiram, não conseguem copiar com precisão uns aos outros. Como na prosa do *monsieur* Jourdain, a maioria de nós articula dezenas de frases plenamente originais todos os dias, sem porém sentir qualquer dificuldade para fazê-lo e ignorando por completo que o está fazendo.

Não é esse o tipo de originalidade que é valorizado pela nova ideologia da arte. Originalidade, para ela, é aquilo que tem o poder de chocar – sobretudo a burguesia (se ela ainda existisse). Somente o rebelde é original e criativo: Norman Mailer, por exemplo, no ensaio "O negro brando", equipara rebeldia a criatividade e a contrapõe à "lenta morte pelo conformismo".

Infelizmente, a decisão de não se conformar resulta numa conformidade própria – uma conformidade que acabou por tornar-se um fenômeno de massa.

Por conseguinte, a inconformidade como fim em si não pode ser fonte de uma originalidade verdadeira ou valiosa. O único tipo de inconformidade que leva à originalidade meritória é aquela natural, que surge porque a pessoa tem a dizer algo novo e transcendentalmente meritório –

sub specie aternitatis, por assim dizer –, algo que pode ou não pode levá-la a se contrapor aos outros. O dr. Johnson, com sua perspicácia de sempre, acertou em cheio.

A singularidade, por encerrar um desprezo pelo que todos praticam, consiste num tipo de provocação que suscita justa hostilidade ou escárnio; aquele, portanto, que se permite qualidades peculiares, quando não é melhor que os outros, é pior.

A originalidade, portanto, não é em si nem uma virtude moral, nem uma virtude artística, e é egoísta o homem que decide ser original sem gozar de capacidade técnica para expressar algo novo e (o mais importante de tudo) algo novo que valha a pena ser expressado. Eis por que os críticos de arte, que tendem a enaltecer obras porque são originais, revolucionárias, transgressoras e chocantes, sem fazerem porém nenhuma menção ao seu valor transcendente, estão errados e Roger Scruton, certo.

De onde vem o medo, na arte moderna, de traços como a beleza e a ternura para com o mundo? (Falo, aqui, daquela arte que ganha destaque e notoriedade; é provável que haja centenas ou milhares de artistas excelentes que não temem nem a beleza, nem a ternura, mas cujas obras passam despercebidas.)

A beleza é uma qualidade frágil e vulnerável; além disso, é difícil alcançá-la. A feiura, por sua vez, é inquebrantável e invulnerável, bem como facílima de ser conquistada. (Como é fácil ficar feio e difícil ficar bonito!). Ao esposarmos o feio, também nós nos tornamos invulneráveis – esposando o feio, afinal, dizemos aos outros: "Você não pode me chocar, me deprimir, me intimidar, me chantagear ou me acanhar".

Nós usamos o feio como uma espécie de blindagem, no intuito de consolidarmos uma autonomia plena no mundo. Com efeito, aquele que diz "Acho isso bonito" ou "Isso me comove profundamente" revela de si mesmo algo assaz importante e que o torna vulnerável aos outros. Porventura há o que desprezemos mais do que alguém que acha belo, ou mesmo muito comovente, aquilo que julgamos banal, trivial ou de mau gosto? É melhor, portanto, ficarmos calados quando o assunto é beleza; assim, ninguém nos zombará ou desprezará em virtude de nossa fragilidade e nosso ego permanecerá intacto. E, no mundo moderno, o ego é tudo.

Do mesmo autor, leia também:

Podres de Mimados trata de um único tema: como o culto do sentimento "tem destruído nossa capacidade de pensar e até a consciência de que é necessário pensar". Ou, em outras palavras, quais são as consequências sociais e políticas das ações de uma sociedade que se permite pautar predominantemente pelos sentimentos.

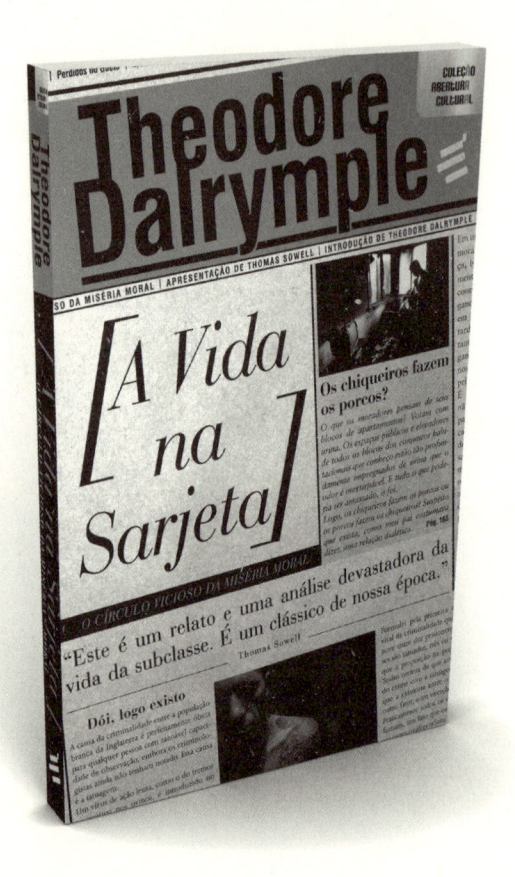

Criminalidade, drogas, violência doméstica, relacionamentos, educação e política são alguns assuntos de que trata Theodore Dalrymple. A partir da narrativa de casos concretos – a mulher que matou seu marido e agressor, o viciado em drogas que muda de tom quando fala com uma autoridade ou as brigas de gangue nas boates londrinas –, o autor denuncia o discurso que legitima estilos de vida nocivos à sociedade e aos próprios indivíduos.

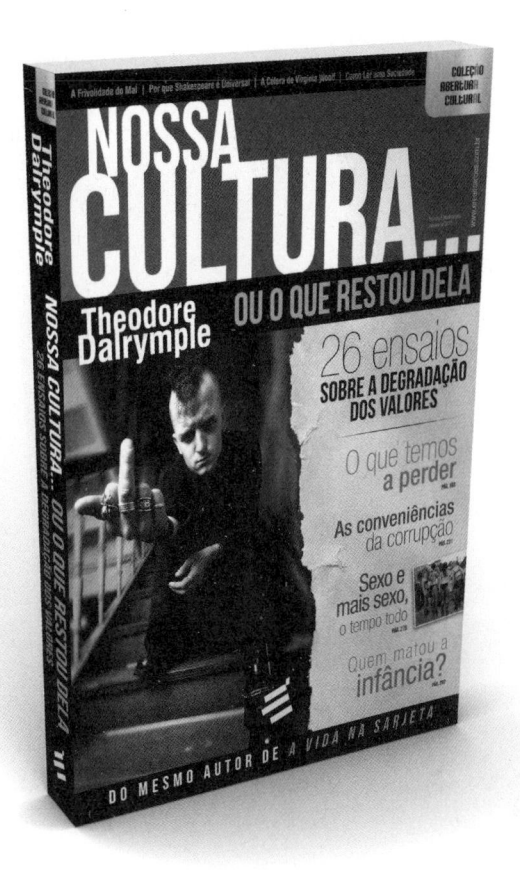

Quem são os formadores de opinião de hoje? Qual a relação entre a cultura pop e o estilo de vida dos jovens da periferia? Como a academia, o cinema, o jornalismo e a televisão têm influenciado os rumos de nossa sociedade? Theodore Dalrymple, com a lucidez que marca sua escrita, mostra como os "formadores de opinião" nem sempre estão certos do destino a que conduzem as massas.

EM DEFESA DO PRECONCEITO
a necessidade de se ter ideias preconcebidas

Theodore Dalrymple
Prefácio de Reinaldo Azevedo

Neste livro, Dalrymple não pede que abandonemos o racionalismo, pede apenas mais humildade de nossa parte e mais respeito aos preconceitos tradicionais. Como escreve o autor: "É necessário bom senso para saber quando um preconceito deve ou não ser abandonado". E bom senso é algo que tem sido esquecido na nossa luta contra os preconceitos ruins, que são deixados de lado junto com os bons.

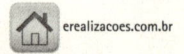

facebook.com/erealizacoeseditora
twitter.com/erealizacoes
instagram.com/erealizacoes
youtube.com/editorae
issuu.com/editora_e
erealizacoes.com.br
atendimento@erealizacoes.com.br